Situations

TEXTES DIVERS DU MONDE FRANCOPHONE

troisième édition

Patricia De Méo
Dalhousie University

Toronto

Canadian Cataloguing in Publication Data

Main entry under title:

Situations : textes divers du monde francophone

3e éd.
ISBN 0-201-61435-9

1. College readers (French). 2. French language — Textbooks for second language learners — English speakers. *. I. De Méo, Patricia.

PC2117.S57 2000   448.6'421   C99-932643-0

à Michael,
Brendan
et Andy

©2000 Pearson Education Canada Inc.

ISBN 0-201-61435-9

Printed and bound in Canada.

 9 10 11 DPC 10 09 08

Vice President, Editorial Director: Michael Young
Art Director: Mary Opper
Developmental Editor: Laura Paterson Forbes
Production Editor: Matthew Christian
Copy Editor: Elizabeth Verge (Language Plus)
Production Coordinator: Wendy Moran
Permissions Research: Susan Wallace-Cox
Cover Design: Artplus
Cover Image: Digital Vision
Page Layout: Christine Velakis

Table des matières

Provenance des textes

Canada

Où mène la porno? Pierre Racine
La médecine va-t-elle trop loin? (L'Actualité)
La Famille dans tous ses états Marie-Josée Lacroix
Le Mouvement nationaliste au Québec

Tableau des genres

La francophonie

Définition

Léopold Sedar Senghor, le grand poète sénégalais, donne la définition suivante de la francophonie:«1. Ensemble des États, des pays et des régions qui emploient le français comme langue nationale, langue de travail ou langue de culture; 2. Ensemble des personnes qui emploient le français dans les différentes fonctions que voilà; 3. la communauté d'esprit qui résulte de ces différents emplois. (Référence: *Ce que je crois*, Éditions Grasset.)

Les termes «francophone» et «francophonie» sont récents, puisqu'utilisés pour la première fois en 1880 par le géographe, Onésime Reclus. Est francophone «celui qui parle habituellement le français, soit comme langue maternelle, soit comme langue officielle, soit comme langue de culture».

Le français est la langue maternelle d'environ 75 millions de personnes dans le monde dont 63 millions d'Européens: Français, Wallons (de la Belgique), Suisses romands, Andorrans, Monégasques (de Monaco) et les habitants des petites régions enclavées dans les pays voisins comme Sarrebruck (Allemagne) ou les îles britanniques de Jersey et de Guernesey. Hors d'Europe, on compte plus de 10 millions de francophones de langue maternelle: Canadiens, Haïtiens, Mauriciens, Franco-Américains. D'après *Petit Robert 1*, la langue officielle est «la langue dont l'emploi est statutairement reconnu dans un État pour la rédaction des textes officiels émanant de lui».

En dehors de la France et des Départements d'outre-mer (Guadeloupe, Martinique, la Réunion, la Guyane) et des territoires d'outre-mer (Saint-Pierre et Miquelon, Polynésie française, Nouvelles-Hébrides), le français est langue officielle dans cinq pays d'Europe: en Suisse (avec l'allemand, l'italien et le romanche), en Belgique (avec le flamand et le néerlandais), au Luxembourg (avec l'allemand), dans les principautés d'Andorre et de Monaco.

En Afrique, douze États (anciennes colonies françaises) ont adopté le français comme seule langue officielle tout en conservant les dialectes traditionnels; ce sont: le Bénin, le Burkina Faso, la République centrafricaine, le Congo, la Côte d'Ivoire, le Gabon, la Guinée, le Mali, le Niger, le Sénégal, le Tchad et le Togo. Ce statut de langue officielle est partagé avec une autre langue dans neuf États: le Burundi, le

Cameroun, les Comores, Djibouti, Madagascar, la Mauritanie, le Rwanda, les Seychelles, la République démocratique du Congo. Également langue officielle au Canada, le français a un statut officiel «local» en Louisiane et à Pondichéry (Inde).

Enfin, le français est aussi langue de culture et d'enseignement au Maghreb (Maroc-Algérie-Tunisie), une des grandes régions francophones avec près de 20 millions de locuteurs. Ici, le français demeure langue de culture, utilisé par les hommes politiques, les écrivains, les journalistes. Il en est de même au Proche-Orient (Egypte, Liban, Syrie), en Extrême-Orient (Cambodge, Laos, Viet Nam) ainsi que dans certains pays sud-américains (le Brésil, la Colombie).

Ainsi, environ 200 millions de personnes utilisent le français dans une trentaine de pays.

La francophonie en action

La francophonie constitue un espace linguistique et culturel qui dépasse considérablement les frontières de la France. Depuis 1945 et plus encore depuis la décolonisation des années 1960, la langue française n'est plus la propriété exclusive des seuls Français.

La francophonie comprise comme une communauté de cultures diverses, unies par la langue, est devenue une réalité. Elle a désormais ses «Sommets»: le premier s'est tenu à Versailles en 1986, le deuxième à Québec en 1987, le troisième à Dakar (Sénégal) en 1989 et le dernier à Moncton en 1999. Elle possède son organisation internationale gouvernementale: l'Agence de coopération culturelle et technique crée en 1970 et qui rassemble plus de trente États membres et des organismes privés comme l'Association des universités de langue française. En France, il existe un ministère de la Francophonie ainsi qu'un Haut Conseil de la Francophonie.

Dans un monde où l'audiovisuel joue un rôle important, il faut mentionner l'existence depuis 1984 de TV5, la télévision internationale de langue française qui présente des émissions des chaînes françaises (TF1, France 2, France 3), suisses (SR), belges (RTBF), canadiennes (SRC). Ces émissions peuvent être regardées dans 24 pays d'Afrique francophone, dans certains pays du Proche-Orient, en Europe centrale et en Amérique du Nord.

En conclusion, la francophonie tend à devenir une réalité dont le but est la coopération sur tous les plans entre partenaires égaux comme l'illustre cet extrait de l'allocution de Francois Mitterand à l'ouverture du Premier Sommet de la Francophonie (février 1986): «Vous voici rassemblés, libres, égaux, pour échanger vos points de vue, pour que nous lancions des projets qui nous paraissent utiles, à ce qui nous est commun».

La géographie de la francophonie

1 l'Algérie
2 les Antilles françaises
3 la Belgique
4 le Bénin
5 le Burkina Faso
6 le Cameroun
7 le Canada (Québec, Acadie, Nord de l'Ontario, Manitoba, Saskatchewan)
8 le Congo
9 la Côte d'Ivoire
10 les États-Unis (Louisiane, Nouvelle-Angleterre)
11 la France
12 le Gabon
13 la Guinée
14 la Guyane française
15 Haïti
16 l'Indochine (Cambodge, Laos, Viet Nam)
17 le Luxembourg
18 Madagascar
19 le Mali
20 le Maroc
21 l'Île Maurice
22 la Mauritanie
23 la Mélanésie (Nouvelle-Calédonie, Nouvelles Hébrides)
24 le Niger
25 la Polynésie française (Tahiti)
26 la République centrafricaine
27 la Réunion
28 Saint-Pierre et Miquelon
29 le Sénégal
30 la Somalie
31 la Suisse
32 le Tchad
33 le Togo
34 la Tunisie
35 la République démocratique du Congo

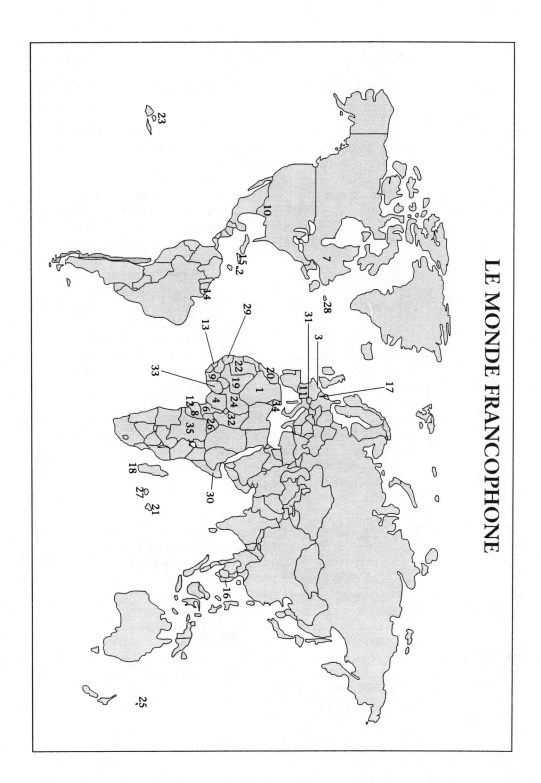

LE MONDE FRANCOPHONE

Préface

Les objectifs

Situations a été conçu à l'intention de l'étudiant-e intermédiaire de
français et vise plusieurs objectifs :

1. **La lecture.** Persuadée que la lecture extensive aussi bien que la
   lecture intensive favorisent l'acquisition d'une langue, nous
   posons comme l'un des objectifs de *Situations* de développer chez
   l'apprenant-e la capacité de lire couramment et efficacement. Ce
   livre propose des textes ayant une variété de styles et de registres,
   ainsi que des exercices visant à développer l'habileté de prédire,
   d'inférer, de trouver le sens global, de trouver les détails,
   d'interpréter, de reconnaître la cohésion et la cohérence.

2. **La «compétence de communication».** La lecture, si elle constitue
   une visée principale de Situations, n'est pas la seule habileté visée.
   En effet, plutôt que d'envisager quatre habiletés distinctes (la
   lecture, l'écriture, l'expression orale, la compréhension orale), nous
   croyons à l'intégration nécessaire des habiletés. Chaque texte est
   entouré d'activités qui visent à promouvoir la compétence
   langagière tant orale qu'écrite. Ces exercices, décrits en détail un
   peu plus loin, comprennent des activités de groupe (discussions,
   résolution de problèmes, jeux de rôles, rédaction), des discussions
   et débats, des projets de rédaction de types variés, et des exercices
   de langue proprement dits.

3. **La compréhension d'autres peuples et d'autres cultures.** C'est
   un objectif généralement accepté de nos jours que de promouvoir
   la compréhension d'autres cultures. *Situations* donne aux étudiants
   l'occasion de lire des textes d'une variété de régions francophones :
   l'Amérique du Nord, l'Europe, le Maghreb, l'Afrique sub-
   saharienne, les Antilles. On vise toujours la compréhension de
   l'autre dans sa différence et dans son humanité.

Comme le respect et la tolérence d'autrui s'apprennent au niveau
microcosmique, les exercices de *Situations* demandent aux étudiants de
comparer leurs perceptions à celles d'autrui, et de faire des projets
coopératifs.

Les textes

Critères de choix des textes

Nous avons visé un équilibre à deux niveaux en choisissant les textes :
la représentation de la francophonie, et la diversité des types de
document écrit.

La francophonie

Nous avions le double souci de représenter le monde francophone et
aussi de donner une large place à la francophonie nord-américaine. Par
conséquent, près de la moitié des textes proviennent de l'Amérique du
Nord, avec environ un tiers provenant de France, et les autres textes du
reste du monde francophone. Ceci permet aux étudiant-e-s de lire des
textes d'une variété de «situations» socio-culturelles.

Un contenu diversifié

Ce livre ne se veut pas un survol des écrivains les plus importants, ni
des courants intellectuels les plus significatifs du monde francophone.
Au contraire, nous avons choisi des textes qui portent un intérêt
particulier; parfois il s'agit de préoccupations du monde occidental
(par exemple, le féminisme, la technologie médicale), et dans d'autres
sections du livre nous présentons les soucis d'une culture francophone
particulière (par exemple le nationalisme au Québec). Certains textes
ont été choisis pour leur valeur esthétique.

La longueur des textes varie considérablement. Certains se limitent
à quelques paragraphes, alors que d'autres (les contes et nouvelles)
sont relativement longs. Cette diversité correspond aux «situations de
lecture» que nous rencontrons quotidiennement.

Le souci de diversité de contenu se retrouve au niveau des genres
également. La moitié des textes sont fiction, et l'autre moitié non-
fiction, et nous avons recherché une variété de genres à l'intérieur de
ces rubriques larges. Nous proposons donc des poèmes et chansons,
des contes et nouvelles, des extraits de romans, des articles
journalistiques, un sondage, des essais, des lettres, un journal intime,
un extrait d'autobiographie. Cette variété de genres assure une variété
de registres de langue, du familier au soigné.

Un choix à faire

Aucun manuel ne peut espérer répondre aux besoins de la grande
diversité de cours de «français intermédiaire» au Canada. *Situations*
comporte un grand nombre (48) de textes afin justement de permettre
à chaque enseignant-e de choisir les textes qui conviennent le mieux à
sa situation pédagogique.

Organisation et préparation des textes

Les textes sont répartis en sections correspondant soit à une thématique (par exemple, actualités), soit à une situation géographique. Chaque enseignant-e choisira le parcours qui semble le plus convenable à son groupe d'étudiant-e-s.

Les textes n'ont pas été simplifiés. Les étudiant-e-s de ce niveau sont capables de lire des «textes authentiques», et ce faisant, leur confiance augmente sensiblement. Nous avons respecté les usages de dialectes francophones, souvent en proposant des exercices qui mettent en valeur les différences entre les dialectes et le «français standard».

La plupart des textes n'ont subi aucune coupure. Là où il s'agit d'extraits, nous avons choisi un «bloc» de texte (comme, par exemple, dans le cas d'extraits de romans).

Les exercices

Chaque texte est accompagné d'une série d'exercices :

Anticipation

Comme le titre le suggère, ces exercices précèdent le texte et aident les étudiant-e-s à orienter leur lecture. Dans certains cas, nous essayons d'activer des connaissances préalables qu'ont les étudiants sur le thème en question. À d'autres moments, les étudiants doivent formuler des hypothèses à partir du titre, ou bien faire des associations à partir de mots clés. Tous ces exercices ont pour but principal de faciliter la première lecture globale en amenant l'étudiant-e à prendre conscience de la thématique à venir afin de mieux la saisir.

Premières impressions

Ces exercices, qui suivent immédiatement le texte, visent la compréhension globale. Il est important d'inclure ce genre d'exercice, car les étudiant-e-s de langue seconde peuvent se perdre dans le détail à la première lecture, s'arrêtant pour chercher tous les mots inconnus dans le dictionnaire. Nous voulons au contraire que la première lecture vise une compréhension générale du texte, et prépare le chemin à une deuxième lecture plus intensive.

Questions de détail

Après la première lecture globale, nous demandons aux étudiants de faire un retour au texte et de l'étudier de différents aspects. On vise ici les détails du contenu, de l'organisation (cohésion) ou du ton d'un texte (interprétation).

Questions de langue

Nous exploitons dans ces exercices une variété d'aspects de la langue, avec une concentration toutefois sur le développement lexical chez l'apprenant.

Questions de discussion

Dans cette section, les étudiants réfléchissent aux diverses questions soulevées dans le texte, et font le passage entre le texte lui-même et le monde qui nous entoure.

Projets

Nous proposons une variété de projets, tant oraux qu'écrits, pour couronner l'étude des textes. On demande souvent aux étudiant-e-s de collaborer à des projets d'équipe : il y a un grand nombre de jeux de rôles, et également des projets de rédaction en équipe. Nous veillons à ce qu'il y ait des sujets faisant appel à la créativité aussi bien qu'à l'analyse dans cette section.

On profitera au maximum des exercices si les étudiant-e-s les préparent à la maison pour en discuter avec leurs camarades de classe lors de la prochaine rencontre.

Changements principaux dans la troisième édition

Si l'orientation générale de Situations reste la même depuis la première édition, nous y avons apporté quelques changements :

1. Nous avons remplacé environ le quart des textes, en suivant les recommandations des personnes qui ont évalué le manuel.

2. Nous avons éliminé le Lexique en fin de livre, car il nous semble que les étudiant-e-s possèdent tous un dictionnaire bilingue. Ceci nous permet en même temps d'éviter le recours à l'anglais dans un manuel de français.

Remerciements

Je tiens à remercier les nombreuses personnes qui m'ont aidée d'une façon ou d'une autre à créer cette troisième édition de *Situations*. Béatrice Larochette m'a suggéré d'utiliser l'extrait du *Scaphandre et le papillon*; Annette Thibodeau m'a donné l'article «Une Québécoise chez les Franco-Ontariens»; John Greene a proposé d'inclure un conte de Roch Carrier et ainsi m'a fait connaître «La machine à détecter tout ce qui est américain»; Karolyn Waterson m'a prêté les deux petits livres de Tahar Ben Jelloun (*Le racisme expliqué à ma fille, L'Éloge de l'amitié*). Je remercie Rainier Grutman qui m'a signalé les contresens qui s'étaient glissés dans la présentaton de la chanson de Jacques Brel («Le plat pays») lors de la deuxième édition et m'a donc aidée les corriger.

Je tiens à remercier Simonne Venisse Fam pour sa contribution à *Situations*. Nous retenons dans cette troisième édition quatre textes qu'elle nous avait fournis lors de la deuxième édition : «La Famille dans tous ses états», «Marcel rencontre Lili des Bellons», «Je sors déshabillée», «Les Grands-Parents de Marie-Sophie Laborieux».

Sites sur le Web qui pourraient intéresser les lecteurs de *Situations*

www.francophonie.org/frm/francophonie/frm.html
C'est le site officiel de l'Organisation internationale de la francophonie. Vous y trouverez l'histoire et le fonctionnement de cet organisme, ainsi qu'une liste de liens et le texte de certaines publications.

www.mcgill.ca/gabrielle_roy/
Le «Groupe de recherches sur Gabrielle Roy» a créé ce site consacré à l'étude de la vie et de l'œuvre de Gabrielle Roy. On s'y intéresse particulièrement à ses cahiers et manuscrits inédits.

www.capacadie.com/
Cap Acadie est le premier magazine acadien présenté sur le Web. Il contient des nouvelles, la météo, des photos, l'horoscope ainsi que des liens à des sites acadiens, des recettes, des généalogies et l'histoire acadienne.

www.afp.fr/
L'Agence France-Presse est l'agence de presse la plus vieille dans le monde. Elle fonctionne aujourd'hui dans 165 pays.

www.ccisd.org/
Ce site, créé par le «Centre de coopération internationale en santé et développement», permet d'explorer l'Afrique francophone sur le Web. On y trouvera un catalogue de sites pour chaque pays en Afrique, ainsi que des renseignements sur le tourisme, la politique et l'économie.

www.mediaport.net/Music/AfricaPanorama.fr.html
Ce site est consacré à la musique de l'Afrique francophone. On y présente les musiciens les plus connus ainsi que des discographies.

www.outremer.com/
Ce site fournit des renseignements culturels et touristiques sur plusieurs des territoires français outre-mer: la Guadeloupe, la Martinique, la Guyane, la Réunion et la Nouvelle Calédonie.

perso.infonie.fr/neveu01/
Ce site est consacré au conteur Birago Diop. On y trouvera des photos, sa biographie, des interviews, et des extraits d'œuvres.

www.afric-network.fr/afric/senegal/senegal.html
Ce site sur le Sénégal fournit des renseignements sur l'histoire, la culture et la démographie. On y trouve également des photos du pays «qui vaut plusieurs voyages».

www.limsi.fr/Recherche/CIG/France.htm
Ce site consacré au Viet-Nam, pays de dragons et de légendes, permet d'explorer divers aspects de la vie et de la culture vietnamiennes. Les racines francophones du Viet-Nam sont profondes, étant donné que le Viet-Nam a été une colonie française pendant plus de cent ans.

Callisto.si.usherb.ca/~gisWeb/gis/brel/index.htm
Ce site est consacré au chanteur et chansonnier belge, Jacques Brel.

www.radio-France.fr/
Le site de Radio-France contient des renseignements sur les nouvelles françaises, la météo et la culture.

www.tv5.org
TV5 est une chaîne de télévision internationale qui présente des émissions provenant du monde francophone. Le site sur le Web fournit le programme de télévision pour chacune des régions (le Québec, l'Europe, l'Asie, les Etats-Unis, l'Amérique du sud, et les Antilles).

clicnet.swarthmore.edu/
ClicNet est une excellente ressource pour la littérature francophone sur le Web. Entre autres choses, elle permet accès aux textes disponibles électroniquement, aux comptes-rendus et aux recherches.

www.babel.fr/ulysse/
Ulysse est un moteur de recherche qui vise les arts, la culture et la science. C'est un projet dirigé par le «Club des poètes».

www.rfm.net/
On y accède à la radio francophone du monde entier, par moyen de RealAudio.

www.nyu.edu/pages/wessfrench/
On y accède aux ressources sur les études françaises canadiennes et européennes (la France, la Belgique, la Suisse, et le Canada).

hapax.be.sbc.edu
Ce site permet d'accéder aux ressources sur le Web qui pourraient intéresser les étudiants de français. Ce site vise la promotion du français à travers le monde.

www.utm.edu/departments/french/french.html
Le site célèbre de «Tennessee Bob» fournit des douzaines de liens à des sites culturels, éducatifs, touristiques francophones à travers le monde.

www.nomade.fr/
Ce moteur de recherche français permet de faire des recherches sur le Web français.

Questions d'actualité

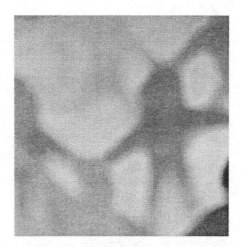

Quelles sont les limites à apporter à la technologie médicale? En quoi la langue française reflète-t-elle le sexisme de la société? En quoi la famille a-t-elle été redéfinie par le nouveau rôle des femmes dans la société? Quelle est la ligne qui sépare l'érotisme de la pornographie? Les livres de l'avenir seront-ils «lus» sur l'écran de nos ordinateurs?

Voici certaines des questions abordées dans les textes regroupés sous cette rubrique. Ces articles proviennent de revues et de livres français et québécois.

Où mène la porno?

Pierre Racine

Anticipation

Le texte que vous allez lire est extrait d'un article qui a paru dans *L'Actualité*, magazine mensuel de nouvelles publié au Québec.

Dans l'extrait que vous allez lire, on aborde trois questions ayant trait à la pornographie:

1. Qu'est-ce que la pornographie?
2. Y a-t-il un rapport entre les lois sur la pornographie et les «crimes sexuels»?
3. Devrait-on censurer la pornographie?

Au début du texte, plusieurs définitions de la pornographie sont proposées. Avant de les lire, il serait intéressant que vous proposiez vous-mêmes des définitions, pour pouvoir les comparer à celles du texte.

Alors, qu'est-ce que la pornographie?

Où mène la porno?

Mais quand on parle de pornographie, on parle de quoi? C'est justement la notion subjective de la pornographie qui entretient le débat. Personne ne s'entend sur sa définition. Au Canada, comme, du reste, aux États-Unis, le code pénal parle d'obscénité. Aux termes de l'article 159, la vente de matériel
5 obscène est interdite et l'obscénité n'existe que lorsqu'il y a «exploitation indue» du sexe ou que le sexe est associé à la violence, au crime et à la cruauté. Les tribunaux ont reconnu, au cours des années, que la définition de l'obscénité devait tenir compte des mœurs de la société, qui évoluent constamment à ce chapitre. Les Ballets africains ont déjà été interdits à

10 Montréal à cause des seins nus des danseuses. Vingt ans plus tard, on trouve naturel que les serveuses soient complètement nues dans certains bars...

Des films sont censurés en Ontario mais pas au Québec. Ce qui est jugé anodin ici est considéré scandaleux là-bas.

Ce fut un choc dans certains milieux, en 1962, lorsque la Cour suprême
15 déclara non obscène le roman de D.H. Lawrence, L'Amant de Lady Chatterley, œuvre parfaitement inoffensive selon les critères d'aujourd'hui. On peut dire qu'au Canada, l'illégalité dans ce domaine n'existe à la rigueur que s'il y a de la bestialité, une violence extrême et criminelle, ou encore l'exploitation «indue» des enfants. Or ces questions sont de compétence fédérale. C'est
20 pourquoi la Cour suprême de l'Ontario vient d'invalider une loi ontarienne autorisant les municipalités à réglementer le commerce de publications érotiques.

Aux États-Unis, le magazine Screw a fait l'objet d'un procès au Kansas en 1977. Le jury a acquitté l'éditeur, Al Goldstein. «Si Screw n'est pas
25 pornographique ou obscène, dit Michael J. Goldstein[1], alors rien de ce qui existe sur le marché actuellement n'est pornographique.»

Chacun des intervenants que j'ai interviewés avait «sa» définition de la pornographie! Pour André Guérin[2], l'affaire est réglée, «ça n'existe pas». Pour Martin Dufresne[3], c'est «toute l'industrie du sexe». Pour Richard Poulin[4], c'est
30 «la domination sexuelle d'une personne sur une autre». Pour Claude Crépeault[5], c'est «le théâtre de nos fantasmes».

On retrouve en littérature le même kaléidoscope étourdissant. André Breton[6] dit: «La pornographie, c'est l'érotisme des autres.» Dans son livre L'Orgasme au féminin, publié aux éditions du Jour, Christine L'Heureux s'en
35 prend à la littérature romanesque «dont se gavent les femmes»: elle la trouve pornographique! Pourquoi? «Parce qu'elle utilise l'homme pour le seul plaisir de la femme.» Tiens, une autre définition! La pornographie est une pâte à modeler: chacun la façonne à sa manière.

On fait aussi dire aux chiffres ce que l'on veut. «Au Danemark, m'a dit
40 André Guérin, il y a eu une baisse de 32% des crimes sexuels un an après la levée des restrictions sur la pornographie dans les années 60.» Cette donnée n'est pas fausse, elle est inutilisable... La raison est simple: lorsque le Danemark est entré dans son orbite porno, les fonctionnaires ont rayé des statistiques certains crimes comme la prostitution homosexuelle et le
45 voyeurisme. Ce qui fausse toutes comparaisons entre la période soft des années 50 et la vague hard core ultérieure.

Faut-il censurer la pornographie? «Oui», répond sans hésiter Susan Brownmiller, fondatrice du mouvement WAP (Women Against Pornography)

---

[1] sociologue américain
[2] président du Bureau de surveillance du Québec
[3] membre du Collectif masculin contre le sexisme à Montréal
[4] Professeur de sociologie à l'Université d'Ottawa
[5] professeur de sexologie à l'Université du Québec à Montréal
[6] auteur surréaliste français

aux États-Unis. «Il faut l'interdire de la même façon qu'on interdit les écrits
50 racistes et haineux. Elle montre des êtres humains, des femmes surtout,
comme objets de ridicule et d'humiliation, de sorte que les agressions contre
ces personnes paraissent moins graves. La pornographie encourage l'hostilité à
l'égard des femmes.»

«Non à la censure», dit Erica Jong, auteur notamment de Fanny et Fear of
55 Flying, romans jugés pour le moins offensants par certains. «En tant que mère
d'une fillette de six ans, je suis écœurée par la pornographie qui met en cause
des enfants. Mais je m'oppose à la censure. La pornographie est triste, sans
humour, dégradante et parfois violente: elle n'est que le reflet de notre
société.»

60 Aryeh Neier, ancien directeur de l'Union américaine des droits civils, croit
qu'en l'absence de critères précis, que seule une définition concrète de la
pornographie permettrait d'établir, la censure doit être évitée. «Elle conduit
directement à l'interdiction ou l'abolition de tout ce qui peut être jugé
offensant. Elle serait une restriction à la liberté d'expression. On ne légifère pas
65 sur les attitudes et les mœurs des gens. Rien n'est plus facile que de voir
partout de l'incitation à la violence. En somme, on ne peut pas interdire
quelque chose qu'on ne peut pas définir.»

Comment se faire une idée dans ce capharnaüm d'études contradictoires,
de propos émotifs, de statistiques piégées? Le champ pornographique est une
70 culture de pelures de banane à grande échelle: on y glisse sans fin, ballotté
entre mille visions. Le virage pornographique, malgré le millier d'études
entreprises dans la dernière décennie, n'a pas eu lieu.

Pierre Racine

Premières impressions

Quel est le but de l'auteur de cet article, d'après votre première lecture?
a) persuader le lecteur que la pornographie est un danger social
b) persuader le lecteur que la pornographie n'est pas un danger social
c) informer le lecteur de nouvelles études sur la pornographie
d) soulever plusieurs questions relatives à la pornographie sans offrir de
réponse définitive

Approfondissement

1. En vous référant à l'article, jugez si les phrases suivantes sont vraies ou
fausses. Si la phrase est fausse, reformulez-la pour qu'elle traduise le sens
du texte. Indiquez dans chaque cas les lignes du texte où vous avez trouvé
les indications nécessaires.
   a) Au Canada et aux États-Unis, la loi parle d'obscénité, non de
   pornographie.
   b) Au Canada, l'obscénité est permise sous certaines conditions.
   c) Le sens donné au terme «obscénité» a beaucoup évolué.

d) Les critères de la censure ne sont pas uniformes au Canada.

e) Chaque province canadienne peut contrôler à sa façon la vente de publications érotiques.

f) Un jury américain a trouvé que le magazine Screw était obscène.

g) Il n'y a pas de définition généralement acceptée de la pornographie.

h) L'exemple du Danemark prouve que la pornographie est liée aux «crimes sexuels».

i) Susan Brownmiller pense que la pornographie est aussi dangereuse que les écrits racistes, et pour des raisons semblables.

j) Erica Jong est contre la censure parce qu'elle croit que la pornographie est inoffensive.

k) Aryeh Neier est contre la censure parce qu'il n'y a pas de définition exacte de la pornographie.

2. L'auteur mentionne plusieurs exemples dans son article. À quoi servent ces exemples? Pourquoi l'auteur les cite-t-il?

a) les Ballets africains

b) *L'Amant de Lady Chatterley*

c) le procès contre le magazine *Screw*

d) les statistiques du Danemark

Questions de langue

Le passage suivant est tiré d'une autre partie de cet article. Comme vous le voyez, il manque certains mots. Après avoir cherché des indications sur le sens et sur la construction grammaticale, proposez un mot pour chaque lacune. Discutez ensuite des mots proposés — il y a sûrement plusieurs réponses possibles.

En Amérique du Nord, _____ 'industrie pornographique a _____ chiffre d'affaires annuel _____ sept milliards de dollars, _____-on, sans avoir entièrement _____ ce qu'on y _____. Au Canada, on estime _____ ces revenus s'élèvent _____ 63 millions de dollars, _____ 100 fois moins, chiffre _____-être plus près de _____ réalité. Thomas Welsh, chef _____ police d'Ottawa, évalue _____ 20,4 millions de dollars _____ seul matériel saisi à _____ 'intérieur de nos frontières. _____ chiffres n'ont rien _____ 'étonnant si on se _____ à une étude commandée _____ le ministère fédéral de _____ Justice: des 117 Torontois _____ y ont participé, plus _____ la moitié ont admis _____ au moins un film _____ «sexuellement explicite» par mois...

Richard Poulin, _____ de sociologie à l'Université d'Ottawa _____ membre du Groupe autonome _____ recherche sur l'industrie _____ le commerce de la _____, s'en inquiète. «Dans _____ plupart des films policiers, _____ violents, c'est le _____ qui finit par gagner. _____ la pornographie, la morale _____ inverse: c'est toujours _____ méchant –le mâle agresseur– _____ sort vainqueur. C'est _____ parce que la pornographie _____ le seul outil d' _____ sexuelle dans notre société.»

Questions de discussion

1. Comparez les définitions de la pornographie proposées en classe à celles citées dans l'article et essayez de vous mettre d'accord sur une définition.
2. Le texte cite six définitions de la pornographie, dont une seule donnée par une femme. Celle-ci s'inquiète surtout de l'exploitation des hommes.
   a) À votre avis, est-ce que l'opinion des femmes à ce sujet est différente de celle des hommes?
   b) Est-elle négligée dans ce texte?
3. Trois opinions sur la censure sont citées: deux contre, et une pour.
   a) Résumez les arguments en faveur de la censure et les arguments contre.
   b) Y a-t-il d'autres raisons pour lesquelles on pourrait être pour ou contre la censure? Expliquez.
4. Quelle est votre opinion sur la question de la censure de la pornographie?
5. Y a-t-il, à votre avis, d'autres choses qui devraient être censurées? (Par exemple, la violence, le racisme, etc.) Si vous dites oui, expliquez pourquoi.
6. Quelle réponse proposez-vous à la question du titre?
7. Voyez-vous un lien entre la pornographie et la prostitution? Expliquez.

Projets

1. Décrivez votre réaction à cet article. Si vous croyez que la pornographie est dangereuse, essayez de convaincre le lecteur de votre point de vue. Si vous êtes contre la censure, essayez de persuader le lecteur que vous avez raison. Si votre opinion n'est pas faite, donnez les raisons de votre indécision.
2. Écrivez votre réponse à l'une des *Questions de discussion*.

La médecine va-t-elle trop loin?

(L'Actualité: 15 novembre 1990)

Anticipation

Dans la seconde moitié du vingtième siècle, les progrès de la médecine ont été considérables. Pensons aux découvertes en biologie relatives à l'ADN, aux transplantations d'organes, etc... Mais, de plus en plus, on s'interroge sur les limites à ne pas dépasser.

La revue québécoise L'Actualité présente les résultats d'un sondage effectué auprès de 1 027 personnes en septembre 1990. Les questions posées aux participants portent sur trois points, trois sujets de controverse:

1. La mort: pour ou contre l'euthanasie
2. La naissance: pour ou contre les techniques artificielles de reproduction
3. Les gènes: pour ou contre les manipulations génétiques sur les embryons humains

Les résultats du sondage sont ensuite analysés afin d'avoir une idée précise de ce que les Québécois pensent de la nouvelle orientation de la médecine.

La médecine va-t-elle trop loin?

La mort

Êtes-vous pour ou contre la légalisation de l'euthanasie active de malades condamnés par la médecine?

	pour	contre
Si elle est demandée par le malade lui-même en toute lucidité?	84%	12%
Si elle est mentionnée sur un testament biologique rédigé par le malade avant de perdre sa lucidité?	83%	13%
Par une décision commune du médecin et de la famille quand le malade a perdu sa lucidité?	70%	24%

La naissance

Êtes-vous pour ou contre les techniques artificielles de reproduction suivantes?

	pour	contre
L'insémination avec un donneur extérieur au couple	54%	37%
La fécondation in vitro	55%	36%
Les mères porteuses	40%	52%

Les techniques artificielles de reproduction devraient-elles ou non être accessibles?

	pour	contre
Aux couples qui ne peuvent avoir d'enfants?	85%	11%
Aux célibataires?	44%	52%
Aux couples homosexuels?	19%	74%

Les techniques artificielles de reproduction doivent-elles ou non être réglementées?

	oui	non
	80%	15%

Les techniques artificielles de reproduction devraient-elles être réglementées par:

Un comité d'éthique multidisciplinaire?	26%
Le gouvernement?	15%
Un comité de médecins dans chaque hôpital?	53%

Les gènes

La fécondation in vitro permet d'obtenir des embryons qui sont ensuite réimplantés chez la mère. Les embryons qui ne sont pas réimplantés peuvent être conservés grâce à la congélation. Êtes-vous pour ou contre l'utilisation d'embryons congelés?

	pour	contre
Pour des recherches sur certaines malformations de l'embryon?	60%	33%
Dans l'intérêt de la recherche scientifique en général?	62%	32%

Êtes-vous pour ou contre les interventions génétiques sur un embryon humain durant la grossesse?

	pour	contre
Dans le but d'éliminer les maladies héréditaires?	74%	19%
Dans le but d'améliorer les caractéristiques physiques ou psychologiques du futur bébé?	40%	51%

Première constatation spectaculaire: une impressionnante majorité se déclare en faveur de l'euthanasie, qu'elle soit demandée en toute lucidité par le patient lui-même (84%), par testament biologique, s'il a perdu conscience (83%), ou même décidée par la famille en accord avec le médecin toujours en cas d'inconscience du patient (70%).

Comme presque tout au long de ce sondage, le taux de réponses favorables est d'autant plus élevé que l'interviewé est jeune et que sa scolarité et son revenu sont élevés. À souligner également, le faible taux d'indécis qui varie entre 3 et 5%. C'est une question à laquelle manifestement les Québécois interviewés dans ce sondage avaient déjà beaucoup pensé.

On en parle effectivement beaucoup, du moins dans le monde occidental. En Hollande, où l'euthanasie active est sinon légale, du moins tolérée, en France où le Dr Schwartzenberg a plaidé pour le «suicide assisté» dans deux livres *Changer la mort* et *Requiem* pour la vie qui ont eu là-bas un énorme retentissement. Plus près de nous, aux États-Unis, les testaments biologiques sont reconnus dans une quarantaine d'États américains.

La volonté de prendre en main ce qui n'appartenait qu'à Dieu ou au hasard, de refaire en quelque sorte la création, s'est déjà largement répandue. On vient de le voir avec l'euthanasie, on l'a vu plus clairement encore depuis 20 ans à travers le contrôle, de plus en plus total, qu'a développé l'humanité sur son système de reproduction. Invention de la pilule, légalisation de l'avortement et enfin les toutes récentes «nouvelles techniques de reproduction» (NTR), inséminations artificielles, fécondations in vitro, mères porteuses, et leurs multiples combinaisons possibles.

À l'exception des mères porteuses, d'ailleurs interdites au Canada, les Québécois approuvent ces nouvelles techniques de reproduction, mais contrairement à l'euthanasie, le degré d'indécis est plus élevé (9%) et les différences beaucoup plus marquées d'un groupe à l'autre.

Ainsi, l'insémination artificielle avec un donneur extérieur au couple est bizarrement plus difficilement acceptée par les femmes (49%) que par les hommes (60%) et, si seulement 44% d'entre eux répugnent aux mères porteuses, c'est 60% des femmes qui s'y opposent. Autrement dit, une majorité de femmes refusent encore de «déléguer» leur maternité ou de porter l'enfant d'un autre homme que leur conjoint.

Sur la fécondation in vitro, par contre, les deux sexes s'accordent pour l'approuver également et d'autant plus qu'ils sont jeunes (69%), bien scolarisés (66%) et financièrement à l'aise (68%). Les fortes réticences des plus âgés risquent de n'avoir que peu d'influence puisque, à toutes fins pratiques, ils ne sont plus directement concernés.

Tout le monde ou presque (80%) s'entend par contre sur la nécessité de réglementer l'usage des NTR. À la question de savoir par qui, les divergences sont plus marquées. Le gouvernement obtient la cote la plus basse (15%) même si les hommes y sont deux fois plus favorables (20%) que les femmes (10%). Celles-ci font indéniablement confiance avant tout aux comités de médecins (58%), une confiance que 47% des hommes partagent. Quant aux comités éthiques multidisciplinaires (avec psychologue, travailleur social, religieux...), il n'y a que les interviewés avec une scolarité de 16 ans et plus pour leur accorder une majorité de voix.

50   On a beaucoup mis en cause dernièrement la crédibilité des médecins mais ce sont eux, semble-t-il, qui conservent et de loin la confiance de la majorité des Québécois, et en particulier des Québécoises.

    Peu de surprises enfin, quand il s'agit de décider qui doit avoir accès aux nouvelles techniques de reproduction. La majorité de Québécois considèrent toujours qu'un enfant a besoin de ses deux parents: si à 85% ils favorisent
55 l'accès aux NTR des couples stériles, ils sont aussi 52% à la refuser aux célibataires. Quant aux couples homosexuels, 74% des interviewés s'accordent à les exclure.

    La nouvelle médecine sera génétique. Actuellement, elle fait ses classes et s'intéresse tout particulièrement aux embryons qui, lors de la fécondation in
60 vitro, se retrouvent en quelque sorte en trop et que, faute de mieux, on congèle en attendant de savoir quoi en faire. L'une des options, très controversée, est de les utiliser à des fins de recherche scientifique — une option que favorisent 62% des interviewés, les femmes cependant (57%), un peu moins que les hommes (68%).

65   Mais la question la plus fascinante, la plus lourde de conséquences pour l'avenir, reste celle qui portait sur les interventions génétiques sur l'embryon, dans le but de le débarrasser de tares héréditaires, ou même de tenter de l'améliorer physiquement ou psychologiquement.

    Tant qu'il s'agit d'éliminer des maladies héréditaires, l'idée reste facilement
70 acceptable et 74% des interviewés sont les premiers à l'approuver.

    Mais s'il s'agit par contre de «créer» des êtres humains non seulement plus sains, mais plus beaux, plus forts, psychologiquement plus stables, et intellectuellement plus doués, seulement 40% des Québécois sont d'accord. Il est intéressant de noter que cette fois-ci ce sont les plus scolarisés et les plus
75 riches qui s'y opposent énergiquement et qu'au contraire les interviewés à revenu faible et à scolarité moyenne (8 à 12 ans) y sont plus favorables (49 à 51%).

    Peut-être y voient-ils le moyen de créer enfin une société où régnerait l'égalité? Un meilleur des mondes où tout le monde serait beau, bon,
80 intelligent et gentil.

Premières impressions

Commentez le titre de l'article. Êtes-vous d'accord que cette question mérite d'être posée? Pourquoi?

Approfondissement

1. Lignes 1-16: la mort
   a) Comment peut-on expliquer qu'au Québec «une impressionnante majorité se déclare en faveur de l'euthanasie»?
   b) À quels facteurs est lié le taux de réponses favorables?
   c) Expliquez ce qu'est un testament biologique. Est-il important d'en rédiger un?
2. Lignes 17-57: la naissance
   a) Quelles sont les «nouveautés» concernant le système de reproduction apparues dans les vingt dernières années?
   b) Pourquoi 60% des femmes interrogées sont-elles opposées aux mères porteuses?
   c) La fécondation «in vitro» est-elle bien acceptée? Pouvez-vous expliquer pourquoi?
   d) Selon vous, pourquoi les participants au sondage sont-ils favorables à une réglementation des NTR?
3. Lignes 57-81: les gènes
   a) Dans quels cas précis la manipulation génétique des embryons humains est-elle généralement acceptée?
   b) Selon vous, pourquoi les répondants les plus scolarisés et les plus à l'aise financièrement s'opposent-ils à la manipulation génétique visant à améliorer les caractéristiques physiques et psychologiques du futur enfant?

Questions de langue

1. Relevez des exemples précis montrant les caractéristiques du style journalistique (structure des phrases, choix du vocabulaire, utilisation de données chiffrées).
2. Expliquez les mots ou expressions suivants:
   Ligne 2: agir en toute lucidité
   Ligne 12: l'euthanasie légale ou tolérée
   Ligne 31: répugner à
   Ligne 36: bien scolarisés
   Ligne 49: mettre en cause
3. Expressions idiomatiques
   a) Ligne 37: l'expression idiomatique «financièrement à l'aise» signifie vivre sans soucis d'argent, vivre confortablement. Expliquez et utilisez dans une courte phrase les expressions suivantes:
      • être mal à l'aise
      • en prendre à son aise
      • prendre ses aises
      • tenir à l'aise dans

b) Ligne 17: l'expression idiomatique «Prendre en main» signifie prendre la responsabilité, le contrôle. Expliquez et utilisez dans une courte phrase les expressions suivantes:
   - en mains sûres
   - avoir la main heureuse
   - remettre en mains propres
   - mettre la main sur quelque chose
   - faire quelque chose en un tour de main

4. Regardez la ligne 23 et l'expression idiomatique «les mères porteuses». Expliquez les mots suivants: mère biologique, mère patrie, mère poule, mère supérieure, belle-mère.

5. Regardez la ligne 12. L'adjectif «légal» appartient à la même famille que «loi». Trouvez le maximum de mots (verbes, adverbes, substantifs) appartenant à la même famille.

Questions de discussion

1. Les questions posées dans le sondage vous paraissent-elles bien choisies? Pensez-vous que d'autres questions relatives à la médecine auraient pu être envisagées? Lesquelles?

2. Les résultats vous semblent-ils surprenants? Expliquez.

Projets

1. Répondez aux questions du sondage. Comparez vos réponses à celles des participants québécois. Pour chaque réponse, précisez les raisons de votre «pour» ou de votre «contre». Préparez les résultats statistiques de votre classe de français.

2. Donnez quelques exemples de sondages d'opinion. Selon vous, ces sondages sont-ils utiles? Précisez votre réponse.

Chaque être humain est unique

Tahar Ben Jelloun

L'extrait que vous allez lire est tiré du livre *Le Racisme expliqué à ma fille*, et concerne le clonage. Comme le passage est très court, nous proposons un minimum d'exercices d'exploitation.

Quel rapport pourrait-il y avoir entre le racisme et le clonage?

Chaque être humain est unique

Chaque être humain est unique. De par le monde, il n'existe pas deux êtres humains absolument identiques. Même de vrais jumeaux restent différents. La particularité de l'homme, c'est de porter une identité qui ne définit que lui-même. Il est singulier, c'est-à-dire irremplaçable. On peut certes remplacer un
5 fonctionnaire par un autre, mais la reproduction exacte du même est impossible. Chacun d'entre nous peut se dire: «je ne suis pas comme les autres», et il aura raison. Dire: «je suis unique», cela ne veut pas dire «être le meilleur». C'est simplement constater que chaque être humain est singulier. Autrement dit, chaque visage est un miracle, unique et inimitable.
— *Moi aussi?*

10   Absolument. Tu es unique, comme Abdou est unique, comme Céline est unique. Il n'existe pas sur terre deux empreintes digitales rigoureusement identiques. Chaque doigt a sa propre empreinte. C'est pour cela que, dans les films policiers, on commence par relever les empreintes laissées sur les objets pour identifier les personnes qui se trouvaient sur les lieux du crime.

15   Mais, Papa, on a montré l'autre jour à la télévision une brebis qui a été fabriquée en deux exemplaires!

Tu veux parler de ce qu'on appelle le clonage, le fait de reproduire une chose en autant d'exemplaires qu'on veut. Cela est possible avec les objets. Ils sont fabriqués par des machines qui reproduisent le même objet de manière

20   identique. Mais on ne doit pas le faire avec les animaux et encore moins avec les humains.

Tu as raison, je n'aimerais pas avoir deux Céline dans ma classe. Une seule suffit.

Tu te rends compte, si on pouvait reproduire les humains comme on fait

25   des photocopies, on contrôlerait le monde, on déciderait de multiplier certains ou d'en éliminer d'autres. C'est horrible.

Ça me fait peur . . .Même ma meilleure amie, je n'aimerais pas l'avoir en double!

Et puis, si on autorisait le clonage, des hommes dangereux pourraient s'en

30   servir à leur profit, par exemple prendre le pouvoir et écraser les faibles. Heureusement, l'être humain est unique et ne se reproduit pas à l'identique. Parce que je ne suis pas identique à mon voisin ni à mon frère jumeau, parce que nous sommes tous différents les uns des autres, on peut dire et constater que «la richesse est dans la différence».

Tahar Ben Jelloon

Premières impressions

L'auteur est-il contre le clonage en toute circonstance, ou son attitude est-elle plus nuancée?

Questions de discussion

1. Êtes-vous d'accord que ceux qui contrôleraient la technologie du clonage pourrait contrôler le monde? Expliquez.
2. Êtes-vous d'accord qu'il est essentiel de préserver le caractère unique des êtres humains?
3. Le clonage pourrait-il contribuer au racisme? Expliquez.

Projets

1. Choisissez une autre question éthique de la médecine, ou de la technologie. Écrivez un court texte dans lequel vous exposez votre opinion sur cette question. Écrivez le texte sous forme de dialogue avec un enfant de 10 ans.
2. Vous êtes membre de l'équipe scientifique qui a reproduit les brebis par clonage. Justifiez le besoin et la raison éthique de cette technologie.

Le Scaphandre et le papillion

Jean-Dominique Bauby

Le texte suivant apparaît sur la couverture du livre *Le Scaphandre et le papillon*.
Si vous étiez dans une librairie en train de regarder des livres, choisiriez-vous
d'acheter celui-ci? Pourquoi ou pourquoi pas?

Le Scaphandre et le papillon

Le 8 décembre 1995, brutalement, un accident vasculaire a plongé Jean-
Dominique Bauby dans un coma profond. Quand il en est sorti, toutes ses
fonctions motrices étaient détériorées. Atteint de ce que la médecine appelle le
«locked-in syndrome» — littéralement: enfermé à l'intérieur de lui-même — ,
5   il ne pouvait plus bouger, manger, parler ou même simplement respirer sans
assistance.

   Dans ce corps inerte, seul un oeil bouge. Cet oeil—le gauche—, c'est son
lien avec le monde, avec les autres, avec la vie.

10   Avec son oeil, il cligne une fois pour dire «oui», deux fois pour dire «non».
Avec son oeil, il arrête l'attention de son visiteur sur les lettres de l'alphabet
qu'on lui dicte et forme des mots, des phrases, des pages entières . . . Avec son
oeil, il a écrit ce livre: chaque matin pendant des semaines, il en a mémorisé
les pages avant de les dicter, puis de les corriger.

15   Sous la bulle de verre de son scaphandre où volent des papillons, il nous
envoie ces cartes postales d'un monde que nous ne pouvons qu'imaginer—un
monde où il ne reste rien qu'un esprit à l'oeuvre. L'esprit est tour à tour
sarcastique et désenchanté, d'une intensité qui serre le coeur. Quand on a n'a
plus que les mots, aucun mot n'est de trop.

20   Né en 1952, journaliste, père de deux enfants, Jean-Dominique Bauby était
rédacteur en chef du magazine *Elle*. Il s'est éteint le 9 mars 1997.
Quels sont les éléments que les éditeurs ont choisi de présenter en couverture?
Font-ils appel à l'intellect, aux sens, ou bien aux émotions? Expliquez.
      Le livre est écrit en courts chapitres. Nous avons choisi d'inclure un
25   chapitre intitulé «L'Ange gardien». À quoi le titre vous fait-il penser?

L'Ange gardien

      Sur le badge d'identité épinglé à la blouse blanche de Sandrine, il est écrit:
orthophoniste, mais on devrait lire: ange gardien. C'est elle qui a instauré le
code de communication sans lequel je serais coupé du monde. Hélas! Si la
plupart de mes amis ont adopté le système après apprentissage, ici, à l'hôpital,
30   il n'y a que Sandrine et une psychologue pour le pratiquer. Le plus souvent je
n'ai donc qu'un maigre arsenal de mimiques, clignements d'yeux et
hochements de tête pour demander qu'on ferme la porte, décoince une chasse
d'eau, baisse le son de la télé ou remonte un oreiller. Je ne réussis pas à tous les
coups. Au fil des semaines, cette solitude forcée m'a permis d'acquérir un
35   certain stoïcisme et de comprendre que l'humanité hospitalière se divise en
deux. Il y a la majorité qui ne franchira pas le seuil sans essayer de piger mes
SOS, et les autres, moins consciencieux, qui s'éclipsent en feignant de ne pas
voir mes signaux de détresse. Tel cet aimable abruti qui m'a éteint le match de
football Bordeaux-Munich à la mi-temps en me gratifiant d'un «Bonne nuit»
40   sans appel. Au-delà des aspects pratiques, cette incommunicabilité pèse un
peu. C'est dire le réconfort que je ressens deux fois par jour quand Sandrine
frappe à la porte, passe une frimousse d'écureuil pris en faute et chasse d'un
coup tous les mauvais esprits. Le scaphandre invisible qui m'enserre en
permanence semble moins oppressant.
45   L'orthophonie est un art qui mérite d'être connu. Vous n'imaginez pas la
gymnastique effectuée machinalement par votre langue pour produire tous les
sons du français. Pour l'instant je bute sur le «1», piteux rédacteur en chef qui
ne sait plus articuler le nom de son propre journal. Les jours fastes, entre deux
quintes de toux, je trouve le souffle et l'énergie pour sonoriser quelques
50   phonèmes. Pour mon anniversaire, Sandrine a réussi à me faire prononcer
l'alphabet de façon intelligible. On ne pouvait me faire de plus beau cadeau.
J'ai entendu les vingt-six lettres arrachées au néant par une voix rauque venue
du fond des âges. Cet exténuant exercice m'a donné l'impression d'être un
homme des cavernes en train de découvrir le langage. Le téléphone interrompt
55   parfois nos travaux. Je profite de Sandrine pour avoir quelques proches en
ligne et saisir au vol des bribes de vie, comme on attrape un papillon. Ma fille
Céleste raconte ses cavalcades à dos de poney. Dans cinq mois, on va fêter ses
neuf ans. Mon père explique ses difficultés à tenir sur ses jambes. Il traverse
vaillamment sa quatre-vingt-treizième année. Ce sont les deux maillons
60   extrêmes de la chaîne d'amour qui m'entoure et me protège. Je me demande

souvent quel effet ont ces dialogues à sens unique sur mes interlocuteurs. Moi, ils me bouleversent. À ces tendres appels, comme j'aimerais ne pas opposer mon seul silence. Certains le trouvent d'ailleurs insupportable. La douce Florence[1] ne me parle pas si je n'ai au préalable respiré bruyamment dans le
65 combiné que Sandrine colle à mon oreille «Jean-Do, êtes-vous là?» s'inquiète Florence au bout du fil.

Je dois dire que par moments je ne sais plus très bien.

Premières Impressions

Un ange gardien a pour fonction de veiller sur une personne et de la protéger. De quoi est-ce que Sandrine préserve Jean-Dominique Bauby?

Questions de détail

1. En quoi consiste le travail d'un-e orthophoniste? (Cherchez une définition de ce métier, au besoin, dans un dictionnaire.)
2. L'orthophoniste a utilisé un alphabet qui se présente différemment de l'alphabet normal pour communiquer avec le malade. L'alphabet se présente comme suit:
E S A R I N T U L O M D P C F B V H G J Q Z Y X K W. À quoi peut bien correspondre l'ordre des lettres ici? (La réponse se trouve à la fin de la section «Projets»)
3. Quelles sont les personnes qui adoptent le système de communication décrit ici? Quelles sont les personnes qui ne l'adoptent pas?
4. Qu'est-ce que Sandrine apporte en plus de la possibilité de la communication?
5. Quel était son «beau cadeau» d'anniversaire?
6. Comment l'auteur communique-t-il avec sa famille au téléphone?

Questions de discussion

1. Expliquez le titre du livre, Le Scaphandre et le papillon.
2. L'auteur dit dans une autre partie du livre qu'il a entendu d'anciens collègues parler de lui. Ils disaient qu'il était devenu «un légume». Comment définir ce terme?
3. Comment vous expliquez-vous qu'il y ait eu des employés de l'hôpital qui n'ont pas appris le système de communication de l'auteur?
4. Comment vous expliquez-vous le comportement de l'employé qui a éteint le match de football que l'auteur regardait?
5. Il y a une génération, quelqu'un atteint d'un accident vasculaire comme celui qu'a subi Jean-Dominique Bauby serait mort. Est-ce un bon exemple des progrès de la médecine?

---

[1] Florence est la compagne de l'auteur, qui est divorcée.

6. Quel lien voyez-vous entre le «Locked-in syndrome» et le débat sur l'euthanasie?
7. Cette histoire communique-t-elle un message d'espoir ou bien de désespoir?

Questions de langue

Ce texte contient un nombre important de métaphores. Une métaphore peut se définir comme un transfert de sens, le plus souvent par l'utilisation d'un terme concret pour évoquer un sens abstrait. Le titre du livre (*Le Scaphandre et le papillon*) et le titre du chapitre («L'Ange gardien») fournissent des exemples de métaphore. Expliquez-les. Ensuite, pour les autres métaphores signalées ci-dessous, expliquez (a) le contexte normal ou littéral de la métaphore (b) le mot usuel pour lequel la métaphore est substituée, et (c) l'effet.

Exemple   Il **s'est éteint** le 9 mars 1997.
Contexte normal du verbe *s'éteindre* : un feu qui cesse de brûler
Mot usuel pour lequel la métaphore est substituée : mourir
Effet : (à discuter).
1. ...un maigre **arsenal** de mimiques.
2. ...une frimousse **d'écureuil pris en faute.**
3. ...je **bute** sur le «l».
4. ...l'impression d'être **un homme des cavernes** en train de découvrir le langage.
5. ...les **deux maillons d'une chaîne d'amour** qui m'entoure et me protège.

Pourquoi y a-t-il, à votre avis, autant de métaphores dans ce court texte?

Projets

1. **Jeu de rôles**.   Imaginez une conversation entre deux employé-e-s de l'hôpital. Une personne comprend bien l'humanité et la dignité de Bauby, et l'autre se comporte de façon à nier ceci.
2. *Sketch*. Jouez une scène de l'hôpital. Une personne jouera le rôle de Bauby, et se tiendra immobile, à part l'oeil gauche. Une autre personne se cachera derrière cette personne pour dire à haute voix les pensées de Bauby. Une troisième personne jouera le rôle d'un visiteur. À vous de définir le visiteur et ce qui se passe.
3. Vous êtes Sandrine et vous venez de découvrir la façon de communiquer avec Bauby. Écrivez une partie de votre journal intime dans lequel vous notez les progrès de Bauby ainsi que vos émotions. (Ceci pourrait être un projet d'équipe. Dans ce cas, discutez entre vous de la progression, et répartissez les dates entre vous.)

(Réponse à la question des l'ordre de lettres dans l'alphabet: cela correspond à la fréquence d'emploi des lettres en français.)

Mme *le* Secrétaire,
Mme *le* Ministre, ça suffit...

Benoîte Groult

Anticipation

Benoîte Groult est une féministe française très connue. Dans cet article publié dans la revue *Marie-Claire*, elle dénonce avec véhémence le sexisme existant dans la langue française en donnant de nombreux exemples des injustices «langagières» faites aux femmes.

1. Quelles sont les revendications du mouvement féministe en Amérique du Nord en ce qui concerne la langue? (Par exemple: «chairman», «chairperson», etc.)

2. Dressez une liste de tous les changements en anglais proposés par les féministes. Y a-t-il un élément commun, un principe qui ressort?

Mme *le* Secrétaire,
Mme *le* Ministre, ça suffit...

Une généticie**nne** de quatre-vingt-un ans vient de recevoir le prix Nobel... mais si elle opérait dans un hôpital, on en parlerait comme d'**un** chirurgien-femme. **Le** ministre du Commerce extérieur monte à la tribune mais c'est **elle** qui va prononcer une allocution. **Madame le** Maire est heureux... pardon:

5 heureuse... de féliciter Mme X, conseil**ler** municipal, qui s'est toujours montré... pardon: montrée... **une** fidèle alliée et **un** ardent partisan de la paix. Pour couronner ce salmigondis et montrer à quelles aberrations langagières sont réduites les femmes, citons le cas d'une de nos plus brillantes universitaires, interviewée récemment dans un magazine féminin sous ce

10 grand titre en majuscules:

«Hélène Ahrweiller chancelier de l'Université, couverte de diplômes, première femme recteur, **elle** fut aussi **maître** de recherches au CNRS[1].»

Moi–même enfin je ne suis qu'**un** écrivain-femme (comme on dit un artiste handicapé) ou à la rigueur «une écrivaine», mais entre guillemets afin de bien
15 souligner mon anomalie.

Qui niera que nous vivons actuellement en pleine confusion des genres, dans une cacophonie grammaticale absolument totale?

En fait, la plupart des femmes exerçant des métiers jusqu'ici masculins ou occupant des fonctions traditionnellement réservées aux hommes sont tout
20 simplement condamnées à l'hermaphrodisme, une bizarrerie biologique qui, selon le Grand Robert, se définit par «la réunion des caractéristiques des deux sexes chez le même individu». Un hermaphrodisme variable, il est vrai, suivant le niveau social.

S'il est modéré à l'égard des femmes exerçant des métiers sans trop de
25 prestige, il s'accentue implacablement à mesure qu'elles s'élèvent dans l'échelle de la réussite, phénomène qui ne surprendra que les naïfs ou les gens de mauvaise foi. Le mécanisme est pourtant lumineux et les exemples innombrables.

Au stade de **la** dévouée secrétaire d'un patron, pas de problème, on lui laisse
30 tous ses signes extérieurs de féminité. Mais sitôt qu'elle prétend pénétrer dans le bastion mâle du pouvoir politique (où personne ne souhaitait sa présence), on lui fait clairement sentir, en l'affublant tout à coup d'un article masculin, qu'elle usurpe une fonction qui n'est pas dans sa «nature».

Madame **le** Secrétaire d'État deviendra ainsi un hermaphrodite du langage,
35 bien qu'elle porte un nom qui désigne la profession féminine par excellence. Ce tour de passe-passe devrait nous alerter, d'autant qu'il se reproduit avec une régularité suspecte!

Ainsi une femme ministre ne sera pas considérée comme un homme ministre au féminin: c'est une femelle, piquée par le virus politique, qui s'est
40 échappée de son enclos domestique et qu'on tolère à titre d'exception, d'utilité ou d'alibi. À elle aussi on va refuser par conséquent de laisser son article féminin, quand bien même le mot ministre se termine par un «e» muet.

Notons qu'on n'a jamais interdit à une femme de se qualifier de Madame **la** Concierge, **la** Garde ou **la** Caissière, cet article redevenant comme par miracle
45 le signe du féminin dans les métiers bas de gamme! [...]

Quand comprendrons-nous que la langue reflète les structures d'une société, ses préjugés, ses tabous, ses rapports de force. Elle ne crée pas le sexisme mais, par sa pesanteur, elle peut le faire durer et, après coup, le justifier. [...]

50 [Prenons un exemple:] toutes les femelles animales peuvent servir à ridiculiser les femmes et notamment la volaille qui fournit un répertoire inépuisable de comparaisons peu flatteuses, depuis la tête de linotte jusqu'à la dinde, en passant par la poule mouillée, poule de luxe, mère-poule, bécasse, perruche, pie jacassante, oie blanche, etc. Même l'irreprochable chien devient

---

[1] centre national de la recherche scientifique

22

55 au féminin une insulte! Alors que les espèces mâles, elles, fournissent à
l'homme des comparaisons flatteuses: il est un lion, un aigle, un ours... [...]
À l'égard de la femme vieillissante, le vocabulaire se surpasse. D'un côté le
séducteur aux tempes argentées ou le noble vieillard... de l'autre, la vieille peau
ou la rombière, expressions qui ne comportent pas de masculin, pas plus que
60 grognasse, bobonne, ou vieille dondon n'ont pas d'équivalent au masculin. [...]

Benoîte Groult

Premières impressions

Commentez le titre et le ton de l'article. Benoîte Groult utilise l'ironie pour
condamner l'injustice faite aux femmes par la langue française. Relevez dans le
texte quelques exemples caractéristiques de ce procédé très souvent utilisé par
les auteurs français.

Approfondissement

1. Benoîte Groult est féministe. Définissez ce terme.
    Connaissez-vous des féministes nord-américaines? Quel est le rôle et la
    place des féministes dans notre société?
2. Expliquez les phrases suivantes:

    Lignes 22-26: «Un hermaphrodisme variable [...] il s'accentue
    implacablement à mesure qu'elles s'élèvent dans l'échelle de la réussite».

    Lignes 46-47: «Quand comprendrons-nous que la langue reflète les
    structures d'une société, ses préjugés, ses tabous, ses rapports de force».

Questions de langue

1. Les noms d'animaux sont à l'origine de nombreuses expressions.
    a) Cherchez dans un dictionnaire unilingue le sens des expressions
        suivantes:
        une tête de linotte, une poule mouillée, une poule de luxe, une mère
        poule, une oie blanche
    b) Cherchez le sens des expressions idiomatiques suivantes:
        • être doux comme un agneau
        • prendre le taureau par les cornes
        • mettre la charrue avant les bœufs
        • avoir un chat dans la gorge
        • être comme chien et chat
        • avoir une faim de loup
        • ménager la chèvre et le chou
        • être un vieux renard
        • avoir une langue de vipère

2. Voici une liste de professions au masculin. Cherchez dans le dictionnaire la forme féminine. Si le féminin n'existe pas, donnez-en la raison. (Pour trois de ces professions (ambassadeur, couturier, maire) le féminin existe mais n'a pas le même sens que le masculin.)

masculin	féminin
agriculteur	_____
ambassadeur	_____
caissier	_____
chirurgien	_____
couturier	_____
docteur	_____
infirmier	_____
instituteur	_____
ingénieur	_____
maire	_____
metteur en scène	_____
peintre	_____
professeur	_____

3. Les termes péjoratifs sont utilisés pour dévaloriser une personne ou une chose. Regardez les lignes 59-61 et relevez les termes péjoratifs appliqués à la femme vieillissante. Pourquoi ces termes n'ont-ils pas d'équivalent au masculin? Que peut-on en conclure?

Questions de discussion

1. Le français au Québec est moins sexiste que le français de France. Par exemple, les termes *professeure, auteure, écrivaine* sont acceptés et utilisés au Québec et non en France. Que pensez-vous de cette «féminisation» des noms de profession? Devrait-elle être poursuivie?
2. Le français apparaît comme étant une langue sexiste. Qu'en est-il de l'anglais?

Projet

Vous êtes journaliste et vous devez préparer un compte rendu (résumé critique) de l'article. Choisissez une des options suivantes:
a) Vous travaillez pour Le Devoir, quotidien de Montréal.
b) Vous travaillez pour Le Figaro, quotidien conservateur de Paris.
c) Vous travaillez pour une revue féministe française.

La Famille dans tous ses états

Marie-Josée Lacroix

Anticipation

Le maintien des valeurs familiales traditionnelles (taux élevé des naissances, liens familiaux très forts) a été une des caractéristiques de la société québécoise tout au long du 19e siècle et de la première moitié du 20e siècle.

«La revanche des berceaux» (nombre elevé d'enfants par famille), ainsi que l'attachement à la religion catholique, ont profondément marqué la société québécoise jusque dans les années soixante. La situation a profondément changé et la journaliste Marie-Josée Lacroix s'interroge sur l'avenir de la famille au Québec.

Quelles différences anticipez-vous entre l'état de la famille québécoise et celui de la famille ailleurs en Amérique du Nord?

La Famille dans tous ses états

C'est le jour de l'An. Alexandre est content car il va déjeuner chez sa grand-mère maternelle avec sa mère et son deuxième mari, Louis-Pierre, ainsi que son demi-frère, Charles. Et ce soir, toute la famille est invitée chez les parents de Louis-Pierre. Alexandre étouffe un bâillement: il s'est couché tard pour un
5   enfant de 10 ans. Mais la veille, pour rien au monde il n'aurait raté le réveillon chez sa grand-mère paternelle, où il est allé avec son père, Catherine, la nouvelle compagne de son père, et sa fille Marianne...

Décidément, la famille a bien changé. Qui ne connaît pas un couple divorcé, une famille recomposée ou monoparentale?

J'me marie, j'me marie pas

10 Le mariage est en perte de vitesse. Les couples mariés ne formaient plus que 81% des familles biparentales selon le recensement québécois de 1991, comparativement à 87% en 1986. Le Québec est l'un des endroits du monde où l'on se marie le moins. Mais que les esprits inquiets se rassurent: cette vénérable institution ne s'éteindra pas de sitôt. C'est du moins ce que pense le
15 psychosociologue Roger Tessier: «Quatre-vingts pour cent des jeunes couples commencent par vivre en union libre. Ils se marient en cours de route, quand ils sont à peu près certains de leur choix. Les autres ont à peu près les mêmes rituels que les couples mariés.»

Adèle, 32 ans, vit avec son compagnon depuis 13 ans. Ils ont trois filles
20 âgées de 7 à 12 ans. «Nous n'avons pas besoin d'un papier pour encadrer notre famille, assure-t-elle. Et si jamais nous nous séparions, ça se passerait bien.»

Un couple heureux qui imagine le scénario de la séparation ou d'un divorce est-il lucide ou pessimiste? Quand on sait qu'en 1990 plus de 40% des adultes âgés de plus de 40 ans avaient connu une séparation conjugale, la question
25 mérite réflexion. À quoi attribuer cette débandade? Aux tensions qui se sont développées dans les rapports hommes-femmes, répond Renée Dandurand, anthropologue. À un climat général d'inconsistance, ajoute Roger Tessier. «On vit une époque de volatilité, à l'image de la société du jetable. Les gens se séparent dès le premier écueil, alors qu'il faut apprendre à dépasser les
30 difficultés, à négocier.»

La famille est aussi soumise à des pressions de plus en plus fortes. Selon le sondage réalisé par le Groupe Multi Réso pour le Secrétariat à la famille, les besoins économiques du foyer représentent un souci important pour 61% des ménages alors que deux ans plus tôt, ce pourcentage n'était que de 56%.
35 Même chose pour le rythme de la vie moderne, que 59% des familles jugent stressant, une augmentation de 3% en deux ans.

Un seul parent

La multiplication des ruptures a entraîné dans son sillage un accroissement des familles monoparentales. Celles-là représentaient, en 1991, 22% des foyers québécois, le nombre le plus élevé au Canada. Les Québécois souffriraient-ils
40 d'instabilité? Renée Dandurand sourit: «Le Québec détient aussi le record des unions libres qui, en principe, se défont plus facilement.»

Les familles monoparentales sont dirigées par les mères dans 82% des cas. En 1986, près des deux tiers des mères seules avec des enfants de moins de 18 ans vivaient sous le seuil de la pauvreté, même si 40% d'entre elles jouissaient
45 de la contribution financière du père. Ces mères se retrouvent aussi moins nombreuses sur le marché du travail et, même si elles détiennent un emploi, elles sont moins bien rémunérées que les hommes, entre autres parce qu'elles sont moins scolarisées qu'eux, souvent parce qu'elles ont dû abandonner leurs études pour élever leurs enfants. Bref, le cercle vicieux...
50 Avec, en prime, la solitude. D'après une étude menée en 1989 par la Faculté

d'aménagement de l'Université de Montréal, les mères seules déménagent plus souvent, ce qui les coupe, elles et leurs enfants, des réseaux et des amis de leur quartier et les force à s'adapter à de nouveaux milieux et à de nouvelles écoles. Conséquences? Déstabilisation, stress, problèmes de santé, isolement.

55 Et les pères seuls? Ils sont chefs de famille dans 18% des foyers monoparentaux, proportion stable depuis 1986. Ils sont plus âgés que les mères seules, vivent avec des enfants plus vieux, sont plus scolarisés et plus nombreux qu'elles sur le marché du travail.

Depuis quelques années émerge un nouveau type de père, «le papa
60 androgyne», comme l'appellent les chercheurs. Il est attentionné, à l'écoute, proche de ses enfants sur les plans affectif et psychologique. Germain Dulac, sociologue, pense que «ce côté pourvoyeur prendra des décennies avant de s'imposer».

Un peu ou beaucoup d'enfants?

Les enfants sont moins nombreux qu'il y a 30 ans, le taux de fécondité n'étant
65 aujourd'hui que de 1,6. Tout laisse croire que cette tendance se maintiendra pendant plusieurs années. Pourtant, les Québécois souhaitent avoir plus d'enfants (précisément 2,4) selon le sondage du Secrétariat à la famille. Plusieurs facteurs expliquent cet écart entre le nombre d'enfants souhaités et celui qu'on a. D'abord, la conjoncture économique. Les jeunes adultes arrivent
70 sur le marché du travail de plus en plus tard, coûtent de plus en plus cher à leurs parents et demeurent plus longtemps à la maison familiale. Un jeune couple y pense donc à deux fois...

Et puis, pour bien des femmes, la carrière passe avant la procréation. «Souvent, précise Germain Dulac, elles décideront d'avoir un enfant au
75 moment où leur travail ne les comble plus autant.» La démographe Madeleine Rochon ajoute qu'au-delà des questions financières qui retardent le moment où on décide d'avoir des enfants, «le taux de fécondité est lié à la cohésion, à la solidité, à la qualité des unions. Bref, à l'avenir des rapports hommes-femmes!»

Marie-Josée Lacroix

Premières impressions

1. Expliquez le titre de l'article, La famille dans tous ses états. Vous semble-t-il bien choisi? Pouvez-vous suggérer d'autres possibilités?
2. Quels sont les principaux changements intervenus dans la famille québécoise au cours des trente dernières années?

Approfondissement

1. Lignes 10-36: «J'me marie, j'me marie pas». Comment peut-on expliquer que le mariage soit «en perte de vitesse»?
   Commentez l'affirmation de Roger Tessier: «On vit une époque de volatilité, à l'image de la société du jetable.»
2. Lignes 37-63: «Un seul parent». Quelles sont les caractéristiques des familles monoparentales?
3. Lignes 64-79: «Un peu ou beaucoup d'enfants?» Comment peut-on expliquer «l'écart entre le nombre d'enfants souhaités et celui qu'on a»?
4. L'article traite de la situation actuelle de la famille dans la société québécoise. Le tableau que présente la journaliste vous semble-t-il pessimiste?

Questions de langue

1. Offrez une définition en français des mots et expressions suivants:
   Ligne 16: union libre
   Ligne 27: un anthropologue
   Ligne 32: un sondage
   Ligne 49: un cercle vicieux
   Lignes 59-60: un papa androgyne
   Ligne 64: le taux de fécondité
2. Recherchez dans un dictionnaire unilingue le sens des expressions idiomatiques suivantes:
   Titre: être dans tous ses états
   Ligne 10: être en perte de vitesse
   Ligne 16: ils se marient en cours de route
   Ligne 37: entraîner dans son sillage
   Ligne 60: être à l'écoute
   Ligne 72: y penser à deux fois
3. Utilisez les expressions idiomatiques suivantes dans une courte phrase pour en montrer clairement le sens. Ensuite, traduisez les phrases en anglais idiomatique.
   - ne pas être dans son assiette
   - mettre les bouchées doubles
   - avoir du pain sur la planche
   - C'est simple comme bonjour
   - C'est une histoire à dormir debout
   - dormir sur ses deux oreilles
   - donner sa langue au chat
   - coucher à la belle étoile
   - ne pas y aller par quatre chemins
   - mettre tous ses œufs dans le même panier

4. Trouvez les éléments dans le texte qui caractérisent le style journalistique, tels que: structure des phrases, vocabulaire employé, utilisation de statistiques.

Questions de discussion

1. La «désintégration» de la cellule familiale est-elle un phénomène particulier aux pays dits «riches»? La situation est-elle différente dans les pays du Tiers Monde?
2. L'avenir de la famille est-il lié à celui des rapports hommes-femmes?

Projets

1. Écrivez un texte persuasif pour ou contre l'union libre.
2. Décrivez la famille typique en Amérique du Nord en l'an 2050.

Quand les puces réveilleront les livres
Dominique Noral

Anticipation

Le développement voire «l'invasion» de l'électronique a modifié profondément notre vie professionnelle ainsi que nos habitudes quotidiennes. Qui n'a pas son ordinateur personnel? Qui ne s'est pas exercé un jour ou l'autre à des jeux vidéo?

L'électronique est partout. L'article qui suit est extrait de l'hebdomadaire français Le Nouvel Observateur. Le journaliste analyse les raisons du succès du «livre électronique» qui remplacera, peut-être, le «livre sur papier».

Quand les puces réveilleront les livres

Avez-vous «lu» un bon CD récemment? La question n'a rien d'incongru: dans quelques années, vous la poserez sans doute à vos amis, comme vous le faites actuellement pour les livres, les disques ou les films! C'est en tout cas ce que pensent bon nombre des participants au Marché international du Livre illustré
5 et des Nouveaux Médias qui s'ouvre à Cannes, le 14 janvier. C'est le premier salon professionnel qui réunit tous ceux qui vont révolutionner l'édition classique. Parmi les quelque 350 exposants, on ne trouve plus seulement les éditeurs sur papier, mais aussi les grands acteurs mondiaux de l'audiovisuel, de l'informatique et de l'électronique grand public, ainsi que des représentants
10 des banques de données, des musées ou des agences photo... Bref, tous ceux qui, sur la planète, décideront du contenu—encore flou mais fort alléchant— de «l'édition électronique».

De quoi s'agit-il? Avec l'accélération des technologies numériques (voir les renseignements à la page 32), qui permettent de mélanger sur un même

15 support—par exemple un disque laser—du texte, du son, des photos et des
    séquences vidéo, émergent des produits d'un type nouveau. Des espèces de
    livres animés ou «multi-média», hybrides interactifs du livre papier et de la
    cassette vidéo. Le jeu vidéo, vous connaissez? Eh bien, il ne constitue que la
    planète la plus développée (au sens économique, pas culturel!) de cette
20 nouvelle galaxie de «livres électroniques» qui transformeront l'éducation, la
    formation et les loisirs de demain.
        Prenez le «dictionnaire multimédia», lancé ce mois-ci par Hachette, en
    collaboration avec Philips, l'inventeur du CD-I. Vous vous intéressez au
    Sénégal? Vous pourrez désormais voyager à votre guise dans la connaissance
25 de ce pays: en lisant, bien sûr, les données de la notice écrite... mais aussi en
    affichant son drapeau, en examinant sa carte—y compris à la loupe—ou bien
    en contemplant une photo aérienne de l'île de Gorée. À chaque instant vous
    pouvez pointer votre curseur, cliquer sur l'écran et partir à la découverte de
    nouvelles rubriques...
30   L'ouvrage, vendu 990 francs, comprend un total de 50 000 mots,
    25 000 noms propres, 4 300 illustrations, 150 diaporamas sonores, un
    certain nombre d'animations et quelques miniséquences vidéo... «L'originalité
    du dictionnaire est qu'il possède trois modes d'accès, explique Alain Pierrot,
    responsable de la mission électronique chez Hachette Livres: les mots, les
35 thèmes et les illustrations sonores ou vidéo.»
        Ces produits détrôneront-ils à terme l'édition papier, ou bien s'agit-il d'une
    simple foucade, qui nous renverra vite à la bonne vieille invention de
    Gutenberg? Sur cette question, la querelle des anciens et des modernes ne fait
    que commencer...

Dominique Noral

Premières impressions

1. Commentez le titre de l'article. De quelles «puces» s'agit-il?
    Suggérez d'autres possibilités de titre.

2. Selon vous, l'auteur de l'article est-il en faveur du livre électronique,
    émet-il certaines réserves, ou bien est-il neutre?

Approfondissement

1. Regardez les lignes 1-2. Pourquoi pourrons-nous bientôt poser la question:
    «Avez-vous lu un bon CD récemment»?
2. Regardez les lignes 8-9. Notre vocabulaire comporte trois mots
    relativement nouveaux qui sont: audiovisuel, informatique, électronique.
    Montrez, avec des exemples précis, leur rôle et importance dans notre vie
    quotidienne.
3. Regardez les lignes 22-35. Quelles sont les caractéristiques du dictionnaire
    «multimédia»? Comparez-le à un dictionnaire et à une encyclopédie «sur
    papier».

4. Regardez les lignes 38-39. Expliquez la phrase: «Sur cette question, la querelle des anciens et des modernes ne fait que commencer». À votre avis, qui sont les «anciens» et qui sont les «modernes»?

Questions de langue

1. Parlez-vous multimédia? Voici un exemple de jargon, en l'occurrence, celui de l'électronique. (Le Petit Robert I donne la définition suivante: «Le jargon est un langage particulier à un groupe et caractérisé par sa complication».) Lisez attentivement les explications suivantes et essayez de les traduire en français «courant»:
- numérique
- multimédia
- édition électronique
- interactivité
- CD-Rom

Quelques repères dans la jungle du jargon électronique:

Numérique: Depuis que l'informatique existe, il est possible de stocker des textes en langage numérique, c'est-à-dire sous forme de séquences de 0 et de 1. Aujourd'hui, la progression des techniques de compression de données et de mise en mémoire permettent de manipuler, transmettre et de diffuser sous forme numérique des données bien plus riches comme la musique, les photos et les films.

Multimédia: Compression et numérisation de données. Ce qui permet de mélanger textes, graphiques, images de synthèse, sons, photos et séquences filmées. Bref, des données que l'on avait l'habitude de considérer comme des média séparés.

Édition électronique: C'est le nouveau métier qui consiste à créer ces programmes hybrides, ou «livres électroniques», qui ne sont ni des livres, ni des disques, ni des films... mais un mélange plus ou moins élaboré de tous.

Interactivité: Contrairement aux livres ou aux films, dont le déroulement est le plus souvent linéaire, avec un début et une fin, le livre électronique, organisé comme un programme informatique selon un mode arborescent, se prête à une navigation aléatoire. Avec ce système, l'utilisateur a la faculté d'interagir, en pilotant lui-même le déroulement du programme au moyen d'un curseur actif.

CD-Rom: Défini par Philips et Sony sur la base du CD-audio, c'est un puissant support de stockage de données qui, outre le son, peut aussi contenir du texte, des graphiques et de l'image fixe ou animée. Le disque compact Read Only Memory n'est ni effaçable, ni enregistrable. Contrairement aux disquettes informatiques, le CD-Rom relève de la technologie optique comme les disques optiques ou laser. On le lit grâce à un lecteur de CD-Rom qui se branche sur un micro-ordinateur (IBM-P, ou bien Apple). Il coûte de 400 à 500 francs.

---

2. En utilisant le vocabulaire contenu dans l'article que vous avez lu, expliquez la manière dont vous utilisez votre ordinateur.

Questions de discussion

1. Établissez une liste des avantages et des inconvénients comparés du «livre électronique» et du «livre sur papier». Vers lequel vont vos préférences personnelles? Pourquoi?
2. Pensez-vous que le livre électronique puisse transformer radicalement l'éducation, la formation et les loisirs? Est-ce souhaitable?
3. Selon vous, l'engouement pour l'électronique est-il une mode passagère ou un phénomène de longue durée?

Projet

Écrivez un texte qui essaiera de convaincre le lecteur de votre point de vue sur les avantages du livre électronique ou du livre «sur papier».

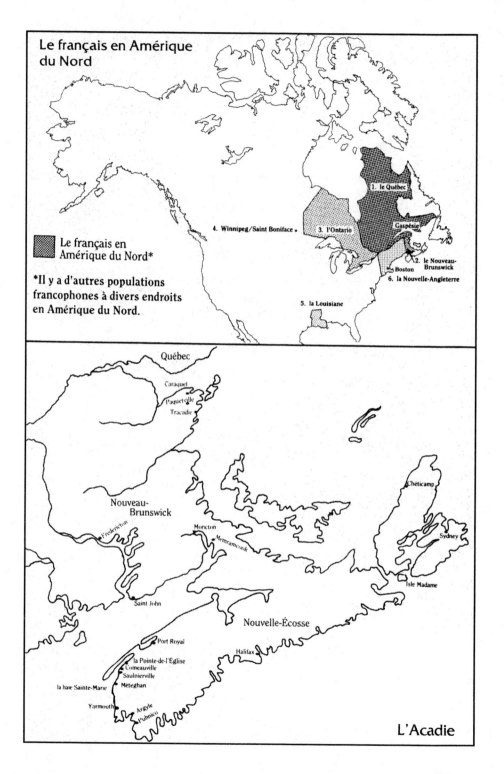

Le français en Amérique du Nord

Le français en Amérique du Nord*

*Il y a d'autres populations francophones à divers endroits en Amérique du Nord.

1. le Québec
4. Winnipeg/Saint Boniface
3. l'Ontario
Gaspésie
2. le Nouveau-Brunswick
Boston
6. la Nouvelle-Angleterre
5. la Louisiane

Québec
Caraquet
Paquetville
Tracadie

Chéticamp

Nouveau-Brunswick
Fredericton
Moncton
Memramcook
Sydney

Isle Madame

Saint John

Nouvelle-Écosse

Port Royal
la Pointe-de-l'Église
Comeauville
Saulnierville
la baie Sainte-Marie
Meteghan
Yarmouth
Argyle
Pubnico
Halifax

L'Acadie

L'Acadie

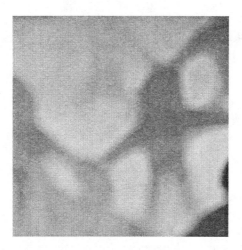

Le nom «Acadien» s'applique aux descendants des premiers colons français en Amérique du Nord. Les premiers se sont établis à Port Royal, en Nouvelle-Écosse, en 1605; d'autres colons sont arrivés en Nouvelle-Écosse au cours du XVIIe siècle. De colonie française, la région est devenue territoire anglais, territoire cédé à l'Angleterre par la France. La lutte entre La France et l'Angleterre continuait, et les Anglais s'inquiétaient de cette population française dans leur territoire. En 1755, le gouverneur de la Nouvelle-Écosse a ordonné la déportation des Acadiens, événement que les Acadiens appellent «le grand dérangement».

Cette décision politique a entraîné des conséquences bien graves pour les Acadiens. Beaucoup de familles ont été séparées, et aussi beaucoup d'Acadiens sont morts. (Le poème Évangeline de Longfellow raconte l'histoire tragique, mais fictive, des amoureux Évangeline et Gabriel.)

Certains des Acadiens survivants se sont établis en Nouvelle-Angleterre, d'autres en Virginie. D'autres encore sont allés jusqu'en Louisiane - ce sont les ancêtres des Cajuns* de nos jours. Beaucoup d'Acadiens sont revenus en Nouvelle-Écosse, au Nouveau-Brunswick, et à l'Île-du-Prince-Édouard. Qu'ils soient aujourd'hui dans l'est du Canada, en Nouvelle-Angleterre ou en Louisiane, les Acadiens essaient de garder vivantes leurs langue et culture, face au danger d'assimilation dans la population anglophone qui les entoure.

---

* Il y a, actuellement, un débat en Louisiane francophone: certains préfèrent le terme
Cadien, d'autres Cadjin, et d'autres encore continuent à dire Cajun.

L'Acadie pour quasiment rien
Antonine Maillet

Anticipation

Antonine Maillet est sans doute l'écrivaine acadienne la mieux connue dans le monde. Originaire du Nouveau-Brunswick, elle réside actuellement à Montréal. Plusieurs de ses romans ont gagné d'importants prix littéraires. Le plus célèbre, *Pélagie la charrette*, lui a mérité le très prestigieux prix Goncourt. En 1973, Antonine Maillet et Rita Scalabrini ont écrit, à l'intention des lecteurs québécois, *L'Acadie pour quasiment rien* en imitation des guides touristiques populaires. Le texte qui suit en est un extrait.

L'Acadie pour quasiment rien

L'Acadie historique

Soyez tranquille, touriste, et défroncez les sourcils. Je ne vous ferai pas un cours d'histoire, les peuples heureux n'en ont pas. Je n'essaye pas de vous vendre le pays plus cher qu'il ne vaut, mais je peux quand même vous dire que sans nos malheurs, nous aurions été heureux. Vous m'en parlerez après l'avoir
5   vu.
     Je l'appelle le pays: c'est une vieille expression populaire pour dire la région, le coin, le boute. En réalité, l'Acadie n'a jamais été un pays juridiquement reconnu et délimité. Elle fut d'abord dunes de sable et forêts vierges pour outardes et goélands; puis colonie des rois de France; puis terrain de chasse des
10   armées anglaises; puis provinces qui entrent à pieds joints dans la Confédération; puis de nouveau forêts et dunes pour outardes et goélands.
     Pendant toutes ces années, pourtant, c'est-à-dire trois siècles, un dénominateur commun: les Acadiens. Oui, ça, il faut le reconnaître: seul à être fidèle à l'Acadie à travers toutes les péripéties de son histoire, son peuple
15   d'Acadiens. Sauf pour les quelques dix ou vingt ans d'exil forcé en Virginie et

en Louisiane; mais on ne peut pas lui en vouloir, il est revenu aussitôt et aussi vite que possible. Et puis, comme on lui avait pris ses barques et ses rames, il a dû faire le voyage de retour à pied. Je vous mets au défi de faire à pied et à jeun la route par les bois de LaFayette[1] à Memramcook[2], en moins de dix ans.

20 Quand je songe que Dieu le Père en personne en a accordé quarante aux Juifs pour faire Égypte-Israël! Et avec de la manne fraîche tous les matins, par-dessus le marché. Mais passons, n'est pas juif qui veut. Et puis ceci nous mènerait trop loin. Parlons plutôt de nous. [...]

L'Acadie humaine

En fait, c'est compliqué un Acadien. Ça a des nerfs, figurez-vous, et du ventre,
25 et du cœur, et un petit brin d'esprit à l'occasion. Ça crie quand on le pince; ça rit quand on le chatouille; et quand on lui met un violon dans les mains, ça chante et tape du pied. C'est un être étrange, comme vous voyez. Il aime boire, manger, dormir, dormir, manger, boire, boire, dormir et manger. Un curieux de personnage. Il vaut la peine qu'on aille le visiter chez lui. Parce qu'il n'est
30 pas le même chez lui et à l'étrange. Et l'Acadien est à l'étrange dès qu'il sort de son patelin.

Donc rendez-vous à son logis, passez par en avant, cognez et présentez-vous. Serrez vos caméras et vos calepins. Vos magnétophones, surtout. Il a horreur de faire parler de lui dans les livres d'anthropologie. On s'en est assez
35 servi, comme c'est là, pour compiler des statistiques:

X% de sapins + Y% de morues + Z% d'Acadiens = 100%.

Souvenez-vous qu'il a des nerfs, du ventre et de la mémoire...

Beaucoup de mémoire. Il se souviendra de vous, soyez-en sûr. Comme il se souvient de ceux qui sont passés avant vous. Et vous serez alors un étranger ou
40 un ami pour la vie. Vous n'allez peut-être pas là-bas pour vous faire des amis. Ça c'est votre choix; personne ne vous forcera le cœur. Mais quand je vous aurai présenté Sarah, et Jos Sullivan, et Marie Aucoin, et la vieille Lamant, vous regretterez peut-être de n'avoir voulu chercher en Acadie que ses dunes, son homard et ses aboiteaux[3].

45 Car avant les aboiteaux, il y eut les Belliveau, les Gallant, les Cormier, les Bourgeois, les Chiasson... une centaine de familles venues en Acadie tout le long des XVIIe et XVIIIe siècles et qui ont fait souche. Et tout le peuple acadien, ou quasiment, est sorti de cette centaine de colons. Ne nous demandez pas après ça pourquoi il y a tant de LeBlanc ou d'Arsenault au pays.
50 Tous les Acadiens vivant actuellement aux Maritimes[4], au Québec, en Nouvelle-Angleterre ou en Louisiane doivent se partager ces cent noms de famille. C'est moi qui vous le dis: quand un homme déclare s'appeler Pierre à Paul à Pit à Tom Gautreau, il n'a pas besoin d'y mettre de l'accent, on sait d'où il vient. [...]

55

---

[1] ville de Louisiane
[2] ville du Nouveau-Brunswick
[3] digues construites par les Acadiens
[4] le Nouveau-Brunswick, la Nouvelle-Écosse, et l'Île-du-Prince-Édouard

55 Je vous ai dit que l'Acadien était un être étrange. Ça c'est parce qu'il vous est étranger. Ce qui est différent est toujours étrange. Et comment ne serait-il point différent, lui qui a vécu au loin, isolé et oublié pendant deux siècles? Tout le monde vit au loin, je sais: les Français sont loin des Turcs, les Chinois loin des Esquimaux, et nous loin de vous. Mais dès qu'on nous fait signe,

60 qu'on nous envoie sa carte postale, les distances s'évanouissent. Or pendant deux siècles, l'Acadie n'avait reçu de carte postale de personne.

Et si par hasard on l'apercevait de loin, là-bas, pointant le nez entre deux buttes de sable, on s'interrogeait en se donnant du coude: «Qu'est-ce?» Alors gênés, nous replongions dans nos dunes. Et ça nous prenait une décennie pour

65 en ressortir.

Mais de décennie en décennie, nous sommes quand même parvenus à sortir quasiment tout le corps du sable. Et un bon jour... Oui, un bon jour l'Acadie a eu aussi son printemps '68[5]. Ah! Mais là, par exemple, les coquilles ont revolé! Plusieurs en ont été effrayés: Qu'est-ce qui leur prend? — Pas grand chose,

70 restez tranquilles. Ça se replacera. Ça s'est replacé, très vite.

Mais, ça n'est plus tout à fait comme avant. Ce qu'il y a de changé, surtout, c'est que depuis, l'Acadien ne se sent plus aussi complètement irrémédiablement abandonné. On s'est souvenu de lui. Et, entre nous, il a beau crâner, faire l'indépendant, au fond, c'est un sensible. Il aime causer,

75 donner des poignées de main, voir du monde. Et puis, il n'est pas si sauvage que ça: il sait bien qu'il appartient à une grande famille et qu'il a des cousins québécois, franco-américains, louisianais, français de France. C'est vrai qu'il est le parent pauvre de la famille, on le lui a dit, mais il en est tout de même.[...]

Tout cela, c'est une introduction. L'humour acadien est une porte qui

80 s'ouvre sur son cœur. Reste à aller voir ce qu'il y a au fond. On a dit tellement de choses sur le caractère de l'Acadien: méfiance, jalousie, timidité. Tout cela est vrai, on l'a dit dans les livres d'anthropologie. Puis en ethnographie, on a dit qu'il était ouvert, accueillant, naturel. Les sociologues parlent de son côté fruste, primitif; et les psychologues, de sa candeur et de sa délicatesse.

85 L'histoire en fait un aliéné, et la légende un phénomène. Et l'Acadien, que pense-t-il de lui-même?

[...] Il pense à autre chose, en général. Tenez, il pense à vous, par exemple, pendant que vous pensez à lui. Ça lui est arrivé même, mais n'en dites rien, de s'interroger sur les psychologues-sociologues-ethnologues-anthropologues qui

90 s'interrogent sur lui.

Mais en général, il scrute moins le fond des cœurs ou des entrailles que le vaste horizon. Les savants diraient qu'il a moins l'esprit analytique que synthétique. Ça lui vient sans doute de son métier. Il a regardé la mer si longtemps.

95 Il est malaisé de comprendre quelque chose au tempérament acadien si l'on n'a pas d'abord compris la mer. Pour raconter l'Acadie, il faudrait presque récrire la Genèse et dire: «À l'origine Dieu créa le sable et l'eau; puis il fit les poissons, les coquillages; et le sixième jour, il prit du sel, souffla, et en fit le pêcheur et sa femme.»

Antonine Maillet

---

[5] moment de révolution sociale en France

Premières impressions

1. Antonine Maillet dit que les «peuples heureux» n'ont pas d'histoire. Les Acadiens sont-ils, d'après ce texte, un peuple heureux sans histoire?
2. Est-ce que l'auteure présume que le lecteur connaît déjà l'Acadie et les Acadiens?

Approfondissement

Cherchez dans le texte la phrase ou les phrases qui soutiennent les déclarations suivantes. Si vous en trouvez, indiquez les lignes en question, sinon répondez faux.

a) L'objectif principal de l'auteure est de raconter l'histoire du peuple acadien.
b) Le terme «Acadie» ne désigne pas une région officiellement reconnue.
c) L'Acadie n'a pas beaucoup changé au cours des deux derniers siècles.
d) Après la déportation, les Acadiens ont essayé de revenir en Acadie le plus vite possible.
e) Le voyage de retour entre la Louisiane et la Nouvelle-Écosse était long et ardu.
f) Les Acadiens sont revenus en Nouvelle-Écosse en bateau.
g) L'auteure trouve sincèrement que les Acadiens sont bizarres.
h) Les Acadiens n'aiment pas être «étudiés».
i) Il ne serait pas difficile de devenir ami avec des Acadiens.
j) Les premiers Acadiens n'étaient pas très nombreux.
k) La seule façon de reconnaître un Acadien, c'est d'écouter son accent.
l) Le peuple acadien a été assez isolé pendant longtemps.
m) Le peuple acadien ne se sent plus aussi isolé aujourd'hui.
n) Les savants décrivent le «caractère acadien» de façon contradictoire.
o) La mer est un élément central dans la culture acadienne.

Questions de langue

1. Les expressions «sauf pour» (ligne 16) et «à l'étrange» (ligne 30) diffèrent du français standard. À quoi correspondent-elles? (Voir p. 182 pour une explication du français standard.)
2. Proposez un mot pour chaque lacune du texte suivant en fonction du sens et des constructions grammaticales. Discutez ensuite des mots proposés. Vous allez partir là-bas... C'est pas sûr? Mais alors pourquoi avez-vous acheté le guide? Moi, je vous dis _____ vous partirez. On finit _____ par là. Et vous _____ déjà votre petite idée _____ à vous sur l'Acadie. _____ petite idée personnelle, vous _____ partagez avec six millions _____ Québécois, cinquante millions de _____ et quelques mille Franco-Américains _____ les noms fidèles de Cormier, Belliveau ou White. _____ reste du monde n'a _____ d'opinion sur le _____ parce qu'il ignore _____ l'Acadie existe.

Questions de discussion

1. Discutez et expliquez les lignes 62-65.
2. Que veut dire «le parent pauvre de la famille» (ligne 78)? En quoi les Acadiens sont-ils les parents pauvres, et de quelle famille?
3. Pourquoi, à votre avis, est-ce que les Acadiens se méfient des «psychologues-sociologues-ethnologues-anthropologues»?
4. Si vous aviez la possibilité de faire un séjour dans une région acadienne (Nouvelle-Écosse, Nouveau-Brunswick, Île-du-Prince-Édouard, Louisiane), où iriez-vous? Pourquoi? Qu'est-ce que vous aimeriez y faire?
5. Y a-t-il une communauté francophone dans votre région? Qu'est-ce que vous savez d'eux? Qu'est-ce que vous aimeriez savoir d'eux?

Projets

1. Vous trouverez ci-dessous une liste de noms acadiens venant de *L'Acadie pour quasiment rien*. Combien de ces noms acadiens trouvez-vous dans l'annuaire téléphonique de votre région? Notez que cette liste n'est pas complète, et que beaucoup d'Acadiens ont anglicisé leur nom (LeBlanc est devenu White, par exemple).

Quelques noms acadiens

Albert	Brault	Duguay	Haché	Michaud
Allain	Brideau	Dupuis	Hébert	Paulin
Allard	Bujold	d'Entremont	Henri	Poirier
Amirault	Caissie	Forest	Hubert	Richard
Arsenault	Chévrier	Fougère	Landry	Robichaud
Aucoin	Chiasson	Fournier	Lanteigne	Roy
Babineau	Comeau	Gagnon	Lavoie	Saulnier
Bastarache	Cormier	Gallant	LeBlanc	Savoie
Belliveau	Cyr	Gaudet	Léger	Surette
Bernard	Daigle	Gautreau	Losier	Thériault
Blanchard	Deveau	Gauvin	Maillet	Thibault
Boucher	Doiron	Girouard	Martin	Thibaudeau
Boudreau	Doucet	Godin	Mazerolle	Vautour
Bourque	Dugas	Goguen	Melanson	Vigneault

2. Identifiez un aspect de «l'Acadie» qui vous intéresse (par exemple, une des régions acadiennes, la déportation, la langue acadienne, etc.). Faites quelques recherches, puis écrivez un compte rendu.
3. Écrivez une lettre à Antonine Maillet pour décrire votre réaction à son texte. N'hésitez pas à lui poser des questions.

Journal de Cécile Murat

Anticipation

1. Situez sur la carte de la Nouvelle-Écosse (p. 34), le village de La-Pointe-de-l'Église. Comment pourrait-on voyager de nos jours entre La-Pointe-de-l'Église et Boston? et au XVIIIe siècle?
   La population acadienne de la Nouvelle-Écosse vit principalement dans les régions de la baie Sainte-Marie (où se trouve La-Pointe-de-l'Église) et du Cap Breton (où se trouve Chéticamp).
2. Le journal de Cécile Murat date de 1795. Était-ce avant ou après la déportation?

Voici quatre extraits de ce journal.

Journal de Cécile Murat

Le 22 novembre 1795
Aujourd'hui mon «papa» m'a donné ce petit cahier à la couverture bleue et aux feuilles si blanches en me disant: «À ma chère petite fille pour son quinzième anniversaire.» Après quoi il m'a embrassée.
   J'ai regardé le carnet, les yeux grands ouverts, et lui ai demandé:
5 — Qu'est-ce que je dois écrire là-dedans?
   — Les actions et les pensées les plus intimes de Cécile Murat, m'a-t-il répondu.
   Cécile Murat, c'est moi. Mon «papa», c'est Casimir Le Blanc avec qui je demeure dans une petite maison carrée au pied de la butte à La-Pointe-de-l'Église.
10   Casimir Le Blanc n'est pas mon vrai «papa», mais il a été mon père et mon instituteur, et, si je peux écrire ces lignes, c'est bien grâce à lui car nous

n'avons pas d'écoles et très peu de jeunes gens de nos villages savent lire et
écrire. Pour cela je suis donc la jeune fille la plus fortunée de toute la région de
la baie Sainte-Marie. J'aimerais cependant avoir des sœurs et des frères comme
15 mes petites compagnes.

«Maman» Le Blanc m'a appris beaucoup de choses elle aussi. Grâce à elle, je
peux faire la cuisine. Ici on dit «faire à manger». Je peux «brocher»—elle-même
dit tricoter—avec la rude laine du pays et me tailler des robes. Ce n'est pas trop
difficile car les habits que portent les femmes de ces parages n'ont pas trop
20 d'élégance et l'étoffe que nous avons est bien pauvre. En effet, tout est bien
pauvre ici: les gens, les habits, les maisons. Cependant, malgré notre pauvreté,
nous sommes heureux car nous partageons tous les mêmes plaisirs simples et
nous nous soulageons tous dans nos misères.

«Mamam» Le Blanc m'a appris aussi beaucoup sur la religion. C'est une
25 personne très dévote; elle a vécu plusieurs années dans un couvent en France
pendant que son mari, que j'appelle mon «papa», servait dans l'armée
française.

Que ce serait bon de vivre dans un couvent où l'on pourrait assister à la
messe tous les jours! Il y a tellement longtemps que nous n'avons pas eu de
30 messe que beaucoup de mes petites compagnes ne savent pas ce que c'est.
Nous avons bien les «messes blanches» dans la petite église sur la pointe, d'où
le nom de ce village, La-Pointe-de-l'Église. La «messe blanche», c'est mieux que
rien du tout, mais ça ne me satisfait pas. Tous les dimanches, les gens des
environs se rendent à la pointe et là, dans la pauvre église qui n'est en réalité
35 qu'une cabane ballottée par le vent et que chaque grande marée menace
d'emporter à la mer, mon «papa», Casimir Le Blanc, nous fait chanter le *Kyrie*,
le *Gloria*, le *Credo* et nous récitons le chapelet tous ensemble. Après cela, nous
nous en allons, les uns bavardant et riant, les autres, les plus vieux, silencieux
et tristes, comme s'ils pensaient aux jours meilleurs d'autrefois. Je les entends
40 dire qu'ils demandent un prêtre depuis plusieurs années mais que leurs prières
restent sans réponse.

En ce moment, je me demande pourquoi je suis la seule Murat à La-Pointe-
de-l'Église et même dans toute la région. Pourquoi n'ai-je pas de frères et de
sœurs comme toutes mes petites compagnes? Où sont mon vrai papa et ma
45 vraie maman? Pourquoi Casimir Le Blanc parle-t-il un français différent de
celui des autres habitants de cet endroit? Il faut que je le lui demande. Je suis
certaine qu'il m'apprendra ce que je veux savoir.

Alors, mon cher journal, je te ferme et plus tard tu recevras la réponse à ces
questions qui me troublent.

Premières impressions

On nous présente brièvement trois personnes dans cette partie du journal. Quelle est votre première impression d'eux? Résumez, en une phrase ou deux, les caractéristiques qui vous semblent importantes chez chacune de ces personnes. Comparez ensuite vos perceptions.

a) Cécile Murat
b) «Papa» Le Blanc
c) «Maman» Le Blanc

Approfondissement

En vous référant au texte, répondez aux questions suivantes et indiquez les lignes du journal où vous avez trouvé la réponse.

1. Est-ce que la famille biologique de Cécile Murat habite La-Pointe-de-l'Église?
2. Quel est le niveau de vie des habitants de La-Pointe-de-l'Église?
3. Est-ce que Cécile Murat a reçu la même éducation que les autres enfants de La-Pointe-de-l'Église?
4. Quelle religion pratiquent les gens de La-Pointe-de-l'Église?
5. Est-ce que «Papa» et «Maman» Le Blanc ont passé toute leur vie à La-Pointe-de-l'Église?

Questions de discussion

1. Imaginez des réponses possibles aux questions que pose Cécile Murat aux lignes 42-46.
2. Pourquoi, à votre avis, n'y a-t-il pas de prêtre à La-Pointe-de-l'Église?
3. Qu'est-ce que Cécile Murat semble avoir en commun avec les autres habitants de La-Pointe-de-l'Église? Comment expliquez-vous les similarités et les différences?

Le premier décembre 1795

50   Tous les soirs, devant le foyer flambant, Casimir Le Blanc me raconte mon histoire et la sienne. Je vais donc essayer de les transcrire ici comme il vient de me les rapporter.

Casimir Le Blanc, bien qu'il porte un nom acadien, n'est pas Acadien. Il est venu directement de France à Boston. Voici comment il m'a raconté les
55   événements qui l'ont amené ici.

Durant plusieurs années, il a fait partie de l'armée française des Antilles[1]. C'est là qu'il fit la connaissance de Pierre Murat. En même temps que ce

---

[1] nom français des îles de la mer des Caraïbes, appelée aussi la mer des Antilles

dernier, il quitta l'armée et tous deux se lancèrent dans le commerce. Pierre se procura un bateau tandis que Casimir tentait d'installer un commerce à Haïti,
60 d'où la révolte des Noirs[2] le chassa. Il m'a raconté les atrocités commises par les Noirs, et aussi par les Blancs, au cours de cette révolte. J'en frémis encore.

Il réussit à s'échapper d'Haïti et vint s'établir à Boston où il fut surpris de trouver beaucoup d'autres Le Blanc qui lui apprirent qu'ils avaient habité jadis un beau coin de terre, appelé Acadie, d'où ils avaient été chassés il y avait déjà
65 vingt ans.

Jamais, me dit-il, il n'avait rencontré des gens aussi sympathiques et aussi dignes d'intérêt. C'est alors que Casimir se joignit à eux quand ces Acadiens décidèrent de revenir au pays qu'ils avaient dû abandonner. Il arriva donc à la baie Sainte-Marie avec le second groupe de rapatriés venus du Massachusetts.
70 Le premier groupe avait fait le trajet à pied, de la Nouvelle-Angleterre à la baie Sainte-Marie, vers 1771. Ce second groupe vint par bateau et fut accueilli à bras ouverts par les vaillants pionniers de 1771. Casimir reçut une concession de deux cent quatre-vingts arpents à La-Pointe-de-l'Église. Depuis lors, sa propriété n'a fait que grandir. Cependant les autres choses qu'il m'a racontées
75 sont moins heureuses et je n'ai pas le cœur à les écrire maintenant.

Premières impressions

L'histoire de Casimir Le Blanc vous semble-t-elle triste ou heureuse? Expliquez.

Approfondissement

1. Pourquoi est-ce que l'armée française était à Haïti à cette époque? Quelle était alors la situation des Noirs à Haïti?
2. Pourquoi Casimir Le Blanc s'est-il installé en Acadie plutôt que de rentrer en France?
3. Avez-vous l'impression que le voyage entre Boston et la baie Sainte-Marie était facile?

Le 8 décembre 1795
Cette page devrait être bordée de noir, tellement elle est triste. J'avoue que je n'avais jamais beaucoup pensé à mes parents, mais maintenant que mon papa adoptif m'a raconté ce qui était arrivé à mon père, tous les détails de mes premières années me reviennent à l'esprit et je vais les mettre sur papier tels
80 que je m'en souviens.

Je vais d'abord écrire ce qui s'était passé avant mon arrivée ici. Il faut que je commence par dire qu'après que mon père eut quitté l'armée, il devint capitaine de navire et put bientôt armer son propre bâtiment. Il fit d'abord du

---

[2] la première révolte des esclaves noirs, qui éclata vers 1775, fut cruellement réprimée par les Français. La deuxième révolte eut lieu après 1800 et aboutit à l'installation de la République noire

commerce avec les Antilles. Puis, quand la France envoya de l'aide aux
85 colonies américaines révoltées, mon père entra dans ce commerce-là et décida
de s'établir à Boston avec maman. Ils partirent donc de Bayonne, port de
France où les Murat ont de la propriété, à l'automne de 1780. Lorsqu'ils
arrivèrent à Boston, la famille de Pierre Murat comptait un membre de plus,
moi-même, née en mer le 22 novembre, jour de la fête de sainte Cécile, d'où
90 mon nom.

Je ne me rappelle pas grand-chose de mon séjour à Boston, excepté que
maman paraissait toujours triste quand papa n'était pas là. Un événement me
revient maintenant à l'esprit cependant. Je crois que j'avais alors six ans. Papa,
au retour d'un voyage, paraissait plus gai que d'habitude.
95 — J'ai retrouvé Casimir, s'écria-t-il en embrassant maman.

— Qui donc? demanda-t-elle surprise.

— Un grand ami de France qui était dans l'armée avec moi.

— Où est-il? Ne lui as-tu pas demandé de venir nous visiter?

— Il est à La-Pointe-de-l'Église, en Nouvelle-Écosse. C'est lui qui nous a invités.
100 Il veut que nous partagions ses biens et son domaine.

Peu de temps après, papa m'embarqua à bord de son navire, dont je ne me
souviens plus le nom, et nous partîmes en mer. Maman resta à Boston avec
mes petites sœurs, Fanny, Polley et le bébé Soukie. Je me souviens encore,
comme si ce n'était que d'hier, de voir Fanny et Polley pleurer pour qu'on les
105 laisse venir elles aussi. Le bébé dormait paisiblement dans tout ce vacarme du
départ.

C'était mon deuxième voyage en mer, quoique je ne me rappelle rien du
premier. Tout me parut si étrange: le clapotis des vagues contre le navire, le
claquement des voiles, le grincement des câbles. Puis vint la brume de la baie
110 Sainte-Marie. Cette brume humide, froide, et presque éternelle, m'accueillit ce
jour-là et ne m'a guère quittée depuis.

Enfin, à travers le brouillard, apparut l'Île-à-Séraphin, endroit que j'ai appris
à connaître et à aimer, car c'est la que débarquèrent les premiers habitants de
La-Pointe, comme on appelle familièrement ce petit village. Nous-mêmes,
115 nous avons plutôt choisi cette langue de terre avec sa petite église perchée sur
le bord de la falaise pour mettre pied à terre.

Il y avait là un grand nombre de personnes pauvrement vêtues et beaucoup
d'enfants, mais je ne garde qu'un faible souvenir d'eux, car toute mon
attention se porta sur le couple qui s'avançait à notre rencontre. En un rien de
120 temps papa avait atteint l'homme et l'embrassait chaleureusement en
s'écriant: «Mon bon vieux Casimir!» Mme Le Blanc me prit dans ses bras et
mon amour pour ces deux braves gens naquit tout de suite.

Une semaine après, papa s'embarqua de nouveau pour Boston. Il devait
revenir deux semaines plus tard avec maman et mes sœurs. Quant à moi, je
125 restais avec les Le Blanc pour attendre le retour de ma famille. Papa et Casimir
avaient jugé inutile de m'exposer de nouveau aux périls de la mer.

Du bout de la pointe, j'agitais mes bras dans la direction du bateau qui
s'éloignait tandis que Mme Le Blanc essuyait mes larmes en me consolant:
— Ne pleure pas, petite! Il reviendra dans quelques jours, me disait-elle
130 doucement.

Cependant je pleurai longtemps cette nuit-là tandis que le vent et la pluie faisaient rage dehors et que les vagues se brisaient avec fracas sur les galets de la côte.

Au bout de trois semaines il n'y avait pas encore de papa et de maman.
135 Maintenant les Le Blanc pleuraient avec moi. Après plusieurs jours sans nouvelles de mes parents, et en lisant le triste message sur les visages des grandes personnes autour de moi, je compris que je ne reverrais jamais mon papa. Il s'était perdu en mer, lui et tout son équipage.

Maman et mes sœurs sont restées à Boston. Les Le Blanc ont offert de me
140 ramener auprès d'elles, mais maman a pris tellement horreur des voyages en mer qu'elle a préféré me laisser auprès de mes parents adoptifs qui sont parvenus à me considérer comme leur propre fille. Maman a cessé de m'écrire, non par manque d'affection pour moi, mais pour aider à mon complet attachement aux Le Blanc. Bien que je sois complètement heureuse dans le
145 seul chez moi que je connaisse, j'ai très envie de revoir maman et mes sœurs. J'ai demandé à mon papa adoptif de me laisser aller à Boston, mais ses yeux se sont remplis de larmes. Alors, comme je ne veux pas lui causer de peine, je ne lui en reparlerai plus.

Premières impressions

Comment décririez-vous le caractère de Pierre Murat? de Mme Murat?

Approfondissement

1. Est-ce que Pierre Murat poursuivait la même carrière que Casimir Le Blanc?
2. Est-ce que Pierre Murat avait les mêmes raisons que Casimir Le Blanc de vouloir s'installer en Acadie?
3. Comment Cécile a-t-elle trouvé le voyage entre Boston et La-Pointe-de-l'Église?
4. Quelle était la première impression qu'avait Cécile Murat de M. et Mme Le Blanc?
5. Pourquoi Cécile Murat n'a-t-elle jamais retrouvé sa mère et ses sœurs?

Le 1er janvier 1796
Ce jour de l'an a été plus joyeux! Nous avions un gros pâté à la râpure. Ce mets
150 fait toujours les délices de la table acadienne. Ce n'est pas difficile à faire, car on a seulement besoin de pommes de terre, qu'on appelle «patates», de lard, de viande et de sel. C'est bon avec n'importe quelle viande, mais la volaille est préférable. Dans celui-ci, nous avions la viande de trois canards sauvages que nous avait apportés Jean-Baptiste Melanson. C'est un beau jeune homme qui,
155 ces temps-ci, vient souvent chez Casimir. Tout le monde l'appelle «Janie», mais moi je préfère écrire Jean-Baptiste.

Le 6 janvier 1796

Le jour des Rois est une fête joyeuse chez nous, les Acadiens. Je viens de manger le gâteau des Rois chez les parents de Jean-Baptiste. De plus, c'est moi qui ai eu la bague. Quel plaisir et quel rêve!

160   Pour comprendre pourquoi je suis si enchantée, il faut que j'explique un peu la coutume du gâteau des Rois. Quand on prépare ce fameux gâteau, on mélange à la pâte différentes choses, comme une noix, une fève, une bague. On le mange à la veillée du jour des Rois et la personne qui a la chance de trouver la bague sera, dit-on, la première à se marier.

165   J'espère que cela se réalisera pour moi aussi. Je crois que je tombe en amour avec ce pauvre adorable Jean-Baptiste.

Premières impressions

Cécile Murat ne semble plus triste lorsqu'elle écrit ces lignes. Pourquoi, à votre avis?

Questions de discussion

1. En France, c'est parfois au jour de l'An et non à Noël que les adultes s'offrent des cadeaux. Les enfants attendent, bien sûr, le père Noël. Comment la famille Le Blanc fêtait-elle le jour de l'An? et vous, comment fêtez-vous le Nouvel An?

2. Connaissez-vous cette fête en l'honneur des Rois mages qui, suivant l'étoile dans le ciel, sont arrivés à Bethléem onze jours après la naissance de Jésus les bras chargés de cadeaux?

   La fête des Rois est encore une tradition en France et au Québec, mais les Acadiens de La-Pointe-de-l'Église ne la fêtent plus. Le symbolisme des objets dans le gâteau (ou galette) des Rois varie d'une région à une autre, mais la figure du Roi porte toujours chance. Dans certaines régions de France, la personne qui reçoit la fève doit payer le champagne. Discutez des traditions liées à différentes fêtes chez vous.

Questions de langue

1. Certaines expressions indiquant le moment, ou la séquence d'actions manquent dans le texte suivant. Proposez une expression pour chaque lacune, après avoir étudié le contexte. Discutez de vos choix (il y a souvent plus d'une réponse possible), puis comparez avec le texte original. Cette page devrait être bordée de noir, tellement elle est triste. J'avoue que je n'avais jamais beaucoup pensé à mes parents, mais _____ mon papa adoptif m'a raconté ce qui était arrivé à mon père, tous les détails de mes

premières années me reviennent à l'esprit et je vais les mettre sur papier tels que je m'en souviens.

Je vais _____ écrire ce qui s'était passé _____ mon arrivée ici. Il faut que je commence par dire qu' _____ mon père eut quitté l'armée, il devint capitaine de navire et put _____ armer son propre bâtiment. Il fit _____ du commerce avec les Antilles. _____, quand la France envoya de l'aide aux colonies américaines révoltées, mon père entra dans ce commerce-là et décida de s'établir à Boston avec maman. Ils partirent donc de Bayonne, port de France où les Murat ont de la propriété, à l'automne de 1780. _____ ils arrivèrent à Boston, la famille de Pierre Murat comptait un membre de plus, moi-même, née en mer le 22 novembre, jour de la fête de sainte Cécile, d'où mon nom.

2. Après en avoir étudié le contexte, paraphrasez les énoncés suivants en remplaçant l'expression en italique par un synonyme. Comparez ensuite les versions proposées pour voir combien d'expressions synonymes vous avez trouvées.

Lignes 11-12: «si je peux écrire ces lignes, c'est bien grâce à lui *car* nous n'avons pas d'écoles»

Lignes 21-22: «*Cependant, malgré* notre pauvreté, nous sommes heureux»

Lignes 33-34: «Tous les dimanches, les gens des environs *se rendent à* la pointe»

Lignes 42-43: «*En ce moment*, je me demande pourquoi je suis la seule Murat à La-Pointe-de-l'Église»

Ligne 53: «Casimir Le Blanc, *bien qu'*il porte un nom acadien, n'est pas Acadien.»

Lignes 58-60: «Pierre se procura un bateau *tandis que* Casimir *tentait* d'installer un commerce à Haïti, d'où la révolte des Noirs le chassa.»

Lignes 73-74: «Depuis *lors*, sa propriété *n'a fait que grandir*.»

Lignes 119-20: «*En un rien de temps* papa avait atteint l'homme et l'embrassait chaleureusement»

Questions de discussion

1. Craignant un voyage en bateau, pourquoi Mme Murat n'est-elle pas venue chercher Cécile par un autre moyen de transport, à votre avis?

2. Comment imaginez-vous la vie de Mme Murat à Boston? Y est-elle heureuse, à votre avis?

3. Comment imaginez-vous la vie de Mme Le Blanc à La-Pointe-de-l'Église? Y est-elle heureuse, à votre avis?

4. Avez-vous le goût de l'aventure, ou préférez-vous ne pas prendre beaucoup de risques? Auriez-vous aimé accompagner Pierre Murat ou Casimir Le Blanc? Pourquoi?

Projets

1. On a l'impression que c'est Pierre Murat qui a décidé que sa famille irait à Boston, puis en Acadie. Qu'est-ce que Mme Murat en pensait, à votre avis?

   a) Inventez le dialogue qui aurait pu avoir lieu lorsque Pierre Murat a annoncé à sa femme qu'il voulait partir pour Boston. (N'oubliez pas que Mme Murat était enceinte de sept ou huit mois lorsqu'ils sont partis en mer.)

   b) Si Mme Murat avait tenu un journal, imaginez ce qu'elle aurait écrit sans le dire à son mari. (Choisissez un moment précis de sa vie: avant le départ pour Boston; en route pour Boston; lorsque Pierre et Cécile partent pour La-Pointe-de-l'Église; lorsqu'elle apprend que son mari est mort et qu'elle doit décider quoi faire de Cécile, etc.)

2. Imaginez que vous travaillez pour une maison d'édition publiant *Le Journal de Cécile Murat*. Vous devez écrire, pour la couverture du livre, quelques paragraphes qui donneront envie de lire le journal.

3. Faites des recherches sur la situation d'Haïti à cette époque, et rédigez un compte rendu.

Mon Arcadie

Édith Butler et Luc Plamondon

Anticipation

Édith Butler est une chanteuse acadienne qui vient de Paquetville au Nouveau-Brunswick.

1. Situez Paquetville sur la carte du Nouveau-Brunswick de la page 34. Le Nouveau-Brunswick a une population acadienne très importante. C'est en fait la seule province canadienne officiellement bilingue.
2. Quelle est la différence entre «Arcadie» et «Acadie»?

Mon Arcadie

Un beau matin je suis partie
pour faire le tour de mon pays
ya t'il quelqu'un qui pourrait m'dire
you-ce qui commence you-ce qui finit

Refrain:
5 De la Louisiane en Acadie
de Chéticamp à Tracadie
du Labrador en Gaspésie
Mon Arcadie

En remontant le St-Laurent
10 j'ai retrouvé une musique
qui coule encore dans le sang
de tous les Français d'Amérique

(Refrain)

J'ai voyagé loin dans l'espace
jusqu'à dans d'autres galaxies
15 ya t'il quelqu'un qui pourrait m'dire
comment retrouver mon pays

Édith Butler et Luc Plamondon

Premières impressions

Quelle sorte de musique (rythme, instrument, type, etc.) imaginez-vous pour cette chanson? Pourquoi? Comparez vos impressions.

Approfondissement

1. Situez les lieux mentionnés dans le texte sur les cartes de la page 34. Qu'est-ce que ces lieux ont de commun?
2. Édith Butler pose une question dans la première strophe de la chanson. Y trouve-t-elle une réponse?
3. Quel est le «pays» dont elle parle, à votre avis?
4. Avez-vous l'impression que son «pays» est sans contours précis, ou qu'il est perdu? Expliquez, en vous référant à la chanson et à ce que vous savez de l'Acadie.

Questions de langue

1. Dans la première strophe (vers 3 et 4), les expressions diffèrent du français standard. À quoi correspondent-elles? (Voir p. 182 pour une explication du français standard.)
2. Le disque sur lequel est enregistrée cette chanson a comme titre Asteur qu'on est là. Le mot asteur est une expression acadienne très répandue. C'est en fait une abréviation de l'expression «à cette heure», c'est-à-dire maintenant. Combien de synonymes connaissez-vous du mot maintenant?
3. Expliquez l'emploi des prépositions et des articles dans le refrain:
   de la Louisiane *en* Acadie
   de Chéticamp *à* Tracadie
   du Labrador *en* Gaspésie

Projet

En suivant ce modèle, décrivez un autre «pays». Substituez d'autres noms à ceux du refrain, et faites les changements qui vous semblent logiques. Discutez ensuite des différentes versions proposées.

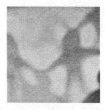

Le Gombo de Cadiens

Isabelle Têche

Anticipation

La cuisine cajun comporte des spécialités très connues. Une d'entre elles est le
«gombo». Ce mot désigne la racine d'okra qui sert à préparer une sorte de
soupe, plat national des Cadiens de Louisiane. Dans le court poème qui suit,
l'auteure présente une «recette» pour créer le peuple Cadien. Quels
«ingrédients» peut-on y trouver? Quels modes de préparation?

Le Gombo de Cadiens

Quoi c'est ça?
Explique-moi.

D'abord, tu prends un pays:
    Le ventre troué du Mississippi,

5   Ensuite, écoute:
    Un peu de Bretons,
    De Normands, de Berrichons,
    Tu remues longtemps,
    Tu écrases les grumeaux,

10   Et puis:
    Un peu d'Allemands,

Remue encore:
    Un peu d'Espagnols,

Tourne fort.

15   Laisse reposer.

Et puis, goûte:
        C'est pas encore ça?
Alors, attends un peu,
C'est là que le goût viendra,
20   Peu à peu, en douceur,
            en douleur,
            secrètement.

C'est pas pour rien
Que vous Cadiens,
25   On vous a fait souffrir
À petit feu...

Isabelle Têche

Premières impressions

Résumez, en une phrase, l'origine du peuple cadien tel que présenté dans ce poème.

Approfondissement

1.   Situez sur une carte les régions mentionnées, et expliquez comment ces ancêtres des Cadiens se sont retrouvés en Louisiane.

2.   Que signifie, dans le contexte de ce poème, «écraser les grumeaux»?

3.   À la lumière de l'histoire de l'Acadie, expliquez les lignes 23-26:
        «C'est pas pour rien
        Que vous Cadiens,
        On vous a fait souffrir
        À petit feu...»

Questions de langue

1.   a)   De quelles régions ou de quels pays viennent les Bretons, les Normands, les Berrichons, les Allemands et les Espagnols?
     b)   Trouvez les adjectifs de nationalités correspondant aux pays suivants:
          la Grèce
          l'Autriche
          le Mexique

le Pérou
la Suisse
la Norvège

2. Regardez la ligne finale du poème «À petit feu...» Il y a d'autres expressions idiomatiques qui emploient le mot «feu». Expliquez les expressions suivantes et créez une expression synonyme.
   - avoir du feu
   - avoir le feu sacré
   - être tout feu, tout flamme
   - mettre à feu et à sang
   - jouer avec le feu
   - mettre le feu aux poudres
3. Relevez et expliquez les termes se rapportant à la cuisine.

Question de discussion

Un peuple peut-il se forger sans souffrances, à votre avis? Discutez de quelques exemples.

Projet

Pensez à la communauté ethnique à laquelle vous appartenez — ou une autre, si vous le préférez. Écrivez une «recette» pour faire ce peuple.

Partons la mer est belle

Anticipation

Partons la mer est belle n'est pas une chanson moderne; elle fait partie du folklore acadien. Antonine Maillet avait parlé de l'importance de la mer, de la pêche, dans la culture acadienne. Pourquoi est-ce le cas, à votre avis? (Réfléchissez à ce que vous savez de l'Acadie et consultez de nouveau les cartes à la page 34.)

Partons la mer est belle

Arrangement par Cas Hoare

A - mis, partons sans bruit; La pê - che se - ra bon - ne, La lu - ne qui ray - on - ne É - clai - re - ra la nuit. Il faut qu'avant l'au - ro - re Nous soy - ons de re - tour, Pour som - meil - ler en - core A - vant qu'il soit grand jour.

Refrain

Par - tons, la mer est bel - le; Em - bar - quons - nous, pê - cheurs Gui - dons notre na - cel - le, Ra - mons a - vec ar - deur. Aux mâts hi - ssons les voi - les. Le ciel est pur et beau; Je vois bril - ler l'é - toi - le Qui gui - de les ma - te - lots!

Partons la mer est belle

1

Amis, partons sans bruit;
La pêche sera bonne,
La lune qui rayonne
Éclairera la nuit.

5 Il faut qu'avant l'aurore
Nous soyons de retour,
Pour sommeiller encore
Avant qu'il soit grand jour.

Refrain:

Partons, la mer est belle;
10 Embarquons-nous, pêcheurs,
Guidons notre nacelle,
Ramons avec ardeur.
Aux mâts hissons les voiles,
Le ciel est pur et beau;
15 Je vois briller l'étoile
Qui guide les matelots!

2

Ainsi chantait mon père
Lorsqu'il quitta le port.
Il ne s'attendait guère
20 À y trouver la mort.
Par les vents, par l'orage,
Il fut surpris soudain:
Et d'un cruel naufrage
Il subit le destin.

3

25 Je n'ai plus que ma mère
Qui ne possède rien;
Elle est dans la misère
Je suis son seul soutien.
Ramons, ramons bien vite,
30 Je l'aperçois là-bas,
Je la vois qui m'invite
En me tendant les bras.

Premières impressions

Quel est le but de cette chanson, à votre avis?
a)   inviter le lecteur/l'auditeur à faire un voyage en bateau.
b)   inviter le lecteur/l'auditeur à pêcher.
c)   raconter une histoire.
d)   décrire un sentiment.

Approfondissement

Choisissez la réponse qui vous semble la meilleure; préparez-vous à expliquer
votre choix en classe pour en discuter.
1.   Dans la première strophe,
     a)   les pêcheurs se préparent à partir à la pêche.
     b)   les pêcheurs rentrent de la pêche.
     c)   un pêcheur suggère de partir en mer.
2.   Qui parle dans la première strophe?
     a)   le narrateur.
     b)   le père du narrateur.
     c)   un vieux pêcheur.

3. Dans la première strophe, on précise que les pêcheurs
   a) se dépêchent parce qu'un orage est annoncé.
   b) vont partir dès que le soleil se lèvera.
   c) vont rentrer avant le lever du soleil.
4. Dans la deuxième strophe, on décrit
   a) comment le père est mort.
   b) comment le père a survécu à l'orage.
   c) une matinée normale à la pêche.
5. Dans la troisième strophe, le fils raconte
   a) pourquoi il a arrêté de pêcher.
   b) la situation actuelle de sa famille.
   c) sa journée à la pêche.

Questions de langue

1. En quoi est-ce que la prononciation indiquée à la page 55 diffère de la prononciation habituelle?
   Lisez la chanson entière, en prononçant le texte «normalement», puis de façon «poétique». Tapez du doigt ou du pied le rythme de la chanson pendant que votre professeur la lira.
2. Étudiez le contexte des expressions suivantes, puis choisissez ce qui vous semble être le meilleur synonyme.
   a) *nacelle* (ligne 11)
      i) bateau
      ii) pêche
      iii) voyage
   b) *hissons* (ligne 13)
      i) faisons descendre
      ii) faisons monter
      iii) rangeons
   c) *matelots* (ligne 16)
      i) parties d'un lit
      ii) marins
      iii) bateaux
   d) *guère* (ligne 19)
      i) combat
      ii) pas
      iii) pas encore
   e) *naufrage* (ligne 23)
      i) accident en mer
      ii) tempête
      iii) maladie
   f) *je n'ai plus que ma mère* (ligne 25)
      i) ma mère est déjà morte
      ii) ma mère est tout ce qui me reste
      iii) j'ai encore ma mère
   g) *je suis son seul soutien* (ligne 28)
      i) elle dépend de moi financièrement
      ii) mes frères et sœurs sont déjà morts
      iii) ma mère travaille pour me loger et me nourrir

Questions de discussion

1. Qu'est-ce que la mer semble représenter pour les Acadiens (l'aventure, la vie, le danger, la beauté, etc.)?
2. Qu'est-ce que la mer représente ou évoque pour vous?
3. Y a-t-il un autre élément naturel ou industriel très important dans votre communauté (par exemple, la forêt, une mine, une centrale nucléaire, etc.)? Qu'est-ce que cet élément représente pour les gens de votre région?

Projet

Écrivez un texte (sous forme de poème si vous le voulez) qui exprime ce que la mer (ou un autre phénomène naturel) représente pour vous.

Le Cajun renouveau

Antoine Bourque

Anticipation

Fondée en 1682, la Louisiane (baptisée ainsi en l'honneur de Louis XIV) n'est restée française que pendant quatre-vingt ans. Après un épisode anglo-espagnol, elle est cédée en 1803 par Napoléon Bonaparte aux Américains pour la somme de 15 millions de dollars.

Les premiers immigrants français avaient vu leur nombre augmenter avec la venue des Acadiens en 1755 lors du «Grand Dérangement». La population francophone de Louisiane s'est accrue de nouveaux apports de réfugiés venus de France après la Révolution et d'un grand nombre d'esclaves noirs provenant des Antilles.

Ces trois types de peuplement expliquent les trois variétés de langues que l'on peut trouver de nos jours en Louisiane:
- Le français colonial (Nouvelle-Orléans avec des plantations le long du Mississippi).

- L'acadien (ou cajun): c'est la variété la plus répandue et elle ressemble au français parlé par les Acadiens du Canada.

- Le «black créole» ou «créole louisianais», encore appelé «gumbo french».

En 1869, l'anglais devient langue officielle et le français disparaît presque complètement des programmes scolaires jusqu'en 1968. À cette date, le français acquiert le statut de langue officielle et le CODOFIL (Conseil pour le développement du français en Louisiane) est créé. On estime à environ 300 000 le nombre de personnes qui parlent le français en Louisiane.

Les Cajuns affirment de plus en plus leur entité culturelle dans leurs écrits, (par exemple, les textes publiés par l'université de Louisiane de Lafayette), leurs chansons (Zacharie Richard est un chansonnier très connu dans le monde francophone), ainsi que dans leurs traditions et leur cuisine.

1. Quels conflits culturels pourraient avoir eu un jeune Cadien qui a fait ses études avant l'arrivée sur scène du CODOFIL?
2. Quels préjugés avons-nous vis-à-vis des accents ou dialectes en anglais? Lorsqu'on entend parler quelqu'un de Terre-Neuve, du Texas, quelles images stéréotypées nous viennent à propos de la personne? Pensez à d'autres exemples.

Le Cajun renouveau

Premier livre, la bonne sœur m'a dit,
«You must not speak French on the school grounds,
And those of you who do will spend their recess with me.»

Quatrième livre, la bonne sœur, très chrétienne, m'a dit,
5   «Cajuns are stupid, can't even pronounce
This, that, these and those.»

Huitième livre, la bonne sœur, avec un nom très sacré, m'a dit,
En riant, «Stand up and pronounce the name of that bayou in French again.
It's so quaint.»

10   Dixième livre, mon professeur de français au high school m'a dit,
«Cette phrase, c'est ce que l'on dit ici,
Mais ce n'est pas du bon français.»

Douzième livre, mon père, regardant le *television,* m'a dit,
En riant, «Look at all those old coonasses on the Mariné show.
15   They dance before they can walk.»

Deuxième année de collège, mon professeur de français m'a dit,
«Tu sais, c'est ce que l'on dit ici,
Mais ce n'est pas exactement correct.»

Troisième année de collège, mon *roommate* de Shreveport m'a dit,
20   «I need some information on the Cajuns for my term paper. You know
how they play cards... and drink beer... and dance all the time.»

Quatrième année de collège, le grand-père de ma femme m'a dit,
«Si tu veux causer avec moi,
Il faudra que tu parles en français,»

25   Et quand j'ai dit quelques mot en bon français,
Il s'a tourné à ma femme et il a demandé,
«Quoi c'est qu'il a dit?»

Et quand j'ai parlé avec mes vieilles tantes,
Mes cousins et mon beau père,
30   C'était la même chose.

C'était moi, pas eux, en exil culturel.
Culturellement mort.

C'est là que j'ai commencé à écouter pour bien parler.

Et quand mon vieux voisin m'a demandé au festival de musique acadien,
35 «Quoi c'est tu fais icitte? Tu te crois Cajun asteur?»
J'ai répondu sec, «Ouais, enfin.»

Antoine Bourque

Premières impressions

1. Commentez le titre du poème et expliquez l'emploi de l'adjectif «renouveau».
2. Pourquoi l'auteur du poème a-t-il été en «exil culturel, culturellement mort»?

Approfondissement

1. Ce poème fait partie d'un recueil «Acadie tropicale», publié par l'Université de Southwestern Louisiana de Lafayette. Cherchez l'origine du nom de cette ville.
2. Strophe 1: Pourquoi risque-t-on d'être puni si on parle français à l'école? Est-ce encore vrai de nos jours?
3. Strophes 4, 6: Expliquez les remarques faites par le professeur de français. Pourquoi utilise-t-il l'expression: «ce n'est pas du bon français»?
4. a) Strophe 5: En quelle langue s'exprime le père de l'auteur? Pourquoi?
   b) Le racisme du père envers les Créoles (noirs) est-il surprenant? Expliquez.
5. Strophe 7: Quelle image stéréotypée des Cajuns a le «roommate» anglophone?
6. Strophes 8, 9, 10: Montrez l'ironie de la situation. Pourquoi les membres de sa famille ne comprennent-ils pas l'auteur quand il parle français?
7. Strophe 11: Expliquez la phrase «C'est là que j'ai commencé à écouter pour bien parler». «Bien parler» signifie parler quelle langue?
8. Strophe 12: Pourquoi l'auteur peut-il affirmer «Ouais, enfin»? Quels sentiments éprouve-t-il?

Questions de langue*

1. Traduisez en français les remarques de la «bonne sœur» ou religieuse. Qu'est-ce qu'un «bayou»?
2. Regardez la page 182 pour une explication de français «standard». Donnez l'équivalent en français dit «standard» des phrases suivantes:

   Ligne 26: Il s'a tourné à ma femme...
   Ligne 27: Quoi c'est qu'il a dit?
   Ligne 35: Quoi c'est tu fais icitte? Tu te crois Cajun asteur?

Questions de discussion

1. Relevez et discutez de tous les exemples d'intolérance de racisme ouvert et de préjugés culturels auxquels on fait allusion dans le poème.
2. Quel français (ou quels français) les Cadiens devraient-ils apprendre à l'école? Expliquez vos raisons.
3. Y a-t-il des minorités linguistiques anglophones en Amérique du Nord dont les dialectes subissent les mêmes pressions?

Projet

Quelles sont les conditions requises pour être «culturellement vivant»? Selon vous, les Québécois, les Acadiens, les Cajuns, les Canado-américains le sont-ils?

---

* Pour obtenir plus de renseignements à propos de la langue française en Louisiane, consultez *Le français dans tous ses états* d'Henriette Valtier, Éditions Robert Laffont.

Nouvelles du Canada

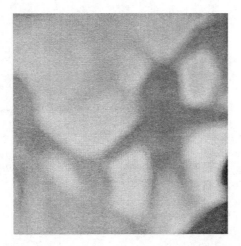

Gabrielle Roy et Michel Tremblay sont parmi les auteurs canadiens les mieux connus. Originaire de Saint-Boniface, au Manitoba, Gabrielle Roy a longtemps vécu au Québec. Elle a écrit des romans et nouvelles réalistes, qui donnent un portrait humain du Manitoba rural et du Québec. Michel Tremblay est surtout connu pour ses pièces de théâtre dans lesquelles les personnages sont plus grands que nature.

L'Alouette
Gabrielle Roy

Anticipation

Gabrielle Roy (1909-1983) est née à Saint-Boniface, au Manitoba. Après avoir fini ses études, elle a travaillé comme institutrice pendant huit ans. Son premier roman, *Bonheur d'occasion*, a reçu le prix Femina en 1947. Par la suite, elle a écrit de nombreux romans et récits dont certains lui ont mérité un prix littéraire. Elle est considérée comme un des écrivains québécois modernes les plus importants.

Plusieurs de ses écrits racontent l'histoire d'écoliers immigrants pauvres des années 30 au Manitoba. C'est le cas du recueil *Ces enfants de ma vie* (1977) dont le récit *L'Alouette* est tiré.

1. Quelle importance a la musique dans votre vie? Réfléchissez à l'effet qu'ont sur vous différentes sortes de musique, à différents moments. Prenez quelques notes.
2. Quelle est la mythologie populaire en ce qui concerne la musique? (Par exemple, la musique calme les angoisses; la musique des Sirènes exerce une fascination dangereuse, etc.) Prenez quelques notes.

En lisant ce récit, qui est assez long, essayez de ne pas vous arrêter à chaque mot ou expression que vous ne comprenez pas; cherchez plutôt à avoir une idée générale de l'histoire. Si un mot vous gêne, essayez d'abord d'en deviner le sens en étudiant le contexte, et réservez le dictionnaire ou le lexique du livre pour les cas «désespérés».

L'Alouette

Assez souvent je priais mes petits élèves de chanter ensemble. Un jour, au milieu de leurs voix plutôt ternes, j'en distinguai une, claire, frémissante, étonnamment juste. Je fis cesser le groupe pour laisser Nil continuer seul. La ravissante voix et de quel prix pour moi qui n'eus jamais beaucoup d'oreille
5 pour la musique!

Dès lors je demandai:

— Donne le ton, veux-tu, Nil?

Il le donnait sans se faire prier ni s'enorgueillir, enfant né pour chanter comme d'autres pour faire la moue.

10 Partait alors à sa remorque ma volée de passereaux que Nil entraînait tant bien que mal et, avant longtemps, plutôt bien que mal, car, outre son brillant talent, il possédait celui de paraître en donner aux autres. On écoutait Nil chanter et on se croyait tous capables de chanter.

L'heure du chant dans ma classe m'attira l'envie des maîtresses des classes
15 avoisinantes.

— Que se passe-t-il? Tous les jours, à présent, de ta classe, c'est un concert.

Il n'y avait rien à comprendre puisque je n'avais guère jusque-là brillé comme maîtresse de chant.

Notre vieil inspecteur des écoles, au cours de sa visite, en fut tout stupéfait.

20 — Comment se fait-il! Vos élèves chantent mille fois mieux que ceux des années passées!

Puis il cessa de me guetter pour me demander plutôt de faire chanter encore une fois mes enfants, et la première chose que je sus, il était parti au loin d'une rêverie heureuse où il ne paraissait même plus se souvenir qu'il était inspecteur
25 des écoles.

Peu après cette visite, je reçus celle de notre Principal qui me dit d'un ton un peu narquois:

— Il paraît que vos élèves cette année chantent à ravir. Je serais curieux d'entendre ces anges musiciens. Les feriez-vous chanter pour moi?

30 Notre Principal était un homme de petite taille, mais que grandissait passablement sa huppe de cheveux dorés, dressés haut, à la Thiers. Sa tenue, qui était celle de nos Frères enseignants à l'époque, en imposait aussi: une redingote noire, un plastron bien blanc.

Je fis avancer mes élèves en un groupe compact, Nil, l'un des plus petits,
35 presque caché au milieu. Je lui fis un signe bref. Il donna le ton juste assez haut pour être entendu de ses voisins. Un fil qui aurait vibré harmonieusement quelque part! Et le chœur s'enleva avec un si bel entrain, dans un tel unisson que je me disais le Principal aussi n'y verra que du feu.

En tout cas, l'air narquois s'effaça vite de son visage. Au lieu de quoi, je vis
40 apparaître chez lui aussi, à ma grande surprise, une expression de rêve heureux comme s'il avait perdu de vue qu'il était un directeur toujours occupé à diriger son école.

Les mains au dos, il balançait un peu la tête au rythme du chant et continua un moment encore, après qu'il fut terminé, à l'écouter de mémoire.

45   Mais lui avait repéré la voix captivante. Il fit sortir Nil du rang, le considéra longuement d'un regard attentif, lui tapota la joue.

    Il me dit comme je le reconduisais à la porte:

— Voilà donc qu'avec vos trente-huit moineaux, vous avez hérité cette année d'une alouette des champs. Connaissez vous cet oiseau? Qu'il chante, et il n'y
50 a pas de cœur qui ne se sente allégé!

    J'étais encore trop jeune moi-même, je suppose, pour comprendre ce qu'est un cœur allégé. Pourtant, bientôt, j'en eus quelque idée.

    Cette journée-là avait fort mal commencé, sous une battante pluie d'automne, les enfants arrivant enrhumés, mouillés, grognons, avec d'énormes pieds
55 boueux qui eurent vite transformé en une sorte d'écurie ma salle de classe que j'aimais brillante de propreté. Si j'allais ramasser une galette à peu près intacte de terre noire, deux ou trois enfants le faisaient exprès pour en écraser et disperser d'autres, du bout du pied, dans les allées, tout en me guettant d'un air sournois. Je ne reconnaissais plus mes élèves dans ces petits rebelles pour
60 un rien prêts à se dresser contre moi, pas plus qu'eux peut-être ne reconnaissaient en moi leur maîtresse bien-aimée de la veille. Que se passait-il donc alors pour nous transformer presque en ennemis?

    Certaines de nos compagnes parmi les plus expérimentées mettaient en cause les moments qui précèdent l'orage, les nerfs délicats des enfants
65 subissant mal la tension atmosphérique; ou encore les journées qui suivent un long congé. Les enfants ayant repris goût à la liberté, le retour à l'école leur fait tout l'effet d'une rentrée en geôle, ils n'obéissent plus en rien, d'autant plus agités, remuants et impossibles qu'ils sentent bien dans le fond, les pauvres petits, que leur révolte contre le monde adulte n'a aucune chance d'aboutir
70 jamais.

    Je faisais à mon tour l'expérience d'une de ces journées détestables, la maîtresse ne semblant être à l'école que pour sévir, les enfants pour plier, et toute la tristesse du monde s'installe alors dans ce lieu qui peut être si gai à d'autres heures.
75   Le mauvais temps persistant, au lieu d'aller passer au grand air cet excès de nervosité, nous avons dû prendre la récréation dans le gymnase du sous-sol, les pieds résonnant dur sur le terrazzo. Les enfants se querellèrent pour des riens. J'eus à soigner des lèvres fendues, des nez qui saignaient.

    Puis, tout juste revenus des lavabos, les enfants quittaient leur pupitre à
80 tour de rôle pour venir me demander la permission d'y redescendre. Impossible de continuer ma leçon dans ce va-et-vient! Un enfant partait, un autre revenait, la porte s'ouvrait, un courant d'air soulevait les cahiers, on les repêchait couverts de boue, la porte claquait, un autre enfant partait. Tout d'un coup, n'en pouvant plus, je dis «non, c'est assez, il y a tout de même des
85 limites». Or, sans que j'eusse réfléchi, comme par un fait exprès, mon «non» tomba sur le petit Charlie, doux enfant sans malice que sa mère purgeait deux ou trois fois par année au soufre apprêté à la mélasse. Retourné à sa place, Charlie ne put longtemps se retenir. L'odeur le dénonça à ses voisins, petits monstres qui firent mine d'être scandalisés et me crièrent de leur place comme

90 si ce n'était pas assez évident: «Charlie a fait dans sa culotte.» Je dus écrire en
hâte une lettre pour sa mère que je savais vindicative, pendant que Charlie, à
mon pupitre, attendait, les jambes écartées, pleurnichant de honte.

Je n'eus pas longtemps à attendre les suites, Charlie parti depuis une demi-
heure, le Principal montra la tête dans le haut vitré de la porte, me faisant

95 signe qu'il avait à me parler. C'était déjà mauvais quand il nous demandait
dans le corridor. La mère de Charlie, m'apprit-il, venait de téléphoner. Elle
était si furieuse qu'il avait eu de la peine à la dissuader de me poursuivre en
justice. A beau rire qui veut, cela se voyait des parents prêts à traduire en
justice une maîtresse pour moins encore, et pour ma part j'étais accusée

100 d'avoir contraint la mère de Charlie à relaver le linge de celui-ci, tout remis au
propre la veille justement.

Je tentai de présenter les faits à ma manière, mais le Principal me fit
sévèrement observer que mieux valait laisser aller toute une classe pour rien
aux lavabos qu'en priver un enfant qui en avait besoin.

105 Était-ce parce que j'avais honte de moi-même, j'essayai de faire honte aux
enfants pour s'être montrés depuis le matin sous leur plus mauvais jour. Ils
n'en parurent pas du tout contrits; bien au contraire, ils eurent l'air contents
d'eux-mêmes, la plupart.

J'allai m'asseoir, totalement découragée. Et l'avenir s'en vint se jeter sur moi

110 pour me peindre mes années à venir toutes pareilles à aujourd'hui. Je me
voyais dans vingt ans, dans trente ans, à la même place toujours, usée par la
tâche, l'image même de mes compagnes les plus «vieilles» que je trouvais
tellement à plaindre, si bien qu'à travers elles je me trouvai aussi à plaindre. Il
va sans dire, les enfants profitaient de mon abattement pour courir les uns

115 après les autres dans les allées et augmenter encore le charivari. Mes yeux
tombèrent sur le petit Nil. Presque tous les enfants déchaînés, lui, à sa place,
essayait de se concentrer sur son dessin. Hors chanter, ce qui l'intéressait le
plus, c'était de dessiner la même cabane toujours, entourée de curieux
animaux, les poules aussi hautes que les vaches.

120 Je l'appelai, je pense, comme au secours.
— Nil, viens donc!

Il arriva à la course. C'était un drôle de petit bonhomme et toujours
drôlement accoutré. Aujourd'hui, des bretelles d'homme à peine raccourcies
soutenaient un pantalon trop large dont la fourche lui arrivait aux genoux. Ses

125 bottes devaient être également trop grandes, car je les avais entendues claquer
comme il accourait. Avec sa touffe de cheveux filasse, sa tête carrée, plate au
sommet, il avait tout l'air d'un bon petit koulak décidé à s'instruire. En fait,
lorsqu'il ne chantait pas, il était le dernier de la classe que l'on aurait pu
prendre pour une alouette.

130 Il se pencha sur moi avec affection.
— Qu'est-ce que tu veux?
— Te parler. Dis-moi, qui t'a enseigné à si bien chanter?
— Ma mère.

Je l'avais aperçue une fois à la distribution des bulletins: un doux sourire

135 gêné, de hautes pommettes comme celles de Nil, un beau regard profond sous

le fichu de tête très blanc, une ombre timide partie comme elle était venue, en silence, car savait-elle seulement plus que quelques mots hors sa langue ukrainienne?

— Elle t'enseigne donc en ukrainien?

140 — Bien oui!

— Tu en connais beaucoup de chants ukrainiens?

— Des centaines!

— Tant que ça?

— Bien, en tout cas, pour sûr, dix... douze...

145 — Tu nous en chanterais un?

— Lequel?

— Celui que tu voudras.

Alors il se campa comme pour résister à du vent, les pieds écartés, la tête projetée en arrière, le regard déjà vif, se transformant sous mes yeux 150 infiniment plus que j'avais pu le voir jusqu'à cette fois-ci—la première où il chanta à l'école dans la langue de sa mère—petit rustique devenu un possédé de musique. Le corps se balançait à un rythme enlevant, les épaules se soulevaient, les yeux lançaient des flammes et un sourire écartait de temps en temps les lèvres un peu charnues, cependant que de sa main levée il paraissait 155 nous indiquer au loin dans un geste gracieux quelque joli spectacle, et l'on ne pouvait que suivre le geste et tenter de voir aussi ce qui le mettait en joie. Je ne savais ce qui était le mieux: l'écouter les yeux fermés pour goûter sans être distraite cette délicieuse voix; ou le regarder faire, si vivant, si enjoué, qu'il semblait près de s'élever du sol.

160 Quand prit fin l'aimable chant, nous étions dans un autre monde. Les enfants d'eux-mêmes avaient peu à peu regagné leur place. La classe était dans une paix rare. Moi-même je ne désespérais plus de mon avenir. Le chant de Nil avait retourné mon cœur comme un gant. J'étais à présent confiante en la vie. Je demandai à Nil:

165 — Sais-tu au moins de quoi il est question dans ton chant?

— Bien sûr.

— Tu saurais nous l'expliquer?

Il se lança dans son histoire:

— Il y a un arbre. C'est un cerisier en fleur. Au pays d'où vient ma mère c'en 170 est tout plein. Ce cerisier, il est au milieu d'un champ. Autour, dansent des jeunes filles. Elles attendent leurs amoureux qui vont venir.

— Quelle jolie histoire!

— Oui, mais elle va être triste, fit Nil, car il y a un des amoureux qui a été tué à la guerre.

175 — C'est dommage.

— Non, dit Nil, car ça va donner une chance à celui qui aime en secret et qui est le bon.

— Ah, tant mieux! Mais où donc ta mère a-t-elle appris ces chants?

— Dans le pays, avant d'émigrer, quand elle était une petite fille. Maintenant, 180 elle dit que c'est tout ce qui nous reste de l'Ukraine.

— Et elle se hâte de les faire passer dans ta petite tête pour les garder à ton tour?

Il me considéra gravement, pour être bien sûr de comprendre ce que je disais, puis me sourit affectueusement.

185 — J'en perdrai pas un seul, dit-il, et demanda: Veux-tu que je t'en chante un autre?

Maman, voici près de trois mois, s'était fracturé une hanche. Elle avait été longtemps immobilisée dans un corset de plâtre. Le docteur le lui avait enfin enlevé et affirmait que maman marcherait si elle persévérait dans l'effort. Elle
190 s'y livrait tous les jours, mais ne parvenait pas à faire avancer sa jambe malade. Depuis une semaine ou deux, je la voyais perdre espoir. Je la surprenais, dans son fauteuil près de la fenêtre, à regarder le dehors avec une expression de déchirant regret. Je la morigénais pour ne pas lui laisser croire que j'avais peur pour elle. Si vive, si active, si indépendante de caractère, que serait sa vie si elle
195 devait rester infirme? L'effroi que j'avais éprouvé un jour de devoir rester toute ma vie enchaînée à ma tâche d'institutrice me permettait d'entrevoir ce que pouvait être son sentiment à la perspective de ne plus quitter sa place de prisonnière, à la fenêtre.

Un jour j'eus l'idée de lui emmener Nil pour la distraire, car elle trouvait le
200 temps «long à périr».

— Viendrais-tu, Nil, chanter pour ma mère à moi qui a perdu toutes ses chansons?

Il avait une façon d'acquiescer, sans dire mot, en plaçant sa petite main dans la mienne comme pour signifier: «Tu sais bien que j'irais avec toi
205 jusqu'au bout du monde...» qui m'allait droit au cœur.

En cours de route, je lui expliquai que maman était bien plus vieille que sa mère et que c'était difficile à l'âge qu'elle avait de retrouver la confiance perdue, et encore aujourd'hui je me demande ce qui avait pu me pousser à donner de telles explications à un enfant de six ans et demi. Pourtant, il les
210 écoutait dans le plus grand sérieux, en cherchant de toutes ses forces ce que je pouvais bien attendre de lui.

Quand maman, qui avait sommeillé, ouvrit les yeux et aperçut auprès d'elle ce petit bonhomme à bretelles, elle dut penser qu'il était un de mes petits pauvres comme je lui en avais tant de fois emmené pour qu'elle leur fît un
215 manteau ou leur en arrangeât un à leur taille, car elle me dit avec un peu d'amertume, triste surtout, je pense, de n'être plus en état de rendre service:
— Voyons, tu sais bien que je ne peux me remettre à coudre, à moins que ce ne soit de légères retouches à la main.

— Il ne s'agit pas de cela. C'est une surprise. Écoute!
220 Je fis signe à Nil. Il se campa devant maman comme pour prendre pied dans du vent et se lança dans la gaie chanson du cerisier. Son corps se balançait, ses yeux pétillaient, un sourire vint sur ses lèvres, sa petite main se leva et parut désigner au loin de cette chambre de malade une route? une plaine? ou quelque pays ouvert qui donnait envie de le connaître.
225 Quand il eut fini, il considéra maman qui ne disait mot et lui dérobait son regard. Il proposa:
— T'en veux-tu encore une de mes chansons?

Maman, comme de loin, acquiesça de la tête, sans montrer son visage qu'elle continuait à cacher derrière sa main.

230 Nil chanta une autre chanson, et, cette fois, maman redressa la tête, elle regarda l'enfant souriant et, avec son aide, partit elle aussi, prit son envol, survola la vie par le rêve.

Ce soir-là elle me demanda de lui apporter une solide chaise de cuisine à haut dossier et de l'aider à se mettre debout devant cette chaise qui lui servirait 235 d'appui.

Je lui fis remarquer que la chaise en glissant pourrait l'entraîner à tomber. Elle me fit donc déposer sur le siège un gros dictionnaire très lourd pour rendre la chaise plus stable.

C'est avec cette curieuse «marchette» de son invention que maman dès lors 240 reprit ses exercices. Des semaines encore passèrent. Je ne voyais toujours pas de changement. Je me décourageais tout à fait. Maman aussi sans doute, car elle ne semblait plus faire d'efforts... Ce que je ne savais pas, c'est qu'ayant saisi qu'elle était sur le point de réussir elle avait décidé de continuer ses exercices en cachette de moi afin de me faire une surprise. Pour une surprise, 245 c'en fut une! Je me sentais ce soir-là dans le plus morne abattement lorsque, de sa chambre, je l'entendis s'écrier:

— Je marche! Je marche!

J'accourus. Maman, tout en poussant la chaise, avançait à petits pas mécaniques comme ceux d'une poupée au ressort bien remonté et elle 250 n'arrêtait pas de jeter son cri de triomphe:

— Tu vois! Je marche!

Bien sûr, je ne dis pas que Nil fit un miracle. Mais est-ce qu'il ne souffla pas au bon moment sur la foi vacillante de ma mère?

Quoi qu'il en soit, cette expérience me donna le goût d'en tenter une autre.

255 L'année précédente, j'avais accompagné, un soir, une de mes compagnes avec un groupe de ses élèves qui interprétèrent une petite pièce de théâtre devant les vieillards d'un hospice de notre ville.

De toutes les prisons que l'être humain se forge pour lui-même ou qu'il a à subir, aucune, encore aujourd'hui, ne me paraît aussi intolérable que celle où 260 l'enferme la vieillesse. Je m'étais juré de ne plus jamais remettre les pieds dans cet endroit qui m'avait si profondément bouleversée. Mais il faut croire qu'en un an j'avais dû accomplir quelque progrès en compassion, car voici que j'eus en tête le projet d'emmener Nil là-bas. Lui seul me semblait devoir être capable de réconforter les vieillards que j'avais vus emmurés à l'hospice.

265 J'en parlai au Principal qui réfléchit longuement et me dit que l'idée avait du bon... beaucoup de bon... mais qu'il me faudrait tout d'abord obtenir l'autorisation de la mère.

Je m'appliquai à rédiger une lettre pour la mère de Nil dans laquelle je lui disais en substance que les chants emportés par elle d'Ukraine et transmis à 270 son fils semblaient exercer sur les gens d'ici une action bienfaisante, comme peut-être ils l'avaient fait sur ses gens à elle... aidant à vivre... En conséquence, me prêterait-elle Nil pour une soirée qui se terminerait un peu tard?

Je lus la lettre à Nil en lui demandant de bien se la graver dans la tête, car il aurait à la lire chez lui et à en faire la traduction exacte à sa mère. Il écouta très attentivement et, aussitôt que j'eus terminé, me demanda si je voulais l'entendre me la répéter mot pour mot, pour m'assurer qu'il l'avait bien toute dans la tête, et je lui dis que ce n'était pas nécessaire, que j'avais confiance dans sa mémoire.

Le lendemain, Nil m'apporta la réponse sur un bout de papier découpé dans un sac d'épicerie. Elle était conçue en style télégraphique:

«Prêtons Nil aux vieux.»

C'était signé en lettres qui ressemblaient à de la broderie:

Paraskovia Galaïda.

— Que ta mère a donc un beau nom! dis-je à Nil en m'efforçant de le lire correctement.

Et il me pouffa au nez à m'entendre le prononcer si mal.

L'hospice possédait sa propre petite salle de spectacle avec une estrade élevée de deux marches qu'une herse de jeux de lumière éclairait en douce, l'isolant en quelque sorte de la salle.

Pris dans un faisceau de lumière dorée, Nil était ravissant à voir avec ses cheveux couleur paille et la blouse ukrainienne à col brodé que lui avait fait mettre sa mère. Pour ma part je regrettais cependant un peu mon petit bonhomme à bretelles. Sur son visage à hautes pommettes éclatait déjà la joie de chanter. D'où je me tenais pour lui souffler au besoin que faire, je pouvais voir la salle aussi bien que la scène, et c'était là, on aurait pu penser, que se jouait le spectacle de la vie qui dit son dernier mot.

Au premier rang, un vieil homme agité de tremblements convulsifs était comme un pommier que l'on aurait secoué et secoué alors que depuis longtemps il avait rendu tous ses fruits. On entendait quelque part siffler une respiration ainsi que du vent pris au piège d'un arbre creux. Un autre vieillard courait après son souffle dans une angoisse mortelle. Il y avait vers le milieu de la salle un demi-paralysé dont le regard vivant dans un visage inerte était d'une lucidité insoutenable. Une pauvre femme n'était plus qu'une énorme masse de chair gonflée. Et sans doute y avait-il des indemnes, si de n'être qu'irrémédiablement fripés, ridés, rétrécis, érodés par quelque procédé d'une inimaginable férocité, représentait ici la bonne fortune. Où donc la vieillesse est-elle le plus atroce? Quand on y est comme ces gens de l'hospice? Où vue du lointain, depuis la tendre jeunesse qui voudrait mourir à ce spectacle?

Alors jaillit dans cette fin de jour, comme du brillant matin de la vie, la claire voix rayonnante de Nil. Il chanta le cerisier en fleur, la ronde des amoureuses dans la prairie, l'attente des cœurs jeunes. D'un geste charmant de naturel, souvent il levait la main et montrait une route à suivre... ou quelque horizon, qu'à voir briller ses yeux, on imaginait lumineux. À un moment ses lèvres s'ouvrirent en un si contagieux sourire qu'il sauta la rampe et s'imprima, doux et frais comme il était, sur les vieux visages. Il chanta l'aventure de Petriouchka pris dans ses propres manigances. Il chanta un chant que je ne lui avais pas encore entendu rendre, un doux chant mélancolique où il était question du Dniepr qui coule et coule, emportant vers la mer rires et soupirs, regrets et espoirs, et à la fin tout devient même flot.

320 Je ne reconnaissais plus les vieillards. Au soir sombre de leur vie les atteignait encore cette clarté du matin. Le vieil homme agité parvint à suspendre pendant quelques secondes ses tremblements pour mieux écouter. L'œil du paralytique se reposa d'errer, de chercher, d'appeler au secours, orienté de manière à voir Nil du mieux possible. Celui qui courait après son

325 souffle sembla le retenir de ses deux mains serrées sur sa poitrine en un geste de merveilleux répit. Ils avaient l'air heureux maintenant, tous suspendus aux lèvres de Nil. Et le spectacle tragique de la salle se terminait en une espèce de parodie, les vieillards s'agitant comme des enfants, les uns prêts à rire, les autres à pleurer, parce qu'ils retrouvaient si vivement en eux la trace de ce qui

330 était perdu.

Alors je me dis que c'était trop cruel à la fin et que jamais plus je n'emmènerais Nil chanter pour rappeler l'espoir.

Comment, sans publicité aucune, la renommée de mon petit guérisseur des maux de la vie se répandit-elle, je serais en peine de le dire, pourtant bientôt

335 on me le réclamait de toutes parts.

Un jour, par le haut vitré de la porte, le Principal me fit signe qu'il avait à me parler.

— Cette fois, me dit-il, un hôpital psychiatrique nous demande notre petite alouette d'Ukraine. C'est grave et exige réflexion.

340 Oui, c'était grave, cependant encore une fois et comme en dehors de ma volonté, ma résolution était prise. Si Paraskovia Galaïda me donnait son consentement, j'irais avec Nil chez les «fous» comme on les appelait alors.

Elle me l'accorda sans peine. Je me demande si elle s'inquiétait seulement de savoir où nous allions, sans doute aussi confiante en moi que l'était Nil.

345 Chez les malades mentaux aussi il y avait une salle de spectacle avec une estrade, mais sans herse ni feux de rampe pour séparer quelque peu ce côté-ci de celui-là. Tout baignait dans la même lumière égale et terne. Si le monde de la vieillesse, à l'hospice, avait pu me faire penser au dernier acte d'une pièce qui s'achève tragiquement, ici j'eus l'impression d'un épilogue mimé par des

350 ombres au-delà d'une sorte de mort.

Les malades étaient assis en rangs dociles, apathiques la plupart, les yeux mornes, se tournant les pouces ou se mâchouillant les lèvres.

Nil fit son entrée sur l'étroite plate-forme de la scène. Un courant de surprise se manifesta dans la salle. Déjà même quelques malades s'agitèrent à

355 l'apparition merveilleuse que constituait ici un enfant. L'un d'eux, tout surexcité, le désignait du doigt dans une sorte d'effarement joyeux, comme pour se faire confirmer par d'autres ce que ses yeux voyaient sans pouvoir y croire.

Nil se campa, les pieds écartés, une mèche sur le front et, cette fois, les

360 mains aux hanches, car il allait commencer par *Kalinka* que sa mère venait de lui apprendre et dont il rendait le rythme endiablé avec une fougue adorable.

Dès les premières notes s'établit un silence tel celui d'une forêt qui se recueille pour entendre un oiseau quelque part sur une branche éloignée.

Nil se balançait, il était possédé d'un entrain irrésistible, tantôt esquissait un geste doux, tantôt frappait ses mains avec emportement. Les malades en bloc suivaient ses mouvements. Ils étaient dans le ravissement. Et toujours ce silence comme d'adoration.

Kalinka terminé, Nil expliqua en quelques mots, ainsi que je le lui avais appris, le sens de la chanson suivante. Il fit tout cela avec le plus grand naturel sans plus s'en faire que s'il eût été à l'école parmi ses compagnons. Puis il bondit de nouveau dans la musique comme si jamais il ne se rassasierait de chanter.

À présent, les malades haletaient doucement comme une seule grande bête malheureuse dans l'ombre qui aurait pressenti sa mise en liberté.

Nil passait d'un chant à l'autre, un triste, un gai. Il chantait sans voir les fous plus qu'il n'avait vu les vieux, la maladie, le chagrin, les tourments du corps et de l'âme. Il chantait le doux pays perdu de sa mère qu'elle lui avait donné à garder, sa prairie, ses arbres, un cavalier seul s'avançant au loin dans la plaine. Il termina par ce geste de la main dont je ne pouvais me lasser, qui indiquait toujours comme une route heureuse au bout de ce monde, cependant que du talon il frappait le plancher.

Aussitôt, je crus que les malades allaient se jeter sur lui. Les plus proches cherchèrent à l'atteindre quand il descendit de la petite estrade. Ceux d'en arrière bousculaient les premiers rangs pour arriver aussi à le toucher. Une malade l'attrapa par le bras, elle l'attira un moment sur sa poitrine. Une autre le lui arracha pour l'embrasser. Ils voulaient tous s'emparer de l'enfant merveilleux, le saisir vivant, à tout prix l'empêcher de partir.

Lui qui avait soulagé sans l'avoir reconnue tant de tristesse, il prit peur à la vue du terrible bonheur qu'il avait déchaîné. Ses yeux pleins de frayeur m'appelèrent au secours. Un garde le dégagea doucement de l'étreinte d'une malade qui sanglotait:

— Enfant, petit rossignol, reste ici, reste avec nous.

Au milieu de la salle une autre pleurait et le réclamait:

— C'est mon petit garçon qu'on m'a volé, il y a longtemps. Rendez-le-moi. Rendez-moi ma vie.

Je le reçus tout tremblant dans mes bras.

— Allons, c'est fini! Tu les as rendus trop heureux, voilà tout, trop heureux!

Nous sommes descendus du taxi pour continuer jusque chez Nil. Il semblait avoir oublié la pénible scène de l'hôpital et ne fut bientôt plus qu'au souci de me guider, car, aussitôt que nous eûmes quitté le trottoir, je ne savais plus, pour ma part, où poser le pied.

On était au début de mai. Il avait plu très fort pendant plusieurs jours et les champs à travers lesquels me conduisait Nil n'étaient que boue avec, de place en place, des touffes basses d'arbrisseaux épineux auxquels s'accrochaient mes vêtements. Je devinais plutôt que je ne voyais cet étrange paysage, car il n'y avait plus de lampes de rue là où nous allions. Ni même à proprement parler de chemin. Tout juste une sorte de vague sentier où la boue tassée formait un fond un peu plus ferme qu'ailleurs. Il serpentait de cabane en cabane dont les fenêtres faiblement éclairées nous guidaient quelque peu. Nil toutefois ne

410 semblait en avoir aucunement besoin, se dirigeant dans cette pénombre avec la sûreté d'un chat, sans même se mouiller, car il sautait avec aisance d'une motte à peu près sèche à une autre. Puis nous étions sur les bords d'une étendue de boue molle qui dégorgeait de l'eau comme une éponge. Pour la traverser, des planches jetées çà et là formaient un trottoir en zigzag, parfois

415 interrompu. L'écart entre elles était d'ailleurs toujours plus grand que celui d'une enjambée. Nil le franchissait d'un bond, puis se retournait et me tendait la main en m'encourageant à prendre mon élan. Il était tout au bonheur de m'emmener chez lui, et il n'y avait sûrement pas de place chez cet enfant joyeux pour le sentiment que je puisse le trouver à plaindre de vivre dans cette

420 zone de déshérités. Il est vrai que sous le haut ciel plein d'étoiles, avec ses cabanes le dos à la ville, tournées vers la prairie que l'on pressentait vaste et libre, ce bidonville exerçait un curieux attrait. Par bouffées nous arrivait toutefois une odeur fétide qui en gâtait le souffle printanier. Je demandai à Nil d'où elle provenait, et d'abord, tant il y était habitué, je suppose, il ne comprit

425 pas de quelle odeur je parlais. Après coup, il pointa l'index derrière nous vers une longue masse sombre qui barrait l'horizon.
— L'abattoir, dit-il, ça doit être l'abattoir qui pue.
    Nous avions maintenant traversé la mare boueuse, et il était dit que j'irais ce soir de surprise en surprise, car l'odeur déplaisante subitement laissa place à

430 celle toute simple et bonne de la terre trempée. Puis m'arriva un parfum de fleur. Nous approchions de chez Nil, et c'était la puissante odeur d'une jacinthe, dans son pot, dehors, près de la porte, qui luttait à force presque égale contre les derniers relents de l'abattoir. Quelques pas encore, et elle régnait. De même, d'un étang proche, monta un chant de grenouilles

435 triomphant.
    Paraskovia Galaïda avait dû guetter notre venue. Elle sortit à la course d'une cabane sans doute faite elle aussi de vieux bouts de planches et de rebuts; à la lueur d'un croissant de lune qui filtra entre des nuages, elle me parut cependant d'une singulière blancheur, propre et douce comme si on venait de

440 la passer au lait de chaux. Elle était au milieu d'un enclos. Une barrière le fermait, qui n'était rien d'autre, autant que je pus en juger, qu'un montant de lit en fer tournant sur des gonds fixés à un poteau. On les entendit crier quand Paraskovia Galaïda ouvrit précipitamment la barrière pour nous accueillir dans le clos parfumé. L'éclairage singulier de cette nuit révéla que tout ici était

445 rigoureusement propre, jusqu'à la peu banale barrière, elle aussi blanchie au lait de chaux.
    Paraskovia me saisit les mains et allant à reculons m'entraîna vers la maison. Devant, il y avait un fruste banc de bois. Elle m'y fit asseoir, entre Nil et elle-même. Aussitôt, sortant de l'ombre, le chat de la maison sauta sur le

450 dossier du banc où il s'assit à l'étroit, pour faire partie de notre groupe, la tête entre nos épaules et ronronnant.
    Je tentai, par l'intermédiaire de Nil, d'exprimer à Paraskovia Galaïda quelque chose de la joie que les chants de son petit garçon avaient apporté à tant de gens déjà, et elle, à travers lui, chercha à me dire ses remerciements

455 pour je ne compris pas trop quoi au juste. Bientôt nous avons renoncé à

épancher nos sentiments à l'aide de mots, écoutant plutôt la nuit.

Il me sembla alors saisir un signe de Paraskovia Galaïda à Nil. Les lèvres closes, elle lui donna le ton un peu comme lui-même le donnait à l'école. Une délicate vibration musicale de la gorge fila un moment. Puis leurs voix
460 partirent, l'une un peu hésitante tout d'abord, mais vite entraînée par la plus sûre. Alors elles montèrent et s'accordèrent en plein vol dans un chant étrangement beau qui était celui de la vie vécue et de la vie du rêve.

Sous le ciel immense, il prenait le cœur, le tournait et retournait, comme l'aurait fait une main, avant de le lâcher, pour un instant, avec ménagement, à
465 l'air libre.

Gabrielle Roy

Premières impressions

Qu'est-ce qui vous frappe dans cette histoire? À quoi vous fait-elle penser? Comparez vos impressions à celles de quelques autres étudiants; essayez de comprendre leur réaction et expliquez-leur votre point de vue.

Approfondissement

Proposez un résumé pour chaque scène du texte identifiée ci-après.
Exemple: Lignes 1-18: *Découverte du talent de Nil*. La maîtresse découvre que Nil chante à merveille, et qu'il donne ce talent aux autres enfants.
Lignes 19-25: *La visite du vieil inspecteur*
Lignes 26-52: *La visite du Principal*
Lignes 53-78: *L'effet de la pluie sur les enfants*
Lignes 79-92: *Pauvre Charlie*
Lignes 93-104: *Réprimande*
Lignes 105-115: *La maîtresse se décourage*
Lignes 116-163: *Nil transforme la journée*
Lignes 164-186: *Nil explique ses chants*
Lignes 187-198: *La mère de la maîtresse*
Lignes 199-232: *Nil rend visite à la mère*
Lignes 233-254: *La mère reprend courage*
Lignes 255-286: *La maîtresse prépare la visite à l'hospice des vieux*
Lignes 287-294: *Description de Nil*
Lignes 295-308: *Description des vieux*

Dans le cas des scènes suivantes, proposez un titre aussi bien qu'un résumé.

Lignes 309-332
Lignes 333-344
Lignes 345-352
Lignes 353-387
Lignes 388-397

Lignes 398-435
Lignes 436-446
Lignes 447-465
Discutez des résumés et titres proposés, et essayez de vous mettre d'accord.
(Vous pouvez changer les titres proposés ci-dessus si vous le voulez.)

Questions de langue

Étudiez le contexte des expressions suivantes, puis choisissez le synonyme qui
vous semble le plus juste:
Lignes 6 et 239: *dès lors*
    a) à ce moment-là
    b) à partir de ce moment-là
Ligne 89: *firent mine de*
    a) firent semblant de
    b) commencèrent à
Ligne 97: *il avait eu de la peine à*
    a) il lui a été difficile de
    b) il a été triste de
Ligne 95: *il avait à me parler*
    a) il avait besoin de me parler
    b) il voulait me parler
Ligne 160: *prit fin*
    a) a fini
    b) a commencé
Ligne 181: *se hâte de*
    a) déteste
    b) se dépêche
Ligne 243: *elle était sur le point de réussir*
    a) elle venait juste de réussir
    b) elle allait bientôt réussir
Ligne 254: *Quoi qu'il en soit*
    a) en tout cas
    b) c'est pourquoi
Ligne 274: *il aurait à la lire*
    a) il devrait la lire
    b) il la lirait
Ligne 381: *cependant que*
    a) pourtant
    b) pendant que

Questions de discussion

1. Comparez l'effet des chants de Nil sur les personnages suivants:
   a) le vieil inspecteur (lignes 19-25)
   b) le Principal (lignes 26-50)
   c) la narratrice (lignes 109-163)
   d) les autres enfants (lignes 109-163)
   e) la mère de la narratrice (lignes 220-235)
   f) les vieux (lignes 320-330)
   g) les malades mentaux (lignes 382 à 395)
   Est-ce que ces personnages réagissent tous de la même façon?
   Est-ce que les effets décrits dans le récit correspondent à ceux dont vous aviez discuté avant de lire le récit? (Consultez vos notes.)
2. La narratrice compare plusieurs situations à un emprisonnement, par exemple: le métier d'institutrice (lignes 109-113), l'infirmité de sa mère (lignes 194-198), la vie à l'hospice des vieux (lignes 258-260). Êtes-vous d'accord qu'il s'agit de «prisons»? Expliquez.
3. À la fin de la visite à l'hospice des vieux, la narratrice regrette d'y avoir amené Nil, en expliquant qu'il était cruel de redonner de l'espoir aux vieux. Qu'en pensez-vous?
4. Etes-vous d'accord avec la conclusion de la narratrice, après la visite à l'hôpital psychiatrique, que Nil a rendu les malades «trop heureux»?
5. Dans la dernière scène, la narratrice remercie la mère de Nil, et celle-ci remercie la narratrice. La narratrice ne comprend pas pourquoi la mère la remercie. En avez-vous une idée?
6. Quels sont les problèmes particuliers des vieux dans notre société? dans votre ville? Avez-vous jamais visité un hospice des vieux? Quelle impression est-ce que cela vous a fait?
7. Quels exemples connaissez-vous d'efforts faits par des immigrants de votre région pour préserver leur héritage culturel? Est-ce difficile pour eux? Pourquoi?

Projets

Oraux

1. Imaginez la conversation entre Nil et sa mère lorsqu'il lui demande la permission d'aller à l'hospice des vieux.
2. Imaginez la conversation entre deux des vieux, avant ou après la visite de Nil.
3. Imaginez la conversation entre deux employés de l'hôpital psychiatrique avant ou après la visite de Nil.
4. Imaginez la conversation entre la narratrice et sa mère après la visite de Nil à l'hospice des vieux ou à l'hôpital psychiatrique.

5. Imaginez la conversation entre Nil et sa mère après sa visite à l'hospice des vieux ou à l'hôpital psychiatrique.
6. Imaginez la conversation entre la mère de Charlie et le Principal.

Écrits

1. Imaginez le compte rendu que l'inspecteur des écoles a fait après sa visite à l'école.
2. Vous êtes le directeur de l'hôpital psychiatrique ou de l'hospice des vieux. Écrivez un rapport sur la visite de Nil, pour les dossiers de l'institution.
3. Vous êtes journaliste et on vous charge de faire des comptes rendus littéraires. Préparez un compte rendu de deux pages de ce récit.
4. Imaginez les réactions de Nil à ce qui se passe et composez la lettre qu'il aurait pu écrire après tous ces événements. (Précisez à qui la lettre est adressée.)

Les Escaliers d'Erika
Michel Tremblay

Anticipation

Michel Tremblay (né en 1942) est l'un des écrivains québécois les plus connus et appréciés. Il est surtout connu pour ses pièces de théâtre (*Les Belles-Sœurs*, *Albertine en cinq temps*, entre autres), qui lui ont valu plusieurs prix littéraires. Il a pourtant écrit des romans et des contes aussi, dont le recueil *Contes pour buveurs attardés* (1966).

Ces contes, dont *Les Escaliers d'Erika* fait partie, ont un caractère macabre et comprennent l'intervention de forces surnaturelles.

Croyez-vous aux forces surnaturelles, à la réalité de phénomènes occultes (fantômes, esprits, perception extra-sensorielle, télépathie, télékinésie, etc.)?

Les Escaliers d'Erika

Lorsque je suis arrivé au château, Erik était absent. Louis, son domestique, me remit une note de sa part. Mon ami s'excusait de ne pouvoir être présent à l'heure de mon arrivée, une affaire importante le retenait à la ville jusqu'au dîner.

5   Je m'installai donc dans une des nombreuses chambres d'amis, la chambre bleue, ma préférée, et demandai à Louis d'aller à la bibliothèque me chercher un livre. Mais il me répondit que la bibliothèque était fermée depuis deux mois et que le maître défendait absolument qu'on y entrât.

— Même moi? demandai-je, surpris.

10   — Même vous, monsieur. Personne ne doit plus jamais entrer dans la bibliothèque. Ce sont les ordres du maître.

— Est-ce que monsieur Erik pénètre encore dans la bibliothèque, lui?

— Oh! non, monsieur. Monsieur Erik évite même le plus possible de passer devant la bibliothèque.

15 — Vous savez pour quelle raison la bibliothèque est fermée?

— Non, monsieur.

— C'est bien, Louis, merci. Ah! au fait, est-ce que la porte de la bibliothèque est fermée à clef?

— Non, monsieur. Monsieur sait bien que la porte de la bibliothèque ne se

20 verrouille pas.

Resté seul, je défis mes valises en me demandant ce qui avait poussé Erik à prendre une telle décision, surtout que la bibliothèque était la plus belle et la plus confortable pièce de la maison...

C'est alors que je pensai à Erika. Je faillis échapper une pile de linge sur le

25 tapis. Se pouvait-il qu'Erika fût de retour? Pourtant, Erik m'avait juré qu'elle ne reviendrait jamais. Je résolus de questionner mon ami à ce sujet dès son retour au château.

Au dîner, Erik n'était toujours pas là. Vers neuf heures, un messager vint porter une lettre au château, une lettre qui m'était adressée. Je reconnus tout de suite

30 l'écriture d'Erik et je devinai que mon ami ne pouvait se rendre au château pour la nuit et qu'il s'en excusait.

Au bas de la lettre Erik avait écrit: «Tu dois savoir, à l'heure actuelle, que la porte de la bibliothèque est fermée à jamais. Je t'expliquerai tout, demain. Je t'en supplie, ne t'avise pas de pénétrer dans cette pièce, tu le regretterais. J'ai

35 confiance en toi et je sais que tu ne tricheras pas. Si tu n'as pas déjà compris ce qui se passe, pense à notre enfance, à une certaine période de notre enfance et tu comprendras.»

Toute la nuit, je pensai à cette affreuse période de notre enfance pendant laquelle des choses bien étranges s'étaient produites...

40 Erika était la sœur jumelle d'Erik. C'était une enfant détestable, méchante, qui nous haïssait, Erik et moi, et qui faisait tout en son pouvoir pour nous faire punir. Erika n'aimait pas son frère parce que, disait-elle, il lui ressemblait trop. Elle ne pouvait souffrir qu'on fut aussi beau qu'elle et tout le monde était d'accord pour dire que les jumeaux étaient également beaux, le garçon n'ayant

45 rien à envier à sa sœur.

Moi, elle me haïssait parce que j'étais l'ami de son frère. Erik était très exigeant pour ses amis; Erika, elle, était tyrannique pour les siens et elle était surprise de n'en avoir pas beaucoup... Elle adorait faire souffrir les autres et ne manquait jamais une occasion de nous pincer, de nous frapper et même, et

50 c'était là son plus grand plaisir, de nous précipiter au bas des escaliers. Elle se cachait au haut d'un escalier et s'arrangeait pour pousser la première personne qui venait à monter ou à descendre. Rares étaient les journées qui se passaient sans qu'un membre de la famille ou un domestique ne dégringolât un quelconque escalier de la maison.

55 Dans la bibliothèque du château se trouvait l'escalier le plus dangereux.

Plus précisément, c'était une de ces échelles de bibliothèque qui se terminent par un petit balcon, échelles sur roues, très amusantes pour les enfants mais que les adultes maudissent à cause de leur trop grande facilité de déplacement.

Un jour que grimpé sur le petit balcon je cherchais un livre sur le dernier
60 rayon de la bibliothèque, Erika s'introduisit dans la pièce et sans le faire exprès, jura-t-elle par la suite, donna une violente poussée à l'échelle. Je traversai toute la bibliothèque en hurlant du haut de mon balcon et faillis me tuer en m'écrasant sur la grande table de chêne qui occupait le tiers de la pièce. Erika avait trouvé l'aventure excessivement amusante mais, cette fois,
65 Erik s'était fâché et avait juré de se venger...

Deux jours plus tard, on avait trouvé Erika étendue au pied de l'échelle de la bibliothèque, la tête fendue. Elle était morte durant la nuit suivante mais avant de mourir elle répétait sans cesse: «Erik, Erik, je te hais! Je reviendrai, Erik, et je me vengerai! Prends garde aux escaliers, prends garde aux escaliers...
70 Un jour... je serai derrière toi et... Erik, Erik, je te hais et je te tuerai!»

Pendant quelque temps nous eûmes très peur, Erik et moi, de la vengeance d'Erika. Mais rien ne se produisit.

Les années passèrent. Notre enfance s'achevait dans le bonheur le plus parfait. Mes parents étaient morts et ceux d'Erik m'avaient recueilli. Nous
75 grandissions ensemble, Erik et moi, et nous étions heureux. Quatre ans s'étaient écoulés depuis la mort d'Erika; nous avions quatorze ans.

Un jour, les chutes dans les escaliers du château recommencèrent. Tout le monde, sans comprendre ce qui se passait, faisait des chutes plus ou moins graves, sauf Erik et moi. Nous comprîmes tout de suite ce qui se passait. Erika
80 était de retour! Un soir, pendant un bal, Louis était tombé dans le grand escalier du hall et nous avions entendu le rire d'une petite fille et ces quelques mots glissés à nos oreilles: «Ce sera bientôt ton tour, Erik!»

Les accidents avaient continué pendant des mois sans qu'Erik et moi ne fussions une seule fois victime d'Erika. Les gens du château commençaient
85 même à se demander si nous n'étions pas les coupables...

Un soir, mon ami était entre seul dans la bibliothèque. Nous lisions au salon, les parents d'Erik et moi, quand nous entendîmes un vacarme épouvantable dans la bibliothèque. Je me levai d'un bond en criant: «Erika est là! Erik est en danger!» La mère de mon ami me gifla pendant que son époux
90 courait à la bibliothèque. Mais il ne put ouvrir la porte, elle était coincée. «Erik a dû pousser un meuble derrière la porte, déclara le père de mon ami. Cette porte ne se ferme pas à clef. Il n'y a donc aucune raison pour que...» De nouveau, nous entendîmes un bruit dans la pièce. Il semblait y avoir une bataille et nous entendions la voix d'Erik et une autre, toute petite... «Je vous
95 dis que c'est Erika! criai-je. Il faut sauver Erik! Elle va le tuer!» Nous ne pûmes pénétrer dans la pièce.

La bataille cessa très soudainement, après un bruit de chute. Il y eut un long silence. J'avais les yeux braqués sur la porte et je sentais mon cœur se serrer de plus en plus à mesure que le silence se prolongeait. Puis la porte s'ouvrit toute
100 grande, quelque chose d'invisible passa entre la mère d'Erik et moi et nous entendîmes le rire d'une petite fille.

Nous trouvâmes Erik étendu au bas de l'escalier, dans la même pose qu'on avait trouvé sa sœur, quatre ans plus tôt. Heureusement, il n'était pas mort. Il s'était brisé une jambe et était resté infirme.

105 Erik ne m'avait jamais dit ce qui s'était passé dans la bibliothèque, ce soir-là. Il m'avait cependant juré que sa sœur ne reviendrait plus jamais parce qu'elle le croyait mort.

Quatre autres années s'étaient écoulées sans qu'une seule aventure malencontreuse ne se fût produite au château. J'avais quitté la maison de mon
110 ami pour m'installer dans une petite propriété, héritage d'un oncle éloigné.

C'est quelques semaines seulement après la mort des parents d'Erik que j'avais reçu une lettre de mon ami me suppliant de revenir auprès de lui. «Nous sommes trop jeunes pour vivre en ermites, me disait-il dans sa lettre. Vends ta propriété et viens habiter avec moi.» J'ai vendu ma propriété et me
115 suis rendu le plus vite possible au château d'Erik.

Je finis par m'assoupir vers une heure du matin. Je dormais depuis deux heures environ lorsque je fus éveillé par Louis. «Réveillez-vous, monsieur, réveillez-vous, il se passe des choses dans la bibliothèque!»

Je descendis au rez-de-chaussée et m'arrêtai devant la porte de la
120 bibliothèque. J'entendais distinctement des voix.

— Ils faisaient plus de bruit tout à l'heure, me dit le vieux Louis. Ils semblaient se battre! Ils criaient, ils couraient... J'ai essayé d'ouvrir la porte mais elle est coincée comme cela s'est produit le jour de l'accident de monsieur Erik...

— Monsieur Erik est-il de retour? demandai-je au domestique pendant que les
125 voix continuaient leur murmure désagréable.

— Je ne crois pas, monsieur, je n'ai rien entendu.

Je dis alors à Louis qu'il pouvait se retirer. Je collai mon oreille à la porte de la bibliothèque. Je ne pouvais saisir ce que disaient les voix mais elles semblaient furieuses toutes les deux. Soudain, j'entendis un bruit que je
130 connaissais trop bien: on poussait l'échelle à balcon. Puis quelqu'un grimpa à l'échelle avec beaucoup de difficulté, semblait-il.

J'entendis courir dans la pièce et la porte s'ouvrit. «Tu peux entrer, Hans, dit une petite voix, je veux que tu voies ce qui va se passer.» Aussitôt entré dans la bibliothèque, je poussai un cri de stupeur. Erik était sur le balcon au
135 haut de l'échelle, avec ses deux béquilles, et il semblait terriblement effrayé. Avant que j'aie eu le temps de faire un seul geste, l'échelle se mit à bouger. Je me précipitai vers elle mais il était trop tard. L'échelle s'abattit sur le sol dans un fracas épouvantable, entraînant Erik dans sa chute.

Erika riait. Je l'entendais tout près mais je ne la voyais pas. Elle me riait
140 dans les oreilles, si fort que j'en étais étourdi. Louis arriva en courant, se pencha sur le corps d'Erik et pleura.

Avant de partir, Erika a murmuré à mon oreille: «Nous nous reverrons dans quatre ans, Hans...»

Michel Tremblay

Premières impressions

D'après votre première lecture, comment décririez-vous:
a) Erik?
b) Erika?
c) Hans (le narrateur)?
d) Louis?
Comparez vos perceptions à celles des autres. Y a-t-il des différences importantes?

Approfondissement

1. Quelles lignes du texte correspondent au «moment présent»? Lesquelles sont consacrées à un *flashback*?
2. Quel âge avaient le narrateur et Erik
   a) au moment de la mort d'Erika?
   b) au moment de l'accident d'Erik?
   c) au «moment présent» du récit?
3. Quelles indications l'auteur donne-t-il sur le niveau socio-économique des personnages?
4. Dans quel pays l'action se passe-t-elle, à votre avis?
5. Pourquoi le narrateur se rend-il au château d'Erik?
6. Au début du conte, le narrateur ne sait pas pourquoi la bibliothèque est fermée. À quel moment le comprend-il? Pourquoi n'y avait-il pas pensé plus tôt, à votre avis?

Questions de langue

1. Toutes les situations ne demandent pas un style aussi soigné que le premier échange entre le narrateur et Louis (lignes 9-20). Inventez un dialogue pour les situations proposées, en utilisant le niveau de langue approprié.
   a) Un enfant veut entrer dans la chambre de sa sœur. Sa mère lui explique qu'il ne peut pas. L'enfant insiste; la mère reste ferme.
   b) Un touriste en visite dans une maison historique veut entrer dans une pièce fermée. Le guide lui explique que c'est défendu. Le touriste insiste.
2. Le style de la lettre d'Erik au narrateur, lui aussi, est assez soigné (lignes 32-37). Quelles expressions vous semblent particulièrement châtiées? Reformulez la lettre pour rendre le style moins soigné.
3. À la ligne 124, l'expression du narrateur est, encore une fois, très soignée. Reformulez la question de façon moins soignée.

Questions de discussion

1. À quel moment avez-vous commencé à sentir le suspense? Expliquez, et comparez votre réaction à celles des autres.
2. Pour bien des lecteurs, le narrateur et Erik sont les «bons» et Erika la «méchante».
   a) Était-ce votre réaction aussi? Justifiez votre réponse.
   b) Erik a pourtant tué Erika: pourquoi n'aurait-elle pas le droit de se venger?
3. Pourquoi, à votre avis, est-ce que la mère d'Erik a giflé le narrateur lorsqu'il a crié «Erika est là! Erik est en danger!» (lignes 88-89)?
4. Est-ce que l'intervalle de quatre ans a une signification particulière (comme le chiffre 7) en dehors de ce récit?
5. Comment expliquez-vous qu'Erik soit entré dans la bibliothèque alors qu'il avait défendu aux gens d'y entrer à cause du danger?
6. Pensez-vous que ce récit aurait le même ton si la scène ne se déroulait pas dans un château?
7. On dit que les jumeaux ont un rapport très spécial. Donnez quelques exemples pour appuyer cette thèse.

Projets

1. Imaginez ce qui se passerait quatre ans après la fin du récit. Racontez cette histoire, en essayant de créer un bon suspense. Ensuite, comparez vos récits.
2. Racontez l'histoire en prenant la perspective d'Erika.

La Situation du Québec au Canada

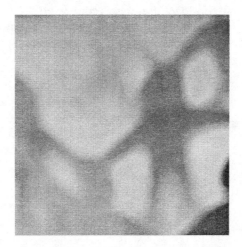

Le Québec, province francophone, se situe au sein d'une Amérique du Nord majoritairement anglophone. Descendants de colons français venus au Canada au cours des XVIIᵉ et XVIIIᵉ siècles, les Québécois forment aujourd'hui un peuple ayant sa propre culture.

Les trois textes qui suivent traitent tous de la question «Être Québécois, qu'est-ce que cela veut dire?» sans toutefois offrir de réponse définitive car, comme toute culture, le peuple québécois se crée, s'invente une identité qui évolue constamment.

Le mouvement nationaliste au Québec

Comme vous le savez sans doute, un mouvement séparatiste existe au Québec depuis les années 1960. Certains indépendantistes rêvent de voir le Québec devenir un pays politiquement et économiquement indépendant. D'autres voudraient que le Québec ait un statut de *souverain*, mais en association avec le Canada.

Il semble y avoir une certaine ambivalence chez les Québécois, qui, depuis 1976, ont trois fois élu un gouvernement séparatiste (le Parti Québécois), mais qui n'ont pas jusqu'ici quitté la fédération canadienne. Les Québécois francophones se considèrent toutefois comme une «société distincte» du reste du Canada, quelle que soit l'action politique prise au moment de voter.

Pour les non-Québécois, il est probablement bien plus facile d'imaginer les arguments contre l'indépendance du Québec que ceux en sa faveur. C'est pourquoi nous avons choisi de présenter un texte écrit par un militant indépendantiste. Le texte de Pierre Bourgault date de 1977. Cependant, les questions restent les mêmes, malgré le passage du temps. Avant de le lire, essayez d'imaginer les arguments probables *pour* et *contre* l'indépendance du Québec. Prenez des notes de cette discussion afin de pouvoir vous y référer plus tard.

Oui à l'indépendance du Québec
Pierre Bourgault

Anticipation

Pierre Bourgault a toujours été engagé dans le mouvement nationaliste au Québec. Après avoir fait carrière en politique pendant 15 ans, il a repris son métier de journaliste.

Son livre, *Oui à l'indépendance du Québec*, dont vous allez lire un extrait, est paru en 1977. L'auteur y explique en détail les raisons pour lesquelles il travaille à l'indépendance du Québec. Parmi toutes les raisons qu'il donne, nous en avons choisi deux qui ont rapport à l'aspect central de la langue et de la culture «françaises» au Québec.

Oui à l'indépendance du Québec

Première partie. *Si je réponds «oui» à l'indépendance du Québec, c'est qu'elle permettra l'établissement, en Amérique du Nord, d'un pays où les francophones seront majoritaires.*

Malgré l'angélisme de tous ces bons missionnaires qui voudraient nous faire croire le contraire, les minorités, quelles qu'elles soient (ethniques, religieuses, sexuelles...) n'ont jamais hélas! de véritables droits acquis. Elles n'ont que les droits que veulent bien leur consentir les majorités et se trouvent toujours à la
5 merci de l'humeur changeante de celles-ci.

On peut certes le déplorer et tenter de réformer les mœurs des citoyens, mais en attendant, les minorités ont le droit et le devoir de tenter par tous les moyens de se placer en position plus confortable. Pour elles, la meilleure façon d'y arriver, c'est de se transformer, quand c'est possible, en majorités. Si les
10 minorités idéologiques peuvent espérer se transformer en majorités en convainquant les autres du bien-fondé de leurs thèses, les minorités ethniques doivent, pour leur part, compter sur d'autres moyens.

Le Canada est un pays où les francophones sont en minorité. Le Québec est un pays où les francophones sont en majorité. Il ne reste plus qu'à choisir
15 entre l'un et l'autre pays.

Au moment de la Conquête[1], les francophones étaient largement majoritaires. Ils le sont restés longtemps. Lors de l'union des deux Canadas[2], en 1841, ils l'étaient encore. C'est à partir de 1850 que les proportions s'inversèrent. Le mouvement n'a fait que s'accélérer depuis, d'abord par
20 l'addition, à partir de 1867, des provinces anglaises, puis par les vagues successives d'immigrants ralliés en grande majorité à la collectivité anglophone du Canada.

Aujourd'hui, les francophones du Canada ne forment plus que 27 p. cent de la population du pays. Mais ils forment 82 p. cent de la population du
25 Québec. Or, à moins de vouloir passer vingt-quatre heures par jour au lit, ils n'ont absolument aucune chance de réussir à rétablir l'équilibre à l'intérieur des frontières canadiennes.

Certains n'ont pas encore compris la différence qu'il y a entre un Canadien français et un Québécois. C'est pourtant simple. Le Canadien français habite
30 un pays qui s'appelle le Canada, où les francophones sont en minorité. Le Québécois habite un «pays» qui s'appelle le Québec, où les francophones sont en majorité.

On ne peut pas être à la fois Canadien, Canadien français et Québécois, comme certains le voudraient. Ces trois termes recouvrent des réalités
35 politiques fort différentes.

---

[1] conquête de la Nouvelle-France par l'Angleterre (Québec est tombé en 1759, et la Nouvelle-France est passée sous contrôle anglais en 1763)
[2] le Haut-Canada (Ontario) et le Bas-Canada (Québec)

Ainsi, Pierre Elliott Trudeau est un Canadien francophone d'origine québécoise. Mais il n'est ni Canadien français ni Québécois. Pour être Canadien français, il faudrait qu'il accepte de faire partie d'une nation canadienne-française (minoritaire) au sein du Canada. Que répondrait-on au
40   citoyen qui se dirait Français tout en niant l'existence de la nation française? Pour être Québécois, il faudrait qu'il accepte de faire partie d'une nation québécoise (à majorité francophone). Or il ne veut considérer le Québec que comme une province comme les autres. Que répondrait-on au citoyen qui se dirait Allemand tout en niant l'existence de la nation allemande?

45   Ainsi, Roch Lasalle, député de Joliette, est un Canadien français d'origine québécoise. Mais s'il est Canadien, il n'est pas Québécois et pour les mêmes raisons invoquées dans le cas de M. Trudeau. Pour lui, il existe deux nations canadiennes (l'une française, l'autre anglaise) qui se partagent le même pays: le Canada. Il fait partie de la nation minoritaire et il accepte ce fait. Par contre,
50   s'il veut bien d'un statut particulier pour le Québec, il n'accepte pas la notion de nation québécoise et partant il ne peut pas être Québécois.

Ainsi, John Smith (nom fictif) est un Québécois à part entière, anglophone et d'origine australienne. Il croit en l'existence d'une nation québécoise majoritairement francophone, il veut s'y intégrer et contribuer à son
55   épanouissement. Son pays, c'est le Québec, et non pas le Canada. Il n'est ni Canadien anglais ni Canadien.

D'où l'on voit qu'il ne suffit pas d'être né au Québec pour pouvoir se définir comme Québécois. D'où l'on voit également que la notion de «frère de sang» si chère à Pierre Trudeau est une déformation qui se veut méprisante de la
60   composition de la collectivité québécoise. Ce n'est pas par leurs origines que se définissent les Québécois mais par leurs objectifs et leurs aspirations collectives.

La *nation québécoise* est composée de citoyens de diverses origines dont la majorité est francophone. Ils ont comme pays le Québec.
65   La *nation canadienne* (pour ceux qui croient en son existence exclusive) est composée de citoyens de diverses origines dont la majorité est anglophone. Ils ont comme pays le Canada.

La *nation canadienne-française* (pour ceux qui adhèrent à cette notion) est composée de citoyens de diverses origines dont la majorité est francophone. Ils
70   partagent un pays, le Canada, avec une autre nation, majoritairement anglaise.

La *nation canadienne-anglaise* (pour ceux qui adhèrent à cette notion) est composée de citoyens de diverses origines dont la majorité est anglophone. Ils partagent un pays, le Canada, avec une autre nation, majoritairement francophone.
75   D'où l'on voit encore que M. Trudeau a tort d'affirmer que s'il y a deux nations au Canada, il y a également deux nations au Québec.

Le Canada et le Québec sont deux réalités différentes. Opposons, pour les besoins de la cause, *nation canadienne-anglaise* et *nation canadienne-française*. Territoire: le Canada. La nation canadienne-anglaise est concentrée dans neuf
80   provinces canadiennes et se prolonge dans une minorité anglophone au Québec. La nation canadienne-française est concentrée au Québec et se

prolonge en minorités françaises dans les autres provinces.

Maintenant, opposons *nation canadienne* et *nation québécoise*. Territoire: le Canada et le Québec. La nation canadienne est tout entière à l'intérieur des limites du Canada. Cependant, on peut trouver des citoyens d'origine québécoise dans nombre de pays, dont le Canada.

La nation française est en France et ce n'est pas parce qu'on trouve des citoyens français en Allemagne qu'on peut conclure qu'il existe une nation française en ce pays.

Si donc je dis «oui» à l'indépendance du Québec, c'est que j'ai choisi d'appartenir à la nation québécoise, qui comprend une majorité de francophones. Je préfère le statut de majoritaire à celui de minoritaire. Que d'autres préfèrent se trouver en situation de minoritaires dans leur propre pays, c'est leur droit et je ne le leur dispute pas.

Que d'autres affirment encore que les Canadiens français sont la minorité la mieux traitée du monde, c'est encore leur droit. Moi, ce que je sais, c'est que je ne veux plus faire partie d'une minorité, bien ou mal traitée. Les majorités définissent leurs propres droits. Les minorités doivent toujours aux autres la définition des leurs.

Deuxième partie. *Si je réponds «oui» à l'indépendance du Québec, c'est qu'elle nous permettra de redécouvrir nos origines et de nous débarrasser de notre francophobie maladive.*

On a longtemps réussi à faire croire aux Noirs américains qu'ils étaient les descendants de peuples barbares et de civilisations primitives. Comme les Blancs ne voulaient pas passer pour racistes chez eux, ils s'en prenaient aux Africains pour mieux mépriser secrètement leurs descendants transplantés en terre d'Amérique.

Les Noirs américains, tenus volontairement dans l'ignorance, finirent par penser qu'il y avait du vrai là-dedans. En conséquence, ils se mirent à mépriser leurs pères africains tout en tentant désespérément de nier leurs origines. Ils ne se rendaient pas compte que, ce faisant, ils se niaient et se méprisaient eux-mêmes. Il aura fallu deux cents ans pour qu'ils renouent avec l'Afrique et s'aperçoivent que celle-ci avait connu de grandes civilisations dont ils n'avaient pas à rougir. Et à travers la revalorisation de leurs racines, ils se redécouvraient eux-mêmes, bien meilleurs qu'on ne le leur avait laissé croire. On connaît la suite. Ils ne sont plus Africains, bien sûr, mais c'est en grande partie parce qu'ils ne renient plus l'Afrique qu'ils peuvent désormais se consacrer sans gêne à leur épanouissement collectif.

On ne peut nier ses origines sans se renier soi-même.

Voilà la grande leçon qu'ils devraient nous avoir appris.

Ne sommes-nous pas nous-mêmes maladivement francophobes? On nous a appris à haïr les «maudits Français» et nous les haïssons. Les conquérants anglais ont eu tôt fait de nous démontrer que nous n'avions plus rien à attendre de la France et que la liberté et la démocratie étaient des inventions britanniques. Nous l'avons cru sans réserve. Puis le clergé français chassé par la

Révolution eut tôt fait de nous convaincre que la France était «païenne» et
qu'il fallait se détacher de ses influences néfastes. Vinrent ensuite les
125 impérialistes américains, qui eurent tôt fait de nous prouver que science,
technologie, progrès et business étaient leur apanage exclusif et que la France
était bonne tout au plus à fabriquer des parfums et des fromages.

Qu'est-ce que la France pour nous aujourd'hui? Un pays frivole, arriéré,
complètement dépassé par tous les peuples du monde y compris le peuple
130 québécois, pauvre et impuissant. Pensez donc, les Français ne sont même pas
capables de faire du bon rock, ça prend-t-y des imbéciles? Et cette langue qu'ils
veulent nous imposer... comme si nous n'en avions pas inventé une autre,
plus belle, plus directe, plus efficace!

Et alors même que nous sommes littéralement envahis par les Américains et
135 par les Japonais, alors même que les Anglais du Canada nous dominent grâce à
leurs institutions et à leur puissance financière, alors même que la Conquête
nous a à peu près complètement coupés de la France depuis deux cents ans,
notre francophobie va jusqu'à nous faire dénoncer l'«impérialisme culturel
français».

140 C'est une belle réussite. Les voisins sont dans la place et nous volent, mais
nous les ignorons pour mieux nous attacher à dénoncer ceux qui nous ont mis
au monde et qu'on a chassés par la force des armes.

Notre francophobie vient aussi de notre complexe d'infériorité. Nous
savons bien, au fond de nous-mêmes, qu'il n'y a pas grand-chose que les
145 Français ne pourraient pas nous apprendre. Concorde, Mirage[3], Citroën, Jean-
Paul Sartre[4], Dior, la Tour d'Argent[5], le Louvre, Paris, la Côte d'Azur, le
Château-Lafite[6], Lacan[7], Monod[8], la S.N.C.F.[9], les sous-marins nucléaires, les
mathématiques modernes, Secam[10], l'aérotrain, Jean Rostand[11], etc., sont bien
français pourtant.

150 Mais nous préférons ne retenir de la France que son service téléphonique
pourri et sa musique populaire un peu désuète.

Les Américains sont tout, les Français ne sont rien. La France est pourtant la
cinquième puissance du monde. Mais notre petit complexe d'infériorité nous
pousse à croire que le Québec l'a dépassée depuis longtemps.

155 Or je ne cesserai jamais de dire que notre francophobie maladive nous fait
beaucoup plus de mal à nous-mêmes qu'elle n'en fait aux Français. *En niant
nos origines, nous nous renions nous-mêmes.*

Nous ne nous retrouverons nous-mêmes que lorsque nous accepterons la
réalité dans toute sa vérité: *nous sommes des Français transplantés en terre*

---

[3] avion militaire français
[4] philosophe et écrivain français
[5] restaurant réputé à Paris
[6] cru renommé des vins rouges du Bordelais (Médoc)
[7] psychiatre et psychanalyste français
[8] biochimiste français (Prix Nobel de médecine en 1965)
[9] société nationale des chemins de fer en France
[10] brevet français d'un procédé qui perfectionne l'image télévisée
[11] biologiste et écrivain français

160 *d'Amérique.* Et nous ne pouvons pas plus nier notre appartenance à l'Amérique que nous pouvons nier nos origines françaises. Notre «différence» vient de l'équilibre entre ces deux pôles.

Charlemagne et Jeanne d'Arc m'appartiennent autant qu'ils appartiennent à la France. Ils font partie de mon histoire et je ne vois aucune raison de m'en
165 dissocier pour mieux me rapprocher de Davy Crocket.

Je dis encore que nous avons toutes les raisons d'entretenir les meilleures relations possibles avec la France. Les Français, parce que nous en venons, nous ressemblent beaucoup plus qu'il ne nous plaît de l'imaginer. Et plus nous devenons Québécois, plus nous nous reconnaissons en eux. Nous sommes
170 différents, certes, comme l'est un enfant de ses parents, mais la ressemblance reste pour qui ne nous regarde pas avec les yeux du colonisé.

L'indépendance du Québec nous rendra pleine confiance en nous-mêmes. Elle nous permettra de devenir enfin un peuple adulte. Or c'est à l'âge adulte que ceux qui, pendant leur adolescence, méprisaient leurs parents, les
175 retrouvent tels qu'en eux-mêmes. C'est à l'âge adulte qu'on renoue les liens familiaux qui s'étaient brisés au moment de la prise en charge de la liberté.

L'adolescence est un phénomène normal (et la francophobie s'y rattache) mais, prolongée trop longtemps, elle devient maladie.

Nous entrerons bientôt dans l'âge adulte avec toutes les responsabilités que
180 cela implique.

La première de ces responsabilités consiste à reconnaître et à revaloriser nos origines. C'est en nous aimant nous-mêmes que nous aimerons davantage la France... et vice versa.

Pierre Bourgault

Premières impressions

Dans l'extrait que vous venez de lire, expliquez les raisons de Bourgault pour désirer un Québec indépendant?

Approfondissement

Partie I
1. Pourquoi Bourgault ne veut-il pas faire partie d'une minorité? (Est-ce parce que les minorités sont toujours mal traitées, ou pour une autre raison?)
2. Quelle différence voit-il entre une minorité ethnique et une minorité idéologique? Donnez quelques exemples.
3. Formulez, en vos propres mots, une définition de «Canadien français» et de «Québécois» tels que Bourgault les comprend.
4. Bourgault distingue quatre «nations» (lignes 63-74). Laquelle préfère-t-il?

Partie II

1. Quel parallèle Bourgault établit-il entre les Noirs d'Amérique et les Québécois?

2. Qu'est-ce que les éléments de la liste de «produits de France» (lignes 145-149) ont de commun?

3. Quels exemples Bourgault donne-t-il de ce qu'il appelle la «francophobie maladive» des Québécois? Quel en est le danger, selon lui?

Questions de langue

1. Après en avoir étudié le contexte, proposez une paraphrase des expressions en italique suivantes. Ensuite, comparez vos réponses pour voir le nombre de formulations que vous avez trouvées.
   Lignes 1-2: «*Malgré* l'angélisme de tous ces bons missionnaires qui voudraient nous *faire croire* le contraire»
   Ligne 19: «Le mouvement *n'a fait que* s'accélérer depuis»
   Ligne 25: «*Or à moins de* vouloir passer vingt-quatre heures par jour au lit»
   Ligne 33: «On ne peut pas être *à la fois* Canadien, Canadien français et Québécois»
   Ligne 64: «Ils *ont comme pays* le Québec.»
   Lignes 102-104: «Ils *s'en prenaient aux* Africains pour mieux mépriser secrètement leurs descendants transplantés en terre d'Amérique.»
   Ligne 106: «*En conséquence*, ils se mirent à mépriser»

2. Certaines expressions reviennent souvent dans ce texte. Quel vous semble être l'effet des répétitions dans les cas indiqués? (Pourquoi l'auteur a-t-il répété la même expression au lieu de choisir un synonyme?)
   a) ont eu tôt fait de (ligne 120); eut tôt fait de (ligne 123); eurent tôt fait de (ligne 125)
   b) alors même que (lignes 134, 135 et 136)

Projets

1. Écrivez un article ayant pour but de convaincre le lecteur qu'il faut voter *contre* l'indépendance du Québec.

2. Le livre de Bourgault donne des arguments sur différents aspects de la question de l'indépendance du Québec. Voici les titres des autres sections de son livre. Choisissez un ou deux de ces titres, et résumez les arguments de l'auteur tels que vous les imaginez:
   Si je réponds «oui» à l'indépendance du Québec, c'est:
   • qu'elle nous permettra enfin de nous attaquer à nos vrais problèmes.
   • qu'il vaut toujours mieux se gouverner soi-même que d'être gouverné par les autres.
   • que le Québec est le seul endroit au monde où je puisse me sentir chez moi.

- qu'elle s'inscrit dans le sens de l'histoire.
- qu'elle nous permettra de recouvrer notre normalité collective.
- qu'elle nous permettra enfin de parler le français... et quelques autres langues.
- qu'elle nous permettra d'abattre les frontières pour nous ouvrir au reste du monde.
- qu'elle permettra enfin à tous les Québécois, de quelque origine qu'ils soient, de choisir leur pays.
- qu'elle nous donnera le droit à l'échec.
- qu'elle nous donnera le droit au succès.
- que nous sommes prêts à l'assumer.
- que nous avons amplement les moyens de l'assumer.
- qu'elle nous permettra enfin de définir nos priorités.
- qu'elle nous permettra de reprendre en main notre économie.
- qu'elle nous permettra de rationaliser notre développement économique et social.
- qu'elle nous permettra de réaliser une véritable association économique avec le Canada... et quelques autres pays.
- qu'elle nous permettra de nous débarrasser de notre psychose collective.
- qu'elle nous permettra de nous débarrasser de notre vanité.
- qu'elle nous permettra de nous débarrasser de notre xénophobie.
- qu'elle nous permettra de lutter plus efficacement contre l'unification forcée du monde.
- qu'elle nous permettra de freiner l'expansion du racisme.
- qu'elle nous permettra de mieux résister à l'influence américaine.
- qu'elle constitue la dernière chance du Canada anglais.
- qu'elle redonnera confiance aux minorités françaises du Canada.
- qu'elle nous forcera à repenser le sort que nous faisons aux autochtones du Québec.
- qu'elle nous forcera tous à nous dépasser nous-mêmes.
- qu'elle permettra aux jeunes Québécois d'inventer leur propre projet de société.

Mon pays
Gilles Vigneault

Anticipation

Gilles Vigneault est un des poètes et chansonniers les plus populaires au Québec. Il est né en 1928 à Natashquan, au Québec.

1. À quoi pensez-vous quand vous réfléchissez aux expressions *mon pays, ma patrie, l'hiver*? Comparez vos associations à celles de quelques autres étudiants, en essayant de comprendre leur perspective.
2. Quelles associations différentes imaginez-vous venant d'une personne de Québec? de Miami? de Banff? de Paris?
3. Cherchez les différents sens donnés aux mots *pays, patrie* et *hiver*. (Regardez, si possible, dans un dictionnaire québécois et dans un ou plusieurs dictionnaires français.)
    a) Comparez les définitions entre elles, et discutez des différences.
    b) Quelles différences remarquez-vous entre les définitions et vos associations? Discutez.

Mon pays

Mon pays ce n'est pas un pays c'est l'hiver
Mon jardin ce n'est pas un jardin c'est la plaine
Mon chemin ce n'est pas un chemin c'est la neige
Mon pays ce n'est pas un pays c'est l'hiver

5   Dans la blanche cérémonie
Où la neige au vent se marie
Dans ce pays de poudrerie[1]

---

[1] tempête de neige où on ne voit ni ciel ni terre

Mon père a fait bâtir maison
Et je m'en vais être fidèle
10   À sa manière à son modelé
La chambre d'amis sera telle
Qu'on viendra des autres saisons
Pour se bâtir à côté d'elle

Mon pays ce n'est pas un pays c'est l'hiver
15   Mon jardin ce n'est pas un jardin c'est la plaine
Mon chemin ce n'est pas un chemin c'est la neige
Mon pays n'est pas un pays c'est l'hiver

De mon grand pays solitaire
Je crie avant que de me taire
20   À tous les hommes de la terre
Ma maison c'est votre maison
Entre mes quatre murs de glace
J'ai mis mon temps et mon espace
À préparer le feu, la place
25   Pour les humains de l'horizon
Et les humains sont de ma race

Mon pays ce n'est pas un pays c'est l'hiver
Mon jardin ce n'est pas un jardin c'est la plaine
Mon chemin ce n'est pas un chemin c'est la neige
30   Mon pays ce n'est pas un pays c'est l'hiver

Mon pays ce n'est pas un pays c'est l'envers
D'un pays qui n'était ni pays ni patrie
Ma chanson ce n'est pas ma chanson c'est ma vie
C'est pour toi que je veux posséder mes hivers

Gilles Vigneault

Premières impressions

Pensez-vous que, dans cette chanson, les mots *pays* et *hiver* ont le même sens que l'une des définitions que vous avez vues? Les associations que vous avez faites ou que vous avez imaginées pour un Québécois se retrouvent-elles dans cette chanson? (Indiquez ici seulement votre première impression.)

Approfondissement

1. Faites un inventaire des mots du poème (noms, verbes, adjectifs, etc.), et discutez de ce que vous trouvez. Ensuite, faites une catégorisation thématique des mots du poème: lesquels vous semblent aller ensemble? Pourquoi?
2. Préparez, à la maison, une liste de questions à propos des aspects du poème que vous trouvez intéressants, curieux, troublants ou difficiles à comprendre. Choisissez ensuite, par groupes de deux ou trois, celles que vous aimeriez travailler ensemble. Proposez un plan pour y répondre, puis essayez d'y répondre.

Question de discussion

Est-ce que ce poème reflète des idées nationalistes, à votre avis? Expliquez.

Projets

1. Si vous en avez la possibilité, écoutez les deux enregistrements du poème, l'un chanté par le poète Gilles Vigneault et l'autre par Monique Leyrac. Quelles différences remarquez-vous dans les émotions évoquées par les deux?
2. Remplacez le mot *pays* du premier vers par un autre mot de votre choix; en suivant le modèle du poème, composez votre propre poème.

   Exemples: Ma vie, ce n'est pas ma vie, c'est un rêve...
   Ma mère, ce n'est pas ma mère, c'est mon amie...

3. Écrivez un texte (sous forme de poème si vous le voulez), à partir du thème «Mon pays». Ensuite, comparez et discutez des différents textes.

Une Québécoise chez les Franco-Ontariens

Gabrielle Barkany

ANTICIPATION

Il existe des communautés francophones plus ou moins grandes dans toutes les provinces canadiennes. On pense en premier au Québec, province officiellement francophone, et au Nouveau-Brunswick, la seule province officiellement bilingue. Il y a, en plus, des francophones dans les provinces atlantiques (les Acadiens), des Franco-Ontariens, des Franco-Manitobains, des Fransaskois, des Franco-Albertains.

1. Pensez-vous que les francophones des diverses communautés francophones au Canada soient bien renseignés sur les autres francophones canadiens?
2. Pensez-vous que la lutte pour la survie de la langue et culture françaises soit plus ou moins la même au Québec que dans les autres provinces?

Une Québécoise chez les Franco-Ontariens

Il y a six ans, alors que j'étais finissante de l'Université de Sherbrooke, on m'appela un matin pour me féliciter: on m'offrait un emploi d'été comme guide-interprète à Upper Canada Village. Je quittai donc Saint-Jérôme, ma ville natale du Québec, pour passer l'été à Morrisburg. Ma première aventure en
5 Ontario. Mes amis québécois me regardèrent partir avec un sourire inquiet. Je m'en allais travailler chez «les anglais».

En arrivant au village de Morrisburg, Thérèse fut la première personne qui m'adressa la parole. «Ici, Gabrielle, il faut toujours se battre pour sa langue», m'avertit-elle. Je fus d'abord étonnée parce qu'elle me parlait dans un français
10 impeccable. Puis du contenu de sa remarque.

Après avoir grandi au Québec, je ne savais pas ce que c'était que de se battre pour sa langue. Je n'avais jamais eu à le faire, enfin presque. J'avais parfois eu à décrire, en anglais, le rouge à lèvres que je cherchais à certaines vendeuses du
15 centre-ville de Montréal mais, ça a été plutôt rare.

Parler français au Québec est un droit acquis et on se le rappelle plus qu'autour de quelques bières, le 24 juin.

Après l'avertissement de Thérèse, je rencontrai, à ma grande surprise, d'autres francophones qui se présentèrent comme Franco-Ontariens, un terme
20 dont j'ignorais les racines. Oui, je savais qu'il y avait des minorités francophones à l'extérieur du Québec mais je n'en connaissais ni l'étendue ni l'importance. On parle, en effet, très peu de vous au Québec.

Parce que je voulais améliorer ma deuxième langue, je fraternisais davantage avec les Anglais du village. Je continuais, par contre, à recontrer des
25 francophones. J'écoutais leurs propos que je trouvais discriminatoires à l'endroit des anglophones, et ça me laissait un goût amer.

Je sentais leur frustration en tant que minorité, mais je ne comprenais que partiellement leur désarroi. Ils parlaient de bataille linguistique, je comprenais: lamentation mal justifiée. Il y avait toujours un Anglais à blâmer. Certaines de
30 leurs opinions au sujet des anglophones étaient les mêmes que celles de mes amis québécois: les Anglais ne nous comprennent pas et ne respectent pas notre langue. Sauf que mes amis du Québec, eux, je les trouvais désormais moins crédibles.

À la fin de l'été, je retournai chez moi avec une conception quelque peu
35 différente de la province voisine. On parlait français en Ontario et certains Franco-Ontariens tenaient des propos quelque peu négatifs à l'endroit des anglophones. Mais ça s'arrêtait là.

Cinq ans plus tard, je me retrouvais en entrevue pour un emploi de journaliste à Toronto pour Tfo. J'étais confiante de mes résponses jusqu'à ce
40 qu'on me pose la question suivante: «Gabrielle, peux-tu nous expliquer la réalité et la situation des Franco-Ontariens?» Je ne pouvais pas répondre.

Tout ce que je savais, c'était que quelques Ontariens parlaient français. Ah oui! je me souvenais aussi du terme «Franco-Ontariens», mais c'était à peu près tout. Je balbutiai quelques phrases plus ou moins intelligentes et rentrai chez-
45 moi consciente que je n'avais pas l'emploi et que c'était, bien sûr, la faute des Franco-Ontariens.

À mon grand étonnement, on me donna le boulot. Je laissai encore une fois Saint-Jérôme pour Toronto. (Jusqu'à aujourd'hui, je continue parfois à croire que mon producteur m'a donné le travail pour me réveiller un peu.) C'est ainsi
50 que commença mon apprentissage de la francophonie ontarienne, une éducation beaucoup plus concrète cette fois.

Je dois beaucoup aux francophones des quatre coins de la province, rencontrés dans le cadre de mes reportages: ce médecin de Welland, cet ancien directeur d'école de Pointe-aux-Roches, cette caissière de Penetanguishene ou
55 ces milliers de manifestants au ralliement pour l'Hôpital Montfort. Je commence graduellement à comprendre des expressions comme ténacité,

assimilation et résistance. On me parle d'ancêtres, on me chante de vieilles chansons françaises et on m'invite à des rassemblements. Des rassemblements politiques et culturels.

60   Je dois quand même avouer ma confusion sur ce qu'est un Franco-Ontarien. Comment et quand devient-on Franco-Ontarien? Peut-on choisir d'en être un? Comment les Franco-Ontariens de souche perçoivent-ils leurs voisins francophones du Québec ou de la France qui vivent en Ontario? Les francophones sont-ils une belle grande famille ou existe-t-il des réalités 65   différentes? Ces questions, je suis en train de me les poser. Il est par contre évident que j'ai fait du chemin depuis ma rencontre avec Thérèse de Morrisburg jusqu'au ralliement de SOS Montfort.

Cette histoire d'amour entre un peuple et sa langue, ce sont mes amis franco-ontariens qui me la font vivre, pas mes semblables québécois. On 70   travaille en français, on discute et on se chicane en français, et surtout, on se comprend en français. Ils m'aident peu à peu à comprendre leur place, leur solitude, leurs aspirations.

Au Québec, on n'a pas à se battre quotidiennement; par conséquent on ne développe pas le même niveau d'émotion ni le même attachement pour notre 75   culture francophone. On ne se pose pas de question, point.

Après seulement 10 mois en Ontario, je n'ai pas la prétention d'avoir tout compris sur la francophonie d'ici et ses combattants. Mais je compte sur les années à venir pour y arriver.

Gabrielle Barkauy

Premières impressions

Évaluez les hypothèses que vous aviez formulées dans l'exercice Anticipation avant de lire le texte.

Questions de détail

1.   À quel âge l'auteure est-elle allée pour la première fois en Ontario?
2.   Quelle est la réaction de ses amis québécois lorsqu'elle part travailler au Upper Canada Village? Expliquez.
3.   La première personne à lui parler à Upper Canada Village était une Franco-Ontarienne qui s'appelle Thérèse. Quels **deux** aspects de la conversation surprennent l'auteure?
4.   Les Québécois connaissent-ils la réalité de la communauté franco-ontarienne?
5.   Lorsque l'auteure retourne travailler pour Tfo à Toronto, était-elle plus consciente de la réalité franco-ontarienne que la première fois?
6.   Quel est le sens des trois expressions – *ténacité*, *assimilation* et *résistance* – dans le contexte des Franco-Ontariens?

7. Pour l'auteure, parler français au Québec, était-ce une lutte constante contre les forces de la langue anglaise, ou bien un droit acquis auquel elle ne pensait guère?

Questions de discussion

1. Êtes-vous surpris-e de constater l'état d'ignorance de cette Québécoise concernant ses voisins francophones de l'Ontario? Êtes-vous mieux renseigné-e qu'elle là-dessus? Expliquez vos réponses.
2. Comment expliquez-vous l'attitude négative des Franco-Ontariens envers les «Anglais»? L'auteure qualifie cette attitude de «discriminatoire»; qu'est-ce que cela révèle de sa propre attitude? Discutez.
3. La situation des Franco-Ontariens semble-t-elle très différente de celle d'autres minorités linguistiques que vous connaissez?
4. Certains francophones canadiens hors du Québec sont hostiles au mouvement d'indépendance du Québec. Ils estiment que les Québécois ont déjà d'énormes bénéfices linguistiques que les autres francophones hors du Québec ne possèdent pas, et que l'indépendance du Québec pourrait amener une perte de droits linguistiques pour les francophones hors du Québec. Discutez.

Questions de langue

Ce texte contient un mélange de registres de langue. D'une part, l'emploi du passé simple au lieu du passé composé le place à un registre de langue soigné. D'autre part, l'auteure utilise certaines expressions et structures qui appartiennent plutôt à la langue parlée.

1. Relevez les emplois du passé simple, et récrivez-les en utilisant le passé composé. Notez qu'en ce faisant, vous donnez au texte un caractère plutôt oral qu'écrit.
2. Les expressions suivantes appartiennent au français oral. Cherchez leurs équivalents en français soigné :
   boulot (ligne 47)
   ça a été (lignes 14–15)
   se chicaner (ligne 70)
   on se le rappelle plus qu'autour de quelques bières (lignes 16–17)

Projets

1. Faites des recherches sur la situation des Franco-Ontariens. Quelles sont les régions ou villes où se trouvent la majorité des Franco-Ontariens? Le nombre de personnes en Ontario se disant francophones est-il en hausse ou en baisse? La nouvelle génération des Franco-Ontariens risque-t-elle autant l'assimilation que celles qui l'ont précédée?

2. Jeu de rôles. Imaginez la première rencontre à Upper Canada Village de guides-interprètes venant de différents coins du Canada: Québécois, Franco-Ontariens, Franco-Manitobains, Franco-Albertains, Fransaskois, Acadiens, «Anglais» ayant appris le français.

Voix de l'Europe francophone

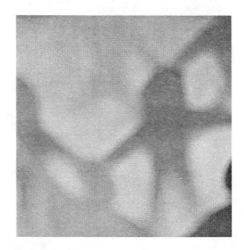

Qui pense à l'Europe francophone pense avant tout à la France. Le français a cependant une présence importante ailleurs en Europe: en Belgique, en Suisse, à Monaco. Il serait impossible de tenter de représenter toutes les voix de l'Europe francophone; nous vous proposons d'en écouter quelques-unes dans l'espoir que vous prendrez goût à continuer l'aventure.

Le Message

Jacques Prévert

Anticipation

Jacques Prévert (1900–1977) est un poète français de très grande popularité. En effet, ses recueils de poésie (surtout *Paroles*, 1946) ont toujours eu beaucoup de succès. En plus de faire de la poésie, Prévert a collaboré à plusieurs films, dont *Les Enfants du paradis*, considéré comme un classique du cinéma français.

Avant de commencer la lecture du poème, réfléchissez aux questions qui suivent. (Encerclez *toutes* les lettres qui correspondent à vos stratégies.)

1. Qu'est-ce que vous faites d'habitude quand vous lisez un poème pour la première fois?
   a) Je lis d'abord le poème en silence.
   b) Je lis d'abord le poème à haute voix.
   c) Je fais mentalement un arrêt après chaque vers.
   d) Je fais un arrêt quand je semble arriver à la fin d'une idée.
   e) Je cherche dans le dictionnaire le sens de tous les mots que je ne connais pas.o
   f) Je saute tous les mots que je ne connais pas.
   g) En général, je saute les mots que je ne connais pas, mais si le mot me bloque complètement, je le cherche dans le dictionnaire.
   h) En général, j'essaie de deviner le sens des mots que je ne connais pas.
   i) autre chose.
2. En général, relisez-vous un poème une deuxième fois? Si oui, le lisez-vous exactement de la même façon que la première fois? Expliquez.
3. Discutez en groupes, puis avec toute la classe, de vos stratégies. Croyez-vous qu'elles sont satisfaisantes? Avez-vous l'impression qu'elles pourraient être améliorées?
4. Décidez de vos stratégies pour la lecture du poème, *Le message*.

Le Message

La porte que quelqu'un a ouverte
La porte que quelqu'un a refermée
La chaise où quelqu'un s'est assis
Le chat que quelqu'un a caressé
5   Le fruit que quelqu'un a mordu
La lettre que quelqu'un a lue
La chaise que quelqu'un a renversée
La porte que quelqu'un a ouverte
La route où quelqu'un court encore
10   Le bois que quelqu'un traverse
La rivière où quelqu'un se jette
L'hôpital où quelqu'un est mort.

Jacques Prévert

Premières impressions

1. Le titre du poème pourrait indiquer plusieurs choses, entre autres:
   a) que le poème parle d'un message
   b) que le poème communique un message
   Laquelle de ces interprétations vous semble la plus juste? Expliquez votre choix.
2. Quel adjectif décrirait le mieux, à votre avis, ce poème?
   a) tragique
   b) gai
   c) sérieux
   d) triste
   e) ambigu
   f) autre chose
   Comparez votre perception à celles des autres étudiants.

Approfondissement

1. Si vous dites que le poème parle d'un message, répondez aux questions qui suivent.
   a) Qui donne le message?
   b) Qui reçoit le message?
   c) Qu'est-ce qu'il y a dans la lettre?
   d) Qui est mort? Pourquoi?
   e) Est-ce que «quelqu'un» désigne toujours la même personne dans le poème?
2. Si vous dites que le poème communique un message, dressez une liste des indices contenus dans le poème, et formulez ce message.

3. Si vous pensez que le poème a un autre thème central, développez vos arguments.
4. Êtes-vous toujours d'accord avec votre choix d'adjectif pour décrire le poème? Expliquez.

Discutez en classe des différentes interprétations proposées en 1, 2 et 3.

Questions de langue

1. *Travail de déduction*: Certains mots du poème peuvent vous être inconnus, ou vous sembler ambigus. En analysant les indices grammaticaux et sémantiques (reliés au sens), il est toutefois possible d'en deviner la signification.
   Exemple: Vers 2: *a refermée*
   Indices grammaticaux:
   • Il s'agit d'un *verbe*, au passé composé.
   • Le verbe contient le préfixe «re».
   Indices sémantiques:
   • Il s'agit d'une action faite à une porte.
   • Dans le premier vers, on a ouvert la porte (donc, la porte avait été fermée au départ).
   Hypothèse: a refermée veut dire «a fermé de nouveau».
   Essayez à votre tour de faire cette analyse.
   Vers 5: *a mordu*
   Vers 7: *a renversée*
   Vers 9: *encore*
   Vers 10: *traverse*
   Vers 11: *se jette*

2. *Ordre des éléments d'un énoncé*: Dans tous les vers du poème, le mot «quelqu'un» est le sujet du verbe. Il n'apparaît toutefois pas en début de phrase. Reformulez les vers en respectant l'ordre habituel des éléments: sujet/verbe/complément.
   Exemple: *Quelqu'un a ouvert la porte*
   Vous remarquerez que plusieurs éléments de la phrase doivent changer. Par exemple, en reformulant le premier vers, on doit remplacer «ouverte» par «ouvert».
   a) Pourquoi?
   b) Dans quels autres vers est-ce que cela se produit?
   c) Dans le texte original, quel est le mot qui apparaît dans chacun de ces vers? Pouvez-vous expliquer ce phénomène?

3. Dans votre version, vous avez dû ajouter un mot à certains vers.
   a) De quels vers s'agit-il?
   b) Quels mots avez-vous ajoutés?
   c) Ces mots sont-ils tous de la même catégorie grammaticale?

d) Quel est le mot qui se retrouve dans chacun de ces vers du texte original?

e) Comment expliquez-vous ce fait?

4. Substituez des noms propres de votre choix à l'expression «quelqu'un». Discutez du «message» qui en résulte.

Projet

Vous êtes journaliste. Écrivez un court article qui explique «ce qui s'est passé». (Inventez les détails nécessaires.) Comparez ensuite vos versions.

Deux poèmes sur l'automne

Anticipation

1. *Jeu d'associations*: Qu'est-ce que l'automne évoque pour vous? (Écrivez au tableau noir tous les mots et expressions proposés.)
2. Travaillez en groupes. Classez ces mots et expressions en groupes thématiques, puis donnez un titre à chaque catégorie.
3. Comparez les catégories proposées par chacun des groupes. Essayez de comprendre les différentes associations d'idées. Posez des questions jusqu'à ce que vous compreniez la perspective des autres.

Chanson d'automne

Paul Verlaine

Les sanglots longs
Des violons
  De l'automne
Blessent mon cœur
5 D'une langueur
  Monotone.

Tout suffocant
Et blême, quand
  Sonne l'heure
10 Je me souviens
Des jours anciens
  Et je pleure,

Et je m'en vais
Au vent mauvais
15 Qui m'emporte
Deçà, delà,
Pareil à la
  Feuille morte.

Premières impressions

Quelle est votre réaction immédiate à ce poème (quelles idées, quels sentiments évoque-t-il)?

Approfondissement

1. Quels adjectifs décrivent l'humeur du personnage du poème? Discutez des différents adjectifs proposés en essayant de comprendre le point de vue des autres.
2. Y a-t-il des similarités entre les associations que vous avez faites et le contenu du poème?
3. Apportez en classe un enregistrement d'un morceau de musique qui vous semble bien accompagner ce poème, et expliquez pourquoi vous l'avez choisi. Si plusieurs d'entre vous apportent un enregistrement, discutez des différences entre les morceaux choisis.

Questions de langue

1. En général, le sujet est placé avant le verbe en français. Au vers 9 cependant, le verbe précède le sujet («Sonne l'heure»). Pourquoi est-ce le cas, à votre avis?
2. Combien de phrases y a-t-il dans ce poème? Pourquoi, à votre avis, est-ce que la troisième strophe n'est pas une nouvelle phrase?
3. Écoutez votre professeur lire le poème, et comptez les syllabes dans chaque vers. Y a-t-il un rythme particulier? Certains mots doivent-ils être prononcés différemment de la normale? Si oui, lesquels? Pourquoi est-ce le cas, à votre avis?
4. Discutez des sons et du système des rimes. Voyez-vous un rapport entre les sons et les sentiments évoqués?

Projets

1. Préparez une lecture orale de ce poème en prenant soin d'exprimer votre interprétation par l'intonation, le rythme, les pauses, etc. Comparez les différentes interprétations proposées par les étudiants.
2. Écrivez un poème ou un court texte qui exprime vos attitudes et sentiments envers l'automne. (Vous pouvez en faire un travail de groupe, un poème collectif.)

Chanson des escargots qui vont à l'enterrement

Jacques Prévert

À l'enterrement d'une feuille morte
Deux escargots s'en vont
Ils ont la coquille noire
Du crêpe autour des cornes
5   Ils s'en vont dans le soir
Un très beau soir d'automne
Hélas quand ils arrivent
C'est déjà le printemps
Les feuilles qui étaient mortes
10   Sont toutes ressuscitées
Et les deux escargots
Sont très désappointés
Mais voilà le soleil
Le soleil qui leur dit
15   Prenez prenez la peine
La peine de vous asseoir
Prenez un verre de bière
Si le cœur vous en dit
Prenez si ça vous plaît
20   L'autocar pour Paris
Il partira ce soir
Vous verrez du pays
Mais ne prenez pas le deuil
C'est moi qui vous le dis
25   Ça noircit le blanc de l'œil
Et puis ça enlaidit
Les histoires de cercueils
C'est triste et pas joli
Reprenez vos couleurs
30   Les couleurs de la vie
Alors toutes les bêtes
Les arbres et les plantes
Se mettent à chanter
À chanter à tue-tête
35   La vraie chanson vivante
La chanson de l'été
Et tout le monde de boire
Tout le monde de trinquer
C'est un très joli soir
40   Un joli soir d'été
Et les deux escargots
S'en retournent chez eux

Ils s'en vont très émus·
Ils s'en vont très heureux
45   Comme ils ont beaucoup bu
Ils titubent un p'tit peu
Mais là-haut dans le ciel
La lune veille sur eux.

Premières impressions

Exprimez en une phrase ce qui vous semble être le thème principal du poème. Discutez de vos formulations en groupes: justifiez votre réponse et essayez de comprendre celle des autres.

Approfondissement

1. Choisissez, parmi les réponses proposées aux questions suivantes, celle qui vous semble la meilleure. Préparez-vous à expliquer pourquoi vous avez fait ce choix.
   a) Pourquoi les escargots sont-ils en deuil?
      i) parce qu'une feuille est morte
      ii) parce que l'automne les déprime
      iii) parce que toute la nature est morte
      iv) autre chose
   b) Qu'est-ce que le soleil répresente?
      i) l'été
      ii) la vie
      iii) la joie
      iv) autre chose
   c) Pourquoi est-ce que tout le monde boit?
      i) pour oublier la misère
      ii) pour fêter la vie
      iii) pour encourager les escargots
      iv) autre chose
2. Même si le poème ne contient qu'une strophe, présente-t-il, à votre avis, différentes parties, différents mouvements? Si oui, quelles sont ces parties? Si vous pensez qu'il n'y en a pas, justifiez votre réponse.
3. Apportez en classe un enregistrement d'un morceau de musique qui vous semble bien accompagner ce poème, et expliquez pourquoi vous l'avez choisi. Si plusieurs d'entre vous apportent un enregistrement, discutez des différences entre les morceaux choisis.

Questions de langue

Étudiez le contexte des expressions suivantes, et choisissez parmi les synonymes proposés celui ou ceux qui conviennent.

Vers 18: «Si le cœur vous en dit»
   a) si vos émotions vous l'indiquent
   b) si vous en avez envie
   c) si vous en avez besoin
   d) si cela vous chante
   e) si vous le voulez

Vers 34: «à tue-tête»
   a) très fort
   b) si fort que cela donne mal à la tête
   c) doucement

Vers 37-38: «Et tout le monde *de boire*, tout le monde *de trinquer*»
   a) boira/trinquera
   b) avait bu/avait trinqué
   c) boit/trinque

Vers 45: «*Comme* ils ont beaucoup bu»
   a) en tant que
   b) de la manière dont
   c) puisque

Vers 46: «Ils titubent un p'tit peu»
   a) Ils rient un petit peu.
   b) Ils ne marchent pas bien droit.
   c) Ils ont un peu mal à la tête.

Questions de discussion

1. Quelles vous semblent être les similarités et les différences entre ces deux poèmes du point de vue:
   a) de la structure? b) du ton? c) du thème? d) de la langue?

2. *Chanson d'automne* date de 1866, et *Chanson des escargots qui vont à l'enterrement* de 1946. Est-ce que le premier vous semble appartenir à une époque lointaine? Est-ce que le deuxième vous semble très «moderne»?

Projet

Écrivez un texte sur une saison autre que l'automne (sous forme de poème si vous le voulez). Essayez de communiquer dans votre texte ce que cette saison représente pour vous.

Marcel rencontre Lili des Bellons

Marcel Pagnol

Anticipation

Marcel Pagnol est né en 1896 à Aubagne, petite ville de Haute Provence. Il est mort à Paris en 1974. Après des études supérieures en anglais, Marcel Pagnol se consacre à l'écriture de pièces de théâtre, scénarios de films et des souvenirs d'enfance. En 1947, Marcel Pagnol devient membre de l'Académie française.

Devenu parisien par obligation professionnelle, Marcel Pagnol est demeuré provençal de cœur. Toute son œuvre reflète son attachement et son amour pour sa Provence natale.

La Provence est située dans le quart Sud-Est de la France. Cette région est réputée pour son climat très doux, la luminosité exceptionnelle de son ciel qui a inspiré de nombreux peintres (Cézanne, par exemple) et la beauté de ses paysages. On peut distinguer deux régions: l'intérieur ou haute Provence (région de collines et de végétation odoriférante) et la partie côtière connue sous le nom de Côte d'Azur. Le texte présenté est extrait de *Le château de ma mère*, deuxième volet des souvenirs d'enfance de Marcel Pagnol publié en 1957 — c'était une enfance heureuse marquée par d'importantes rencontres dont celle de Lili des Bellons.

Les collines qui dominent Aubagne sont le paradis du gibier, des chasseurs et des braconniers. Le jeune Marcel, promu *«rabatteur[1] et chien rapporteur[2]»* pour le compte de son père et de son oncle, rencontre Lili qui va devenir son meilleur ami.

---

[1] chasseur
[2] chien de chasse

Marcel rencontre Lili des Bellons

Un matin, vers neuf heures, je trottais légèrement sur le plateau qui domine le Puits du Mûrier.

Au fond du vallon, l'oncle était à l'affût dans un grand lierre, et mon père se cachait derrière un rideau de clématites, sous une *yeuse*[3], à flanc de coteau.

5   Avec un long bâton de *cade*[4], ce bois si dur qui paraît tendre dans la main, parce qu'il est onctueux et lisse, je battais les touffes d'argéras, mais les perdrix n'étaient pas là, ni le lièvre volant de la Baume-Sourne.

Cependant, je faisais consciencieusement mon métier de chien, lorsque je remarquai au bord de la barre, une sorte de *stèle*[5] faite de cinq ou six grosses
10   pierres entassées par la main de l'homme. Je m'approchai, et je vis, au pied de la stèle, un oiseau mort.   Son cou était serré entre les deux arceaux de laiton d'un piège à ressort.

L'oiseau était plus gros qu'une grive il avait un joli plumet sur la tête. Je me baissais pour le ramasser, lorsqu'une voix fraîche cria derrière moi:
15   «Hé! l'ami!»

Je vis un garçon de mon âge, qui me regardait sévèrement. «Il ne faut pas toucher les pièges des autres, dit-il. Un piège, c'est sacré!»

— Je n'allais pas le prendre, dis-je. Je voulais voir l'oiseau.

Il s'approcha: c'était un petit paysan. Il était brun, avec un fin visage
20   provençal, des yeux noirs, et de longs cils de fille. Il portait, sous un vieux gilet de laine grise, une chemise brune à manches longues qu'il avait roulées jusqu'au-dessus des coudes, une culotte courte et des espadrilles de corde comme les miennes, mais il n'avait pas de chaussettes.

«Quand on trouve un gibier dans un piège, dit-il, on a le droit de le
25   prendre, mais il faut retendre le piège, et le remettre à sa place.»

Il dégagea l'oiseau, et dit:

«C'est une *bédouïde*[6].»

Il le mit dans sa musette, et prit dans la poche de son gilet un petit tube de roseau que fermait un bouchon mal taillé; puis, il en fit couler dans sa main
30   gauche une grosse fourmi ailée. Avec une dextérité que j'admirai, il reboucha le tube, saisit la fourmi entre le pouce et l'index de la main droite, tandis que, par une légère pression, sa main gauche forçait à s'ouvrir les extrémités de la petite pince en fil de métal qui était attachée au centre de l'engin. Ces extrémités étaient recourbées en demi-cercle, et formaient, en se refermant, un
35   minuscule anneau. Il y plaça la fine taille de la fourmi, qui resta ainsi captive; les racines de ses ailes l'empêchaient de reculer, et son gros ventre d'avancer. Je demandai:

«Où c'est que tu prends ces fourmis?»

---

[3] type de chêne (mot provençal)
[4] genévrier (mot provençal)
[5] monument formé d'une pierre placée debout
[6] espèce d'alouette

— Ça, dit-il, c'est des «aludes». Il y en a dans toutes les fourmilières, mais elles
40 ne sortent jamais. Il faut creuser plus d'un mètre avec une pioche: ou alors, il
faut attendre la première pluie du mois de septembre. Dès que le soleil revient,
elles s'envolent d'un seul coup... En mettant un sac mouillé sur le trou, c'est
facile...»

Il avait retendu le piège, et il le replaça au pied de la stèle. Très vivement
45 intéressé, je regardai l'opération, et j'en notai tous les détails. Il se releva enfin,
et me demanda:

«Qui tu es?»

Pour me donner confiance, il ajouta:

«Moi, je suis Lili, des Bellons.

50 — Moi aussi, dis-je, je suis des Bellons.»

Il se mit à rire:

«Oh! que non, tu n'es pas des Bellons. Tu es de la ville. C'est pas toi,
Marcel?

— Oui, dis-je flatté. Tu me connais?

55 Je t'avais jamais vu, dit-il. Mais c'est mon père qui vous a porté les
meubles. Ça fait qu'il m'a parlé de toi. Ton père, c'est le calibre douze, celui
des *bartavelles*[7]?»

Je fus ému de fierté.

«Oui, dis-je. C'est lui.»

60 — Tu me raconteras?

— Quoi?

— Les bartavelles. Tu me diras où c'était, comment il a fait, et tout le reste?

— Oh! oui...

— Tout à l'heure, dit-il, quand j'aurai fini ma tournée. Quel âge tu as?

65 — Neuf ans.

— Moi, j'ai huit ans, dit-il. Tu mets des pièges?

— Non. Je ne saurais pas.

— Si tu veux, je t'apprendrai.

— Oh oui! dis-je avec enthousiasme.

70 — Viens: je fais la tournée des miens.

— Je ne peux pas maintenant. Je fais la battue pour mon père et mon oncle: ils
sont cachés en bas du vallon. Il faut que je leur envoie les perdreaux.

— Les perdreaux, ça ne sera pas aujourd'hui... Ici, d'habitude, il y en a trois
compagnies. Mais ce matin, les bûcherons sont passés et ils leur ont fait peur.
75 Deux compagnies sont parties vers La Garette et la troisième est descendue sur
Passe-Temps... Nous pourrons peut-être leur envoyer la grosse lièvre; elle doit
être par là: j'ai vu un pétoulié. (Il voulait dire une nappe de crottes.)

Nous commençâmes donc la tournée des pièges, tout en battant les
broussailles. Mon nouvel ami ramassa plusieurs culs-blancs, que les Français
80 appellent «*motteaux*»[8], encore deux bedouïdes (il m'expliqua que c'était un
«genre d'alouette») et trois «darnagas».

---

7 perdrix
8 petit oiseau

114

«Les gens de la ville leur disent *«bec croisé»*[9]. Mais nous on leur dit *«darnagas»*[10] parce que c'est un oiseau imbécile... S'il y en a un seul dans le pays, et un seul piège, tu peux être sûr que le darnagas trouvera le piège, et
85 qu'il se fera étrangler. Tiens! Encore un couillon de *limbert*[11].»

Il courut vers une autre stèle et ramassa un magnifique lézard. Il était d'un vert éclatant, semé sur les flancs de très petits points d'or, et, sur le dos de *lunules*[12] bleues, d'un bleu pastel. Lili dégagea ce beau cadavre, et le jeta dans les buissons, où je courus le ramasser.

90 «Tu me le donnes?»

Il se mit à rire.

«Et qu'est-ce que tu veux que j'en fasse?... On dit que les anciens les mangeaient. Mais nous, on ne mange pas les bêtes froides. Je suis sûr que ça empoisonne...»

95 Je mis le beau lézard dans ma musette, mais je le jetai dix mètres plus loin, car le piège suivant en avait pris un autre, qui était presque aussi long que mon bras, et encore plus brillant que le premier. Lili proféra quelques jurons en provençal, et supplia la Sainte Vierge de le protéger contre ces «limberts».

«Mais pourquoi? dis-je.

100 — Tu ne vois pas qu'ils me bouchent mes pièges? Quand un lézard est pris, un oiseau ne peut plus se prendre, et ça fait un piège de moins!»

Ce fut ensuite le tour des rats. Ils avaient «bouché» deux pièges. Lili se fâcha de nouveau, puis il ajouta:

«Ceux-là, mon grand-père en faisait des civets. C'est des bêtes propres, ça
105 vit au grand air, ça mange des glands, des racines, des prunelles... Au fond, c'est aussi propre qu'un lapin. Seulement, c'est des rats, et alors...»

Il fit une petite moue de dégoût.

Les derniers engins avaient pris quatre darnagas, et une pie.

«Ho ho! s'écria Lili. Une *agasse*[13]! Qu'est-ce qu'elle est venue faire ici? Et elle
110 se prend à un piège tout nu! Ça devait être la fadade de sa famille parce que...»

Il s'arrêta net, mit un doigt sur sa bouche, puis désigna au loin un fourré d'*argéras*[14].

«Il y a quelque chose qui bouge là-dedans. Faisons le tour, et pas de bruit.»

Il s'élança d'un pas souple et muet, comme un vrai Comanche qu'il était
115 sans le savoir. Je le suivis. Mais il me fit signe de décrire un arc de cercle plus grand, sur la gauche. Il marchait dans la direction des argéras, sans se presser, mais je courus pour exécuter la manœuvre d'encerclement.

À dix pas, il lança une pierre, et sauta en l'air à plusieurs reprises, les bras écartés, en poussant des cris sauvages. Je l'imitai. Tout à coup, il s'élança: je vis
120 sortir du fourré un lièvre énorme, qui bondissait les oreilles droites, si grand qu'on voyait le jour sous son ventre... Je réussis à couper sa route: il obliqua

---

[9] stupide
[10] autre espèce d'alouette
[11] petit lézard (mot provençal)
[12] ayant la forme d'un croissant
[13] petit oiseau
[14] plante ayant une belle odeur (mot provençal)

vers la barre, et plongea dans une cheminée. Accourus au bord du plateau, nous le vîmes descendre tout droit et filer sous les fourrés du vallon: nous attendîmes le cœur battant. Deux détonations retentirent coup sur coup. Puis
125 deux autres.

«Le douze a tiré le second, dit Lili. On va les aider à trouver le lièvre.»

Lili descendit, avec l'aisance d'un singe, par la cheminée.

«Ça a l'air d'un mauvais passage, dit-il. Mais c'est aussi bon qu'un escalier.»

Je le suivis. Il parut apprécier mon agilité en fin connaisseur.

130 «Pour quelqu'un de la ville, tu te débrouilles bien.»

Marcel Pagnol

Premières impressions

1. Relevez les éléments descriptifs de la campagne de Haute Provence (paysage, végétation, etc.).
2. Revoyez les lignes 19-23. Décrivez Lili, le petit paysan, avec quelques adjectifs de votre choix.
3. Pourquoi Marcel, le petit citadin, admire-t-il Lili? Trouvez des exemples précis dans le texte.
4. Comment se développe la relation entre les deux enfants?
    Expliquez la dernière phrase: «Pour quelqu'un de la ville, tu te débrouilles bien». Imaginez la réaction de Marcel.

Approfondissement

1. Marcel Pagnol est un remarquable conteur. Comment le récit est-il construit? Comment l'auteur parvient-il à maintenir l'intérêt du lecteur? Donnez des exemples précis.
2. Les enfants occupent une place importante dans l'œuvre de Marcel Pagnol. Montrez comment Marcel Pagnol présente les deux «héros» de l'histoire: le petit citadin, le petit paysan.

Questions de langue

1. Le récit emploie des temps du passé (l'imparfait, le passé simple, le plus-que-parfait). Étudiez les lignes 19-36 et analysez l'emploi des temps.
2. Expliquez les mots et expressions suivants:
    Ligne 3: être à l'affût
    Ligne 12: un piège à ressort
    Ligne 22: des espadrilles de corde
    Ligne 56: le calibre douze
    Ligne 80: les broussailles
    Ligne 108: une petite moue de dégoût
    Ligne 115: comme un vrai Comanche

3. Le français moderne a une grande dette envers le provençal, la langue raffinée des troubadours du Moyen-Age. De nombreux mots du français contemporain sont empruntés au provençal. Dans le tableau ci-dessous, choisissez une dizaine de mots dont vous chercherez le sens exact dans le dictionnaire unilingue. (Vous pourrez aussi consulter le dictionnaire des mots d'origine étrangère de Larousse.)

Mots venus du provençal

abeille	cigale	nougat
accolade	croustiller	olive
aigle	datte	pagaille
aigrette	daurade	poupe
ailloli	donzelle	racler
aubade	fadat	rossignol
amour	falaise	sardine
ballade	farandole	terrasse
bourdaine	foulard	thon
boutique	frousse	truc
broc	gibier	velours
cabas	grotte	zigouiller
cabestan	langouste	

Le provençal est une langue, c'est-à-dire un langage commun à un groupe et ayant une expression orale et écrite. À titre d'exemple, voici la première strophe de *Magali*, un des plus célèbres textes écrits en provençal. À gauche, vous trouverez le texte en provençal et à droite, la version en français contemporain. L'auteur de *Magali* est Frédéric Mistral (1830-1914), considéré comme le plus grand poète provençal.

Magali

O Magali, ma tant amado,	O Magali, ma bien-aimée,
Mete la tèsto au fenestroun!	Mets ta tête à la fenêtre!
Escouto un pau aquesto aubado	Écoute un peu cette aubade
De tambourin et de viouloun.	De tambourins et de violons.
Ei plen d'estello, aperamount.	Le ciel est là-haut plein d'étoiles,
L'auro es tombado	Le vent est tombé,
Mais lis estello paliran,	Mais les étoiles pâliront
Quand te veiran!	En te voyant.

«Anthologie de la poésie occitaine» d'André Berry

Questions de discussion

1. a) Quel rôle semble jouer la chasse dans ce récit?
   b) Quel rôle joue la chasse dans votre région? Est-ce sujet à controverse?
2. Est-il préférable qu'un enfant grandisse en ville, à la campagne ou qu'il connaisse les deux? Expliquez.
3. Quels mots ou expressions régionaux connaissez-vous dans votre langue maternelle? Sont-ils un reflet important de la culture locale? Expliquez.

Projets

1. En vous inspirant du texte de Marcel Pagnol, composez un court récit intitulé «Souvenir d'enfance».
2. Vous avez grandi «à la ville» et avez fait un séjour à la campagne pendant les vacances, ou vice-versa, vous êtes originaire d'un petit village que vous avez dû quitter pour continuer vos études. Précisez les différences dans les habitudes quotidiennes, le rythme de vie que vous avez constatées entre la vie citadine et la vie à la campagne.

La Mère Noël
Michel Tournier

Anticipation

Michel Tournier (né en 1924) est un écrivain français. Après avoir fait des études de lettres et de philosophie, il a travaillé pour la maison d'édition Plon pendant dix ans comme chef du service littéraire. Il a donc commencé à écrire un peu tardivement (son premier roman, *Vendredi ou les limbes du Pacifique*, a été publié en 1967). Son succès n'a pas tardé, cependant. Ce premier ouvrage lui a mérité le prix du roman de l'Académie française, et un roman subséquent (*Le roi des aulnes*) a remporté le prix Goncourt en 1970.

Le récit que vous allez lire, *La Mère Noël*, fait partie de son recueil de contes, *Le coq de bruyère* (1978).

Qu'est-ce que le titre de ce conte évoque pour vous?

La Mère Noël

Le village de Pouldreuzic allait-il connaître une période de paix? Depuis des lustres, il était déchiré par l'opposition des cléricaux et des radicaux, de l'école libre des Frères et de la communale laïque, du curé et de l'instituteur. Les hostilités qui empruntaient les couleurs des saisons viraient à l'enluminure
5 légendaire avec les fêtes de fin d'année. La messe de minuit avait lieu pour des raisons pratiques le 24 décembre à six heures du soir. À la même heure, l'instituteur, déguisé en Père Noël, distribuait des jouets aux élèves de l'école laïque. Ainsi le Père Noël devenait-il par ses soins un héros païen, radical et anticlérical, et le curé lui opposait le Petit Jésus de sa crèche vivante — célèbre
10 dans tout le canton — comme on jette une ondée d'eau bénite à la face du Diable.

Oui, Pouldreuzic allait-il connaître une trêve? C'est que l'instituteur, ayant pris sa retraite, avait été remplacé par une institutrice étrangère au pays, et tout le monde l'observait pour savoir de quel bois elle était faite. Mme Oiselin,
15 mère de deux enfants—dont un bébé de trois mois—était divorcée, ce qui paraissait un gage de fidélité laïque. Mais le parti clérical triompha dès le premier dimanche, lorsqu'on vit la nouvelle maîtresse faire une entrée remarquée à l'église.

Les dés paraissaient jetés. Il n'y aurait plus d'arbre de Noël sacrilège à
20 l'heure de la messe de «minuit», et le curé resterait seul maître du terrain. Aussi la surprise fut-elle grande quand Mme Oiselin annonça à ses écoliers que rien ne serait changé à la tradition, et que le Père Noël distribuerait ses cadeaux à l'heure habituelle. Quel jeu jouait-elle? Et qui allait tenir le rôle du Père Noël? Le facteur et le garde champêtre, auxquels tout le monde songeait en raison de
25 leurs opinions socialistes, affirmaient n'être au courant de rien. L'étonnement fut à son comble quand on apprit que Mme Oiselin prêtait son bébé au curé pour faire le Petit Jésus de sa crèche vivante.

Au début tout alla bien. Le petit Oiselin dormait à poings fermés quand les fidèles défilèrent devant la crèche, les yeux affûtés par la curiosité. Le bœuf et
30 l'âne—un vrai boeuf, un vrai âne—paraissaient attendris devant le bébé laïque si miraculeusement métamorphosé en Sauveur.

Malheureusement il commença à s'agiter dès l'Évangile, et ses hurlements éclatèrent au moment où le curé montait en chaire. Jamais on n'avait entendu une voix de bébé aussi éclatante. En vain la fillette qui jouait la Vierge Marie le
35 berça-t-elle contre sa maigre poitrine. Le marmot, rouge de colère, trépignant des bras et des jambes, faisait retentir les voûtes de l'église de ses cris furieux, et le curé ne pouvait placer un mot.

Finalement il appela l'un des enfants de chœur et lui glissa un ordre à l'oreille. Sans quitter son surplis, le jeune garçon sortit, et on entendit le bruit
40 de ses galoches décroître au-dehors.

Quelques minutes plus tard, la moitié cléricale du village, tout entière réunie dans la nef, eut une vision inouïe qui s'inscrivit à tout jamais dans la légende dorée du Pays bigouden[1]. On vit le Père Noël en personne faire irruption dans l'église. Il se dirigea à grands pas vers la crèche. Puis il écarta sa
45 grande barbe de coton blanc, il déboutonna sa houppelande rouge et tendit un sein généreux au Petit Jésus soudain apaisé.

Michel Tournier

Premières impressions

Que répondriez-vous à la question «Le village de Pouldreuzic allait-il connaître une période de paix?»

---

[1] région en Bretagne

Approfondissement

1. Quelles sortes de personnes appartiennent à chaque camp du village de Pouldreuzic? (Qui sont les «cléricaux»? les «radicaux»?)
2. Pourquoi la fête de Noël symbolise-t-elle l'opposition entre les deux camps?
3. Quelles indications font croire à une possibilité de «paix» entre les deux groupes?
4. Est-ce que Mme Oiselin s'est rangée du côté des «cléricaux» ou des «radicaux»?
5. Qu'est-ce qu'il y a d'insolite dans la dernière scène du récit?

Questions de langue

Après en avoir étudié le contexte, proposez une paraphrase des expressions en italique. Ensuite, comparez vos formulations; il y a sans doute plusieurs possibilités de réponse.

Lignes 1-2: «*Depuis des lustres*, il était»

Lignes 3-4: «Les hostilités qui *empruntaient* les couleurs des saisons»

Ligne 5: «La messe de minuit *avait lieu*»

Ligne 12: «Oui, Pouldreuzic allait-il *connaître une trêve?*»

Lignes 13-14: «tout le monde l'observait pour savoir de quel bois elle était faite»

Lignes 15-16: «ce qui paraissait *un gage de fidélité laïque*»

Lignes 24-25: «auxquels tout le monde *songeait en raison de leurs opinions socialistes*»

Lignes 32-33: «*ses hurlements éclatèrent* au moment où le curé montait en chaire»

Lignes 34-35: «*En vain la fillette* [...] le berça-t-elle contre sa maigre poitrine.»

Ligne 42: «eut *une vision inouïe qui s'inscrivit à tout jamais*»

Ligne 44: «Il *se dirigea à grands pas* vers la crèche.»

Questions de discussion

1. Imaginez la réaction des villageois lorsque Mme Oiselin (mère de deux enfants, divorcée) est arrivée au village. Qu'est-ce que les «cléricaux» en pensaient? Les «radicaux»?
2. Comment imaginez-vous le personnage de Mme Oiselin (apparence physique, âge, idées, etc.)?
3. Comment imaginez-vous la réaction des gens à l'église durant la dernière scène?
4. Est-ce que l'un ou l'autre camp au village a connu une victoire, à votre avis? Est-ce qu'il y a eu, au contraire, un compromis? une réconciliation?

5. Pourrait-on qualifier ce récit de «féministe», à votre avis? Expliquez.
6. Existe-t-il, dans votre région, un conflit entre les communautés cléricale et laïque? Comment se manifeste-t-il?
7. Est-ce que la tradition du père Noël est contraire à la pratique chrétienne, à votre avis?
8. Est-ce que la crèche de Noël est une tradition chez vous? Si oui, s'agit-il d'une crèche vivante, ou d'une crèche de figures inanimées? Où voit-on ces crèches? (À l'église seulement? dans les maisons individuelles?)
9. Dans quelle mesure la religion devrait-elle être enseignée à l'école, à votre avis?

Projets

1. Trouvez l'origine de la tradition du père Noël, et donnez les détails de cette tradition dans quelques pays différents.
2. Choisissez une autre fête religieuse et décrivez-la.

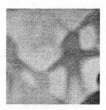

La Montagne

Jean Ferrat

Anticipation

Jean Ferrat est un chanteur français très aimé et respecté. En plus des nombreuses chansons d'amour qu'il a créées, Ferrat est connu comme chanteur «engagé»: chanteur qui soulève des problèmes sociaux de son époque.

Étudiez le titre «La montagne», et les trois premiers vers:

Ils quittent un à un le pays,
Pour s'en aller gagner leur vie,
Loin de la terre où ils sont nés.

Pouvez-vous déjà identifer le thème de la chanson? S'agira-t-il d'une chanson d'amour ou bien d'une chanson engagée? Expliquez.

La Montagne

Ils quittent un à un le pays,
Pour s'en aller gagner leur vie,
Loin de la terre où ils sont nés.
Depuis longtemps ils en rêvaient,
5   De la ville et de ses secrets,
Du formica et du ciné.
Les vieux, ce n'était pas original,
Quand ils s'essuyaient, machinal,
D'un revers de manche les lèvres.
10   Mais ils savaient tous à propos,
Tuer la caille ou le perdreau,
Et manger la tomme de chèvre.

(Refrain)

Pourtant, que la montagne est belle,
Comment peut-on s'imaginer,
En voyant un vol d'hirondelles,
15 Que l'automne vient d'arriver?

Avec leurs mains dessus leur tête,
Ils avaient monté des murettes,
Jusqu'au sommet de la colline.
Qu'importe les jours, les années,
20 Ils avaient tous l'âme bien née,
Noueuse comme un pied de vigne.
Les vignes, elles courent dans la forêt,
Le vin ne sera plus tiré,
C'était une horrible piquette.
25 Mais il faisait des centenaires,
À ne plus savoir que faire,
S'il ne vous tournait pas la tête.

(Refrain)

Deux chèvres, et puis quelques moutons,
Une année bonne et l'autre non,
30 Et sans vacances et sans sorties.
Les filles veulent aller au bal,
Il n'y a rien de plus normal,
Que de vouloir vivre sa vie.
Leur vie, ils seront flics ou fonctionnaires,
De quoi attendre sans s'en faire,
35 Que l'heure de la retraite sonne.
Il faut savoir ce que l'on aime,
Et rentrer dans son H.L.M.[1],
Manger du poulet aux hormones.

40 *(Refrain)*

Jean Ferrat

Premières impressions

L'exode des jeunes de la campagne vers la ville est-il présenté comme un phénomène positif ou négatif? Identifiez deux ou trois éléments de la chanson pour appuyer cette première impression.

---

[1] H.L.M. = habitation à loyer modéré: ce sont des logements subventionnés par l'état, à l'intention des personnes à revenue modeste

Approfondissement

1. Faites la description de la campagne quittée par les jeunes. Est-ce une région prospère? pauvre? Pourquoi les jeunes voudraient-ils s'en éloigner? Indiquez les indices qui soutiennent votre point de vue.
2. Quels sont les attraits de la ville présentés dans cette chanson? Faites un portrait de la ville telle que présentée ici, en mentionnant les aspects positifs et négatifs.
3. Dans le refrain, «le vol d'hirondelles» et «l'hiver» peuvent être interprêtés littéralement ou symboliquement. Discutez de quelques interprétations possibles.

Questions de langue

1. Les verbes de mouvement sont souvent suivis d'un verbe à l'infinitif, par exemple: vers 2: «...s'en aller gagner leur vie...». Trouvez-en un autre exemple dans la troisième strophe. Ensuite, composez cinq phrases originales en combinant les éléments des deux colonnes suivantes:

sortir	acheter
venir	vivre
aller	se reposer
courir	travailler
partir	manger

   Exemple: Je sors manger au restaurant ce soir.

2. Les verbes *vouloir, pouvoir, savoir, falloir (il faut)* sont également suivis d'un verbe à l'infinitif. Trouvez-en des exemples dans le texte. Ensuite, composez une phrase originale avec chacun des verbes (+ infinitif), en développant le thème de la chanson.
3. Étudiez les vers suivants:

   Il n'y a rien de plus normal
   Que de vouloir vivre sa vie.

   Créez deux phrases originales, en rapport avec le thème de la chanson, en suivant cette construction:

   Il n'y a rien de plus + adjectif + que de + verbe à l'infinitif

Questions de discussion

1. L'exode des jeunes de la campagne vers la ville est-il un phénomène dans votre région? Pourquoi les jeunes quittent-ils la campagne? Trouvent-ils ce dont ils rêvent en ville? Est-ce un phénomène positif ou négatif pour ces jeunes? pour l'économie rurale? pour l'économie des villes? Expliquez.
2. Aimeriez-vous vivre dans la région montagneuse décrite dans cette chanson? Pourquoi ou pourquoi pas?

Projets

1. À l'aide d'un atlas, essayez de déterminer quelle(s) région(s) de France pourraient être décrite(s) dans cette chanson. Faites d'abord une liste des indices qui peuvent vous aider — par exemple, nous savons qu'il s'agit d'une région montagneuse.
2. Composez une lettre qui représente le point de vue soit d'une jeune personne partie à la ville, soit d'une vieille personne restée à la campagne. À vous de décider les informations et sentiments à communiquer.

Le Plat Pays

Jacques Brel

Anticipation

La Belgique est un petit pays (superficie : 30 513 kilomètres carrés) qui possède trois langues officielles : le néerlandais, le français et l'allemand. La coexistence de ces trois langues officielles reflète la diversité ethnique de ce pays, devenu un état indépendant en 1831.

Jacques Brel (1931-1978) est né à Bruxelles de parents flamands. «Plat pays» par excellence, la Flandre est traversée par de nombreux canaux et divisée en deux par l'Escaut.

Le Plat Pays

Avec la mer du Nord pour dernier terrain vague
Et des vagues de dunes pour arrêter les vagues
Et de vagues rochers que les marées dépassent
Et qui ont à jamais le cœur à marée basse
5 Avec infiniment de brume à venir
Avec le vent de l'est écoutez-le tenir
Le plat pays qui est le mien

Avec des cathédrales pour uniques montagnes
Et de noirs clochers comme mâts de cocagne
Où des diables en pierre décrochent les nuages
Avec le fil des jours pour unique voyage
Et des chemins de pluie pour unique bonsoir
Avec le vent d'ouest écoutez-le vouloir
Le plat pays qui est le mien.

10

Avec un ciel si bas qu'un canal s'est perdu
Avec un ciel si bas qu'il fait l'humilité
Avec un ciel si gris qu'un canal s'est pendu
Avec un ciel si gris qu'il faut lui pardonner
Avec le vent du nord qui vient s'écarteler
15   Avec le vent du nord écoutez-le craquer
Le plat pays qui est le mien

Avec de l'Italie qui descendrait l'Escaut
Avec Frida la blonde quand elle devient Margot
20   Quand les fils de novembre nous reviennent en mai
Quand la plaine est fumante et tremble sous juillet
Quand le vent est au rire quand le vent est au blé
Quand le vent est au sud écoutez-le chanter
Le plat pays qui est le mien.

25   *Jacques Brel*

Premières impressions

1. Lisez le poème à haute voix. Écoutez, si possible, la version chantée.
   Quelle impression du pays est communiquée?
2. Pourquoi l'adjectif «plat» est-il placé avant le nom «pays»?
   Quel est l'effet produit par la répétition (anaphore) du titre «Le plat pays
   qui est le mien» à la fin de chaque strophe?

Questions de détail

Expliquez les références culturelles suivantes:
1. «Avec la mer du Nord pour dernier terrain vague» (vers 1)
2. «Avec des cathédrales pour uniques montagnes» (vers 8)
3. «Où des diables en pierre décrochent les nuages» (vers 10)

Questions de langue

1. Précisez le sens de vague dans chacune des trois expressions:
   • terrain vague • des vagues de dunes • de vagues rochers
2. Étudiez la strophe trois (vers 15-21). Le ciel et le vent sont personnifiés. Quel est l'effet produit?
3. Les homonymes sont des mots dont la prononciation est très proche mais dont le sens est différent. Par exemple: vers 24: «Quand les fils de novembre...».

   mai: nom masculin, le cinquième mois de l'année
   mais: conjonction marquant l'opposition ou la transition
   mes: adjectif possessif, pluriel de *mon, ma*

En vous référant à l'exemple ci-dessus, indiquez la catégorie grammaticale et le sens des groupes d'homonymes suivants:

a - as - à	péché - pêcher
censé - sensé	plu - plus
cour - cours - court	pré- près - prêt
es - est - et	sale - salle
foi - fois - foie	saut - sot - seau - sceau
fond - font	sur - sûr
la - là - las	tache - tâche
maire - mère - mer	tant - temps - tend
maux - mot	vaut - veau - vaux
mur - mûr	vert - ver - vers - verre
ou - où	veut - veux - vœu
panser - penser	

Questions de discussion

1. Quels éléments physiques ou géographiques caractérisent votre région natale?
2. Quels éléments de la chanson de Brel vous donnent envie de visiter la Belgique? Expliquez.
3. Quels adjectifs décrivent la Belgique telle que présentée dans cette chanson? Choisissez des adjectifs autres que ceux dans le texte lui-même.

Projets

1. Écrivez un texte dans lequel vous essayez de capter l'essence de votre pays natal ou région natale. (Utilisez cette chanson comme modèle si vous le voulez.)

La Cantatrice chauve

Eugène Ionesco

ANTICIPATION

Eugène Ionesco est un auteur dramatique français dont le père était d'origine roumaine et la mère française. Il a passé les treize premières années de sa vie en France, puis il est partie vivre en Roumanie jusqu'à l'âge de 26 ans. Il y a été professeur de français.

Il fait partie d'un mouvement connu sous le nom de théâtre de l'absurde. Le dictionnaire définit absurde comme «contraire à la raison, au sens commun; qui viole les règles de la logique». Comme Ionesco a enseigné le français langue étrangère, il incorpore souvent dans ses pièces le dialogue plutôt absurde de certaines phrases que l'on retrouve dans les cours de langue («la plume de ma tante» ...). Ionesco donne comme sous-titre à la pièce *La Cantatrice chauve : anti-pièce*.

Compte tenu de ce qui précède, à quelles sortes d'absurdités vous attendez-vous dans cet extrait de *La Cantatrice chauve*?

La Cantatrice chauve

Scène II

Les Mêmes et Mary

Mary, entrant.—Je suis la bonne. J'ai passé un après-midi très agréable. J'ai été au cinéma avec un homme et j'ai vu un film avec des femmes. À la sortie du cinéma, nous sommes allés boire de l'eau-de-vie et du lait et puis on a lu le journal.

5   Mme Smith.—J'espère que vous avez passé un après-midi très agréable, que vous êtes allée au cinéma avec un homme et que vous avez bu de l'eau-de-vie et du lait.

M. Smith.—Et le journal!

Mary.—Mme et M. Martin, vos invités sont à la porte. Ils m'attendaient. Ils
10 n'osaient pas entrer tout seuls. Ils devaient dîner avec vous, ce soir.

Mme Smith.—Ah oui. Nous les attendions. Et on avait faim. Comme on ne
les voyait plus venir, on allait manger sans eux. On n'a rien mangé, de toute la
journée. Vous n'auriez pas dû vous absenter!

Mary.—C'est vous qui m'avez donné la permission.

15 M. Smith.—On ne l'a pas fait exprès!

Mary, *éclate de rire. Puis, elle pleure. Elle sourit.*—Je me suis acheté un pot de
chambre.

Mme Smith.—Ma chère Mary, veuillez ouvrir la porte et faites entrer M. et
Mme Martin, s'il vous plaît. Nous allons vite nous habiller.

20 Mme et M. Smith *sortent à droite. Mary ouvre la porte à gauche par laquelle
entrent M. et Mme Martin.*

Scène III
Mary, Les Époux Martin

Mary.—Pourquoi êtes-vous venus si tard! Vous n'êtes pas polis. Il faut venir à
25 l'heure. Compris? Asseyez-vous quand même là, et attendez, maintenant.
Elle sort.

Scène IV
Les Mêmes, Moins Mary

M. Martin (*le dialogue qui suit doit être dit d'une voix traînante, monotone, un peu
chantante, nullement nuancée*)[1].—Mes excuses, Madame, mais il me semble, si je
ne me trompe, que je vous ai déjà rencontrée quelque part.

30 Mme Martin.—À moi aussi, Monsieur, il me semble que je vous ai déjà
recontré quelque part.

M. Martin.—Ne vous aurais-je pas déjà aperçue, Madame, à Manchester, par
hasard?

Mme Martin.—C'est très possible. Moi, je suis originaire de la ville de
35 Manchester! Mais je ne me souviens pas très bien, Monsieur, je ne pourrais pas
dire si je vous y ai aperçu, ou non!

M. Martin.— Mon Dieu, comme c'est curieux! Moi aussi je suis originaire de
la ville de Manchester, Madame!

Mme Martin.—Comme c'est curieux!

40 M. Martin.—Comme c'est curieux! . . . Seulement, moi, Madame, j'ai quitté
la ville de Manchester, il y a cinq semaines, environ[2].

Mme Martin.—Comme c'est curieux! quelle bizarre coïncidence! Moi aussi,
Monsieur, j'ai quitté la ville de Manchester, il y a cinq semaines, environ.

M. Martin.—J'ai pris le train d'une demie après huit le matin, qui arrive à
45 Londres à un quart avant cinq, Madame.

---

[1] Dans la mise en scène de Nicolas Bataille, ce dialogue était dit et joué sur un ton et dans
un style sincèrement tragiques.

[2] L'expression «environ» était remplacée, à la représentation, par «en ballon», malgré une très
vive opposition de l'auteur.

Mme Martin.—Comme c'est curieux! comme c'est bizarre! et quelle coïncidence! J'ai pris le même train, Monsieur, moi aussi!

M. Martin.—Mon Dieu, comme c'est curieux! peut-être bien alors, Madame, que je vous ai vue dans le train?

50 Mme Martin.—C'est bien possible, ce n'est pas exclu, c'est plausible et, après tout, pourquoi pas! . . . Mais je n'en ai aucun souvenir, Monsieur!

M. Martin.— Je voyageais en deuxième classe, Madame. Il n'y a pas de deuxième classe en Angleterre, mais je voyage quand même en deuxième classe.

55 Mme Martin.—Comme c'est bizarre, que c'est curieux, et quelle coïncidence! moi aussi, Monsieur, je voyageais en deuxième classe!

M. Martin.— Comme c'est curieux! Nous nous sommes peut-être bien rencontrés en deuxième classe, chère Madame!

Mme Martin.—La chose est bien possible et ce n'est pas du tout excle. Mais
60 je ne m'en souviens pas très bien, cher Monsieur!

M. Martin.—Ma place était dans le wagon n° 8, sixième compartiment, Madame!

Mme Martin.—Comme c'est curieux! ma place aussi était dans le wagon n° 8, sixième compartiment, cher Monsieur!

65 M. Martin.—Comme c'est curieux et quelle coïncidence bizarre! Peut-être nous sommes-nous rencontrés dans le sixième compartiment, chère Madame?

Mme Martin.—C'est bien possible, après tout! Mais je ne m'en souviens pas, cher Monsieur!

M. Martin.—À vrai dire, chère Madame, moi non plus je ne m'en souviens
70 pas, mais il est possible que nous nous soyons aperçus là, et si j'y pense bien, la chose me semble même très possible!

Mme Martin.—Oh! vraiment, bien sûr, vraiment, Monsieur!

M. Martin.—Comme c'est curieux! . . . J'avais la place n° 3, près de la fenêtre, chère Madame.

75 Mme Martin.—Oh, mon Dieu, comme c'est curieux et comme c'est bizarre, j'avais la place n° 6, près de la fenêtre, en face de vous, cher Monsieur.

M. Martin.— Oh, mon Dieu, comme c'est curieux et quelle coïncidence! . . . Nous étions donc vis-à-vis chère Madame! C'est là que nous avons dû nous voir!

80 Mme Martin.—Comme c'est curieux! C'est possible mais je ne m'en souviens pas, Monsieur!

M. Martin.—À vrai dire, chère Madame, moi non plus je ne m'en souviens pas. Cependant, il est très possible que nous nous soyons vus à cette occasion.

Mme Martin.—C'est vrai, mais je n'en suis pas sûre du tout, Monsieur.

85 M. Martin.—Ce n'était pas vous, chère Madame, la dame qui m'avait prié de mettre sa valise dans le filet et qui ensuite m'a remercié et m'a permis de fumer?

Mme Martin.—Mais si, ça devait être moi, Monsieur! Comme c'est curieux, comme c'est curieux, et quelle coïncidence!

90 M. Martin.—Comme c'est curieux, comme c'est bizarre, quelle coïncidence! Eh bien alors, alors, nous nous sommes peut-être connus à ce moment-là, Madame?

Mme Martin.—Comme c'est curieux et quelle coïncidence! C'est bien possible, cher Monsieur! Cependant, je ne crois pas m'en souvenir.

95 M. Martin.—Moi non plus, Madame.

Un moment de silence. La pendule sonne 2-I.

M. Martin.—Depuis que je suis arrivé à Londres, j'habite rue Bromfield, chère Madame.

Mme Martin.—Comme c'est curieux, comme c'est bizarre! moi aussi, depuis
100 mon arrivée à Londres j'habite rue Bromfield, cher Monsieur.

M. Martin.—Comme c'est curieux, mais alors, mais alors, nous nous sommes peut-être recontrés rue Bromfield, chère Madame.

Mme Martin.—Comme c'est curieux; comme c'est bizarre! C'est bien possible, après tout! Mais je ne m'en souviens pas, cher Monsieur.

105 M. Martin.—Je demeure au n° 19, chère Madame.

Mme Martin.—Comme c'est curieux, moi aussi j'habite au n° 19, cher Monsieur.

M. Martin.—Mais alors, mais alors, mais alors, mais alors, mais alors, nous nous sommes peut-être vus dans cette maison, chère Madame?

110 Mme Martin.—C'est bien possible, mais je ne m'en souviens pas, cher Monsieur.

M. Martin.— Mon appartement est au cinquième étage, c'est le n° 8, chère Madame.

Mme Martin.—Comme c'est curieux, mon Dieu, comme c'est bizarre! et
115 quelle coïncidence! moi aussi j'habite au cinquième étage, dans l'appartement n° 8, cher Monsieur!

M. Martin, *songeur*.—Comme c'est curieux, comme c'est curieux, comme c'est curieux et quelle coïncidence! vous savez, dans ma chambre à coucher j'ai un lit. Mon lit est couvert d'un édredon vert. Cette chambre, avec ce lit et son
120 édredon vert, se trouve au fond du corridor, entre les waters et la bibliothèque, chère Madame!

Mme Martin.—Quelle coïncidence, ah mon Dieu, quelle coïncidence! Ma chambre à coucher a, elle aussi, un lit avec un édredon vert et se trouve au fond du corridor, entre les water, cher Monsieur, et la bibliothèque!

125 M. Martin.—Comme c'est bizarre, curieux, étrange! alors, Madame, nous habitons dans la même chambre et nous dormons dans le même lit, chère Madame. C'est peut-être là que nous nous sommes rencontrés!

Mme Martin.—Comme c'est curieux et quelle coïncidence! C'est bien possible que nous nous y soyons rencontrés, et peut-être même la nuit
130 dernière. Mais je ne m'en souviens pas, cher Monsieur!

M. Martin.—J'ai une petite fille, ma petite fille, elle habite avec moi, chère Madame. Elle a deux ans, elle est blonde, elle a un œil blanc et un œil rouge, elle est très jolie, elle s'appelle Alice, chère Madame.

Mme Martin.—Quelle bizarre coïncidence! moi aussi j'ai une petite fille, elle
135 a deux ans, un œil blanc et un œil rouge, elle est très jolie et s'appelle aussi Alice, cher Monsieur!

M. Martin, *même voix traînante, monotone*.—Comme c'est curieux et quelle coïncidence! et bizarre! C'est peut-être la même, chère Madame!

Mme Martin.—Comme c'est curieux! C'est bien possible cher Monsieur.

140   *Un assez long moment de silence . . . La pendule sonne vingt-neuf fois.*
       M. Martin, après avoir longuement réfléchi, se lève lentement et, sans se presser,
se dirige vers Mme Martin qui, surprise par l'air solennel de M. Martin, s'est levée,
elle aussi, tout doucement; M. Martin a la même voix rare, monotone, vaguement
chantante.—Alors, chère Madame, je crois qu'il n'y a pas de doute, nous nous
145 sommes déjà vus et vous êtes ma propre épouse . . . Élisabeth, je t'ai retrouvée!
       Mme Martin s'approche de M. Martin sans se presser. Ils s'embrassent sans
expression. La pendule sonne une fois, très fort. Le coup de la pendule doit être si fort
qu'il doit faire sursauter les spectateurs. Les époux Martin ne l'entendent pas.
       Mme Martin.—Donald, c'est toi, darling!
150   *Ils s'assoient dans le même fauteuil, se tiennent embrassés et s'endorment. La*
pendule sonne encore plusieurs fois. Mary, sur la pointe des pieds, un doigt sur ses
lèvres, entre doucement en scène et s'adresse au public.

    Scène V
    Les Mêmes et Mary
155 Mary. — Élisabeth et Donald sont, maintenant, trop heureux pour pouvoir
m'entendre. Je puis donc vous révéler un secret. Élisabeth n'est pas Élisabeth,
Donald n'est pas Donald. En voici la preuve: l'enfant dont parle Donald n'est
pas la fille d'Élisabeth, ce n'est pas la même personne. La fillette de Donald a
un œil blanc et un autre rouge tout comme la fillette d'Élisabeth. Mais tandis
160 que l'enfant de Donald a l'œil blanc à droite et l'œil rouge à gauche, l'enfant
d'Élisabeth, lui, a l'œil rouge à droite et le blanc à gauche! Ainsi tout le
système d'argumentation de Donald s'écroule en se heurtant à ce dernier
obstacle qui anéantit toute sa théorie. Malgré les coïncidences extraordinaires
qui semblent être des preuves définitives, Donald et Élisabeth n'étant pas les
165 parents du même enfant ne sont pas Donald et Élisabeth. Il a beau croire qu'il
est Donald, elle a beau se croire Élisabeth. Il a beau croire qu'elle est Élisabeth.
Elle a beau croire qu'il est Donald: ils se trompent amèrement. Mais qui est le
véritable Donald? Quelle est la véritable Élisabeth? Qui donc a intérêt à faire
durer cette confusion? Je n'en sais rien. Ne tâchons pas de le savoir. Laissons
170 les choses comme elles sont. (*Elle fait quelques pas vers la porte, puis revient et*
s'adresse au public.) Mon vrai nom est Sherlock Holmès.
    Elle sort.

                                    Eugène Ionesco

Premières impressions

Outre le mot «absurde», quels autres mots pourriez-vous proposer pour
caractériser les trois scènes que vous venez de lire?

Questions de détail

1.   Dans la Scène II, Mary se présente en s'identifiant tout simplement
    comme la bonne, et en racontant comment elle a passé l'après-midi.

Ensuite, elle annonce l'arrivée des invités M. et Mme Martin. Y a-t-il quelque chose de déconcertant dans cette scène? Expliquez.

2. Trouvez-vous une explication logique du fait que Mary éclate de rire et qu'elle se met de suite après à pleurer? Quel en est l'effet?
3. Qu'y a-t-il d'absurde dans les répliques des Smith dans la Scène II?
4. La Scène III contient une seule réplique, celle de Mary. Y a-t-il quelque chose d'absurde dans cette scène?
5. La Scène IV commence par l'arrivée ensemble de Mme et M. Martin, qui ensuite se comportent comme s'ils ne se connaissent pas. Quel est l'effet de ceci au début de la scène?
6. Quelle est la progression de «coïncidences» que les Martin découvrent?
7. À quel moment les Martin découvrent-ils qu'ils sont mari et femme?
8. La Scène V renverse l'absurdité de la scène précédente par une nouvelle absurdité; expliquez.

Questions du discussion

1. Ionesco donne comme directives que le dialogue de la Scène IV «doit être dit d'une voix traînante, monotone, un peu chantante, nullement nuancée». Quel est l'effet de ceci?
2. Faites une liste des éléments absurdes dans chaque scène. Ensuite, essayez de les classer en catégories : y a-t-il une logique quelconque à l'absurde de cette pièce?
3. L'humour de la Scène IV entre les Martin tourne autour d'un manque de communication total; est-ce plutôt tragique ou comique?
4. L'identité individuelle est remise en question dans cette pièce. Donnez des exemples de ceci.
5. Le mouvement du théâtre de l'absurde existait dans la période après la deuxième guerre mondiale. Quelle pourrait être la signification socio-politique ou socio-culturelle de ce phénomène?
6. Auriez-vous envie de lire plus de cette pièce ou plus de pièces d'Ionesco? Expliquez.

Questions de langue

L'intensification est exprimée de plusieurs manières dans ce texte, par exemple :

«**Comme** c'est bizarre, **que** c'est curieux, et **quelle** coïncidence!» (lignes 46–47)

Notez les structures :

Comme + sujet + groupe verbal (verbe + complément)

Que + sujet + groupe verbal   -OU-

Qu'est-ce qu' + sujet débutant par une voyelle + groupe verbal («Qu'est-ce qu'il peut être stupide!»)

Quel-le + nom

Transformez les phrases suivantes en utilisant **DEUX** des structures ci-dessus :

Modèle : Elle est extrêmement nerveuse!
   a.   Comme elle est nerveuse!
   b.   Quelle nervosité!

1.   Mary est très confiante!
   a.
   b.
2.   Mme Martin est extrêmement passive!
   a.
   b.
3.   M. Martin est tellement persistant!
   a.
   b.
4.   Ils communiquent excessivement mal!
   a.
   b.
5.   Ils sont d'une placidité étonnante!
   a.
   b.

Projets

1.   Jouez les scènes. Il serait intéressant d'en créer au moins deux versions et de les comparer. Dans une version, vous pourriez respecter les indications scéniques d'Ionesco (voix monotones, etc.), et dans une autre version les acteurs y mettraient de l'émotion.
2.   Faites des recherches sur le mouvement du théâtre de l'absurde, et écrivez un rapport sur les grandes lignes du mouvement.
3.   Récrivez une partie de l'extrait que vous avez lu afin de le rendre rationnel et logique.

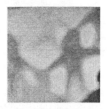

Le Horla

Guy de Maupassant

ANTICIPATION

Guy de Maupassant (1850-1893) est l'un des auteurs du 19ème siècle français les mieux connus en Amérique du Nord. En effet, beaucoup de ses contes ont été traduits en anglais et sont appréciés du grand public.

Maupassant a écrit de nombreux contes fantastiques. Pensez à d'autres contes de ce genre que vous connaissez (par exemple, ceux d'Edgar Allen Poe) et proposez une définition de fantastique à la lumière de vos exemples. Comparez ensuite les diverses définitions proposées.

Le Horla

Le docteur Marrande, le plus illustre et le plus éminent des aliénistes, avait prié trois de ses confrères et quatre savants, s'occupant de sciences naturelles, de venir passer une heure chez lui, dans la maison de santé qu'il dirigeait, pour leur montrer un de ses malades.

5   Aussitôt que ses amis furent réunis, il leur dit: «Je vais vous soumettre le cas le plus bizarre et le plus inquiétant que j'aie jamais rencontré. D'ailleurs je n'ai rien à vous dire de mon client. Il parlera lui-même.» Le docteur alors sonna. Un domestique fit entrer un homme. Il était fort maigre, d'une maigreur de cadavre, comme sont maigres certains fous que ronge une pensée, car la

10   pensée malade dévore la chair du corps plus que la fièvre ou la phtisie. Ayant salué et s'étant assis, il dit:

    —Messieurs, je sais pourquoi on vous a réunis ici et je suis prêt à vous raconter mon histoire, comme m'en a prié mon ami le docteur Marrande. Pendant longtemps il m'a cru fou. Aujourd'hui il doute. Dans quelque temps,

15   vous saurez tous que j'ai l'esprit aussi sain, aussi lucide, aussi clairvoyant que

les vôtres, mallheureusement pour moi, et pour vous, et pour l'humanité tout entière.

Mais je veux commencer par les faits eux-mêmes, par les faits tout simples. Les voici:

20 J'ai quarante-deux ans. Je ne suis pas marié, ma fortune est suffisante pour vivre avec un certain luxe. Donc j'habitais une propriété sur les bords de la Seine, à Biessard, auprès de Rouen. J'aime la chasse et la pêche. Or j'avais derrière moi, au-dessus des grands rochers qui dominaient ma maison, une des plus belles forêts de France, celle de Roumare, et devant moi un des plus beaux
25 fleuves du monde.

Ma demeure est vaste, peinte en blanc à l'extérieur, jolie, ancienne, au milieu d'un grand jardin planté d'arbres magnifiques et qui monte jusqu'à la forêt, en escaladant les énormes rochers dont je vous parlais tout à l'heure.

Mon personnel se compose, ou plutôt se composait d'un cocher, un
30 jardinier, un valet de chambre, une cuisinière et une lingère qui était en même temps une espèce de femme de charge. Tout ce monde habitait chez moi depuis dix à seize ans, me connaissait, connaissait ma demeure, le pays, tout l'entourage de ma vie. C'étaient de bons et tranquilles serviteurs. Cela importe pour ce que je vais dire.

35 J'ajoute que la Seine, qui longe mon jardin, est navigable jusqu'à Rouen, comme vous le savez sans doute; et que je voyais passer chaque jour de grands navires soit à voiles, soit à vapeur, venant de tous les coins du monde.

Donc, il y a eu un an l'automne dernier, je fus pris tout à coup de malaises bizarres et inexplicables. Ce fut d'abord une sorte d'inquiétude nerveuse qui
40 me tenait en éveil des nuits entières, une telle surexcitation que le moindre bruit me faisait tressaillir. Mon humeur s'aigrit. J'avais des colères subites inexplicables. J'appelai un médecin qui m'ordonna du bromure de potassium et des douches.

Je me fis donc doucher matin et soir, et je me mis à boire du bromure.
45 Bientôt, en effet, je recommençai à dormir, mais d'un sommeil plus affreux que l'insomnie. À peine couché, je fermais les yeux et m'anéantissais. Oui, je tombais dans le néant, dans un néant absolu, dans une mort de l'être entier dont j'étais tiré brusquement, horriblement par l'épouvantable sensation d'un poids écrasant sur ma poitrine, et d'une bouche qui mangeait ma vie, sur ma
50 bouche. Oh! ces secousses-là! je ne sais rien de plus épouvantable.

Figurez-vous un homme qui dort, qu'on assassine, et qui se réveille avec un couteau dans la gorge; et qui râle couvert de sang, et qui ne peut plus respirer, et qui va mourir, et qui ne comprend pas—voilà!

Je maigrissais d'une façon inquiétante, continue; et je m'aperçus soudain
55 que mon cocher, qui était fort gros, commençait à maigrir comme moi.

Je lui demandai enfin:

«Qu'avez-vous donc, Jean? Vous êtes malade.»

Il répondit:

«Je crois bien que j'ai gagné la même maladie que monsieur. C'est mes nuits
60 qui perdent mes jours.»

Je pensai donc qu'il y avait dans la maison une influence fiévreuse due au voisinage du fleuve et j'allais m'en aller pour deux ou trois mois, bien que nous fussions en pleine saison de chasse, quand un petit fait très bizarre, observé par hasard, amena pour moi une telle suite de découvertes invraisemblables, fantastiques, effrayantes, que je restai.

65

Ayant soif un soir, je bus un demi-verre d'eau et je remarquai que ma carafe, posée sur la commode en face de mon lit, était pleine jusqu'au bouchon de cristal.

J'eus, pendant la nuit, un de ces sommeils affreux dont je viens de vous parler. J'allumai ma bougie, en proie à une épouvantable angoisse, et, comme je voulus boire de nouveau, je m'aperçus avec stupeur que ma carafe était vide. Je n'en pouvais croire mes yeux. Ou bien on était entré dans ma chambre, ou bien j'étais somnambule.

70

Le soir suivant, je voulus faire la même épreuve. Je fermai donc ma porte à clef pour être certain que personne ne pourrait pénétrer chez moi. Je m'endormis et je me réveillai comme chaque nuit. On avait bu toute l'eau que j'avais vue deux heures plus tôt.

75

Qui avait bu cette eau? Moi, sans doute, et pourtant je me croyais sûr, absolument sûr, de n'avoir pas fait un mouvement dans mon sommeil profond et douloureux.

80

Alors j'eus recours à des ruses pour me convaincre que je n'accomplissais point ces actes inconscients. Je plaçai un soir, à côté de la carafe, une bouteille de vieux bordeaux, une tasse de lait dont j'ai horreur, et des gâteaux au chocolat que j'adore.

Le vin et les gâteaux demeurèrent intacts. Le lait et l'eau disparurent. Alors, chaque jour, je changeai les boissons et les nourritures. Jamais *on* ne toucha aux choses solides, compactes, et on ne but, en fait de liquide, que du laitage frais et de l'eau surtout.

85

Mais ce doute poignant restait dans mon âme. N'était-ce pas moi qui me levais sans en avoir conscience, et qui buvais même les choses détestées, car mes sens engourdis par le sommeil somnambulique pouvaient être modifiés, avoir perdu leurs répugnances ordinaires et acquis des goûts différents.

90

Je me servis alors d'une ruse nouvelle contre moi-même. J'enveloppai tous les objets auxquels il fallait infailliblement toucher avec des bandelettes de mousseline blanche et je les recouvris encore avec une serviette de batiste.

95

Puis, au moment de me mettre au lit, je me barbouillai les mains, les lèvres et les moustaches avec de la mine de plomb.

À mon réveil, tous les objets étaient demeurés immaculés bien qu'on y eût touché, car la serviette n'était point posée comme je l'avais mise; et, de plus, on avait bu de l'eau et du lait. Or ma porte fermée avec une clef de sûreté et mes volets cadenassés n'avaient pu laisser pénétrer personne.

100

Alors, je me posai cette redoutable question: Qui donc était là, toutes les nuits, près de moi?

Je sens, Messieurs, que je vous raconte cela trop vite. Vous souriez, votre opinion est déjà faite: «C'est un fou.» J'aurais dû vous décrire longuement cette émotion d'un homme qui, enfermé chez lui, l'esprit sain, regarde, à travers le verre d'une carafe, un peu d'eau disparue pendant qu'il a dormi.

105

J'aurais dû vous faire comprendre cette torture renouvelée chaque soir et chaque matin, et cet invincible sommeil, et ces réveils plus épouvantables encore.

Mais je continue.

Tout à coup, le miracle cessa. On ne touchait plus à rien dans ma chambre. C'était fini. J'allais mieux d'ailleurs. La gaieté me revenait, quand j'appris qu'un de mes voisins, M. Legite, se trouvait exactement dans l'état où j'avais été moi-même. Je crus de nouveau à une influence fiévreuse dans le pays. Mon cocher m'avait quitté depuis un mois, fort malade.

L'hiver était passé, le printemps commençait. Or, un matin, comme je me promenais près de mon parterre de rosiers, je vis, je vis distinctement, tout près de moi, la tige d'une des plus belles roses se casser comme si une main invisible l'eût cueillie; puis la fleur suivit la courbe qu'aurait décrite un bras en la portant vers une bouche, et resta suspendue dans l'air transparent, toute seule, immobile, effrayante, à trois pas de mes yeux.

Saisi d'une épouvante folle, je me jetai sur elle pour la saisir. Je ne trouvai rien. Elle avait disparu. Alors, je fus pris d'une colère furieuse contre moi-même. Il n'est pas permis à un homme raisonnable et sérieux d'avoir de pareilles hallucinations!

Mais était-ce bien une hallucination? Je cherchai la tige. Je la retrouvai immédiatement sur l'arbuste, fraîchement cassée, entre deux autres roses demeurées sur la branche; car elles étaient trois que j'avais vues parfaitement.

Alors je rentrai chez moi, l'âme bouleversée. Messieurs, écoutez-moi, je suis calme; je ne croyais pas au surnaturel, je n'y crois pas même aujourd'hui; mais, à partir de ce moment-là, je fus certain, certain comme du jour et de la nuit, qu'il existait près de moi un être invisible qui m'avait hanté, puis m'avait quitté, et qui revenait.

Un peu plus tard j'en eus la preuve.

Entre mes domestiques d'abord éclataient tous les jours des querelles furieuses pour mille causes futiles en apparence, mais pleines de sens pour moi désormais.

Un verre, un beau verre de Venise se brisa tout seul, sur le dressoir de ma salle à manger, en plein jour.

Le valet de chambre accusa la cuisinière, qui accusa la lingère, qui accusa je ne sais qui.

Des portes fermées le soir étaient ouvertes le matin. On volait du lait, chaque nuit, dans l'office.—Ah!

Quel était-il? De quelle nature? Une curiosité énervée, mêlée de colère et d'épouvante, me tenait jour et nuit dans un état d'extrême agitation.

Mais la maison redevint calme encore une fois; et je croyais de nouveau à des rêves quand se passa la chose suivante:

C'était le 20 juillet, à neuf heures du soir. Il faisait très chaud; j'avais laissé ma fenêtre toute grande ouverte, ma lampe allumée sur ma table, éclairant un volume de Musset ouvert à la *Nuit de Mai*; et je m'étais étendu dans un grand fauteuil où je m'endormis.

Or, ayant dormi environ quarante minutes, je rouvris les yeux, sans faire un

mouvement, réveillé par je ne sais quelle émotion confuse et bizarre. Je ne vis
rien d'abord, puis tout à coup il me sembla qu'une page du livre venait de
tourner toute seule. Aucun souffle d'air n'était entré par la fenêtre. Je fus
surpris: et j'attendis. Au bout de quatre minutes environ, je vis, je vis, oui, je
vis, Messieurs, de mes yeux, une autre page se soulever et se rabattre sur la
précédente comme si un doigt l'eût feuilletée. Mon fauteuil semblait vide,
mais je compris qu'il était là, lui! Je traversai ma chambre d'un bond pour le
prendre, pour le toucher, pour le saisir, si cela se pouvait . . . Mais mon siège,
avant que je l'eusse atteint, se renversa comme si on eût fui devant moi; ma
lampe aussi tomba et s'éteignit, le verre brisé; et ma fenêtre brusquement
poussée comme si un malfaiteur l'eût saisie en se sauvant alla frapper sur son
arrêt . . .Ah! . . .

Je me jetai sur la sonnette et j'appelai. Quand mon valet de chambre parut,
je lui dis:

«J'ai tout renversé et tout brisé. Donnez-moi de la lumière.»

Je ne dormis plus cette nuit-là. Et cependant j'avais pu encore le jouet d'une
illusion. Au réveil les sens demeurent troubles. N'était-ce pas moi qui avais jeté
bas mon fauteuil et ma lumière en me précipitant comme un fou?

Non, ce n'était pas moi! je le savais à n'en point douter une seconde. Et
cependant je le voulais croire.

Attendez. L'Être! Comment le nommerai-je? L'Invisible. Non, cela ne suffit
pas. Je l'ai baptisé le Horla. Pourquoi? Je ne sais point. Donc le Horla ne me
quittait plus guère. J'avais jour et nuit la sensation, la certitude de la présence
de cet insaisissable voisin, et la certitude aussi qu'il prenait ma vie, heure par
heure, minute par minute.

L'impossibilité de le voir m'exaspérait et j'allumais toutes les lumières de
mon appartement, comme si j'eusse pu, dans cette clarté le découvrir.

Je le vis, enfin.

Vous ne me croyez pas. Je l'ai vu cependant.

J'étais assis devant un livre quelconque, ne lisant pas, mais guettant, avec
tous mes organes surexcités, guettant celui que je sentais près de moi. Certes, il
était là. Mais où? Que faisait-il? Comment l'atteindre?

En face de moi mon lit, un vieux lit de chêne, à colonnes. À droite ma
cheminée. À gauche ma porte que j'avais fermée avec soin. Derrière moi une
très grande armoire à glace qui me servait chaque jour pour me raser, pour
m'habiller, où j'avais coutume de me regarder de la tête aux pieds chaque fois
que je passais devant.

Donc je faisais semblant de lire, pour le tromper, car il m'épiait lui aussi; et
soudain je sentis, je fus certain qu'il lisait par-dessus mon épaule, qu'il était là,
frôlant mon oreille.

Je me dressai, en me tournant si vite que je faillis tomber. Eh bien! . . .On y
voyait comme en plein jour . . .et je ne me vis pas dans la glace! Elle était vide,
claire, pleine de lumière. Mon image n'était pas dedans . . . Et j'étais en
face . . . Je voyais le grand verre, limpide du haut en bas! Et je regardais cela
avec des yeux affolés, et je n'osais plus avancer, sentant bien qu'il se trouvait
entre nous, lui, et qu'il m'échapperait encore, mais que son corps
imperceptible avait absorbé mon reflet.

Comme j'eus peur! Puis voilà que tout à coup je commençai à m'apercevoir dans une brume au fond du miroir, dans une brume comme à travers une nappe d'eau; et il me semblait que cette eau glissait de gauche à droite, lentement, rendant plus précise mon image de seconde en seconde. C'était comme la fin d'une éclipse. Ce qui me cachait me paraissait point posséder de contours nettement arrêtés, mais une sorte de transparence opaque s'éclaircissant peu à peu.

Je pus enfin me distinguer complètement ainsi que je fais chaque jour en me regardant.

Je l'avais vu. L'épouvante m'en est restée qui me fait encore frissonner.

Le lendemain j'étais ici, où je priai qu'on me gardât.

Maintenant, Messieurs, je conclus.

Le docteur Marrande, après avoir longtemps douté, se décida à faire, seul, un voyage dans mon pays.

Trois de mes voisins, à présent, sont atteints comme je l'étais. Est-ce vrai?

Le médecin répondit: «C'est vrai!»

Vous leur avez conseillé de laisser de l'eau et du lait chaque nuit dans leur chambre pour voir si ces liquides disparaissaient. Ils l'ont fait. Ces liquides ont-ils disparu comme chez moi?

Le médecin répondit avec une gravité solennelle: «Ils ont disparu.»

Donc, Messieurs, un Être, un Être nouveau, qui sans doute se multipliera bientôt comme nous nous sommes multipliés, vient d'apparaître sur la terre.

Ah! vous souriez! Pourquoi? parce que cet Être demeure invisible. Mais notre œil, Messieurs, est un organe tellement élémentaire qu'il peut distinguer à peine ce qui est indispensable à notre existence. Ce qui est trop petit lui échappe, ce qui est trop grand lui échappe, ce qui est trop loin lui échappe. Il ignore les milliards de petites bêtes qui vivent dans une goutte d'eau. Il ignore les habitants, les plantes et le sol des étoiles voisines; il ne voit pas même le transparent . . .

Placez devant lui une glace sans tain parfaite, il ne la distinguera pas et nous jettera dessus, comme l'oiseau pris dans une maison qui se casse la tête aux vitres. Donc, il ne voit pas les corps solides et transparents qui existent pourtant; il ne voit pas l'air dont nous nous nourrissons, ne voit pas le vent qui est la plus grande force de la nature, qui renverse les hommes, abat les édifices, déracine les arbres, soulève la mer en montagnes d'eau qui font crouler les falaises de granit.

Quoi d'étonnant à ce qu'il ne voie pas un corps nouveau, à qui manque sans doute la seule propriété d'arrêter les rayons lumineux.

Apercevez-vous l'électricité? Et cependant elle existe!

Cet Être, que j'ai nommé le Horla, existe aussi.

Qui est-ce? Messieurs, c'est celui que la terre attend, après l'homme! Celui qui vient nous détrôner, nous asservir, nous dompter, et se nourrir de nous peut-être, comme nous nous nourrissons des bœufs et des sangliers.

Depuis des siècles, on le pressent, on le redoute et on l'annonce! La peur de l'invisible a toujours hanté nos pères.

Il est venu.

Toutes les légendes des fées, des gnomes, des rôdeurs de l'air insaisissables et malfaisants, c'était de lui qu'elles parlaient, de lui pressenti par l'homme inquiet et tremblant déjà.

250   Et tout ce que vous faites vous-mêmes, Messieurs, depuis quelques ans, ce que vous appelez l'hypnotisme, la suggestion, le magnétisme—c'est lui que vous annoncez, que vous prophétisez!

    Je vous dis qu'il est venu. Il rôde inquiet lui-même comme les premiers hommes, ignorant encore sa force et sa puissance qu'il connaîtra bientôt, trop
255 tôt.

    Et voici, Messieurs, pour finir, un fragment de journal qui m'est tombé sous la main et qui vient de Rio de Janeiro. Je lis: «Une sorte d'épidémie de folie semble sévir depuis quelque temps dans la province de San Paulo. Les habitants de plusieurs villages se sont sauvés abandonnant leurs terres et leurs
260 maisons et se prétendent poursuivis et mangés par des vampires invisibles qui se nourrissent de leur souffle pendant leur sommeil et qui ne boiraient, en outre, que de l'eau, et quelquefois du lait!»

    J'ajoute: «Quelques jours avant la première atteinte du mal dont j'ai failli mourir, je me rappelle parfaitement avoir vu passer un grand trois-mâts
265 brésilien avec son pavillon déployé . . . Je vous ai dit que ma maison est au bord de l'eau . . . Toute blanche . . . Il était caché sur ce bateau sans doute . . .»

    Je n'ai plus rien à ajouter, Messieurs.

    Le docteur Marrande se leva et murmura:

    «Moi non plus. Je ne sais si cet homme est fou ou si nous le sommes tous
270 les deux . . ., ou si . . . si notre successeur est réellement arrivé.» (26 octobre 1886).

Guy de Maupussaut

Premières impressions

À votre avis, s'agit-il d'hallucinations ou bien de phénomènes surnaturels inexplicables?

Questions de détail

1. Le conte commence par la mise en scène de huit hommes savants qui vont juger du récit du malade. En quoi l'identité de ces hommes est-elle importante? (Le conte serait-il différent si le malade racontait ses expériences à un groupe différent?)
2. Quel est l'effet de la maigreur du malade?
3. Le malade se présente-t-il comme un homme délirant ou souffrant de confusion? Décrivez son attitude et l'effet de celle-ci sur le lecteur.
4. Décrivez et commentez le premier traitement qui est prescrit au malade.
5. Lorsque le malade s'aperçoit que l'eau de sa carafe disparaît, il entreprend une série d'expériences scientifiques afin de savoir ce qui se passe.

Décrivez et commentez ces expériences. Pourquoi les appelle-t-il des «ruses», à votre avis?

6. Lorsque les phénomènes mystérieux s'arrêtent dans la chambre du malade, où reprennent-ils?

7. Qu'est-ce qui s'est passé le soir du 20 juillet? Pourquoi, à votre avis, le malade a-t-il donné un nom au phénomène ce soir-là?

8. Qu'est-ce que l'épisode du miroir suggère?

9. Qu'est-ce que le médecin a fait lorsque le malade s'est présenté chez lui?

10. Les manifestations surnaturelles semblent se multiplier à travers le monde. Quel est l'effet de ceci?

Questions de discussion

1. Le critique Tzvetan Todorov a proposé une définition du *fantastique* qui le distingue du *merveilleux*. Dans ce dernier, le surnaturel est affirmé sans question (pensez, par exemple, aux contes de fées). Selon Todorov, l'essence du fantastique réside dans **le doute** : on ne sait pas si on doit croire ou non au surnaturel. *Le Horla* est-ce un conte merveilleux ou fantastique selon cette définition? Justifiez votre réponse en fournissant des exemples du texte.

2. Vous identifiez-vous au malade ou bien au groupe de savants? (Avez-vous l'impression de «vivre» ou bien de «juger» l'histoire?) Quel est l'effet de l'identification?

3. Pensez-vous que ce soit une coïncidence que le malade est sans famille? Qu'est-ce qui serait changé si le malade était marié et avait des enfants?

4. Laquelle des manifestations inexplicables du conte serait la plus troublante pour vous si elle vous arrivait? Expliquez.

5. À quelles autres histoires (contes, romans, films) *Le Horla* vous fait-il penser?

Questions de langue

Ce conte contient beaucoup de mots utilisés pour décrire la maladie. Dressez une liste de ces mots selon les catégories indiquées. Cherchez le sens des mots qui vous sont nouveaux. Nous vous fournissons le premier exemple :

Symptômes			Remèdes
noms	**verbes**	**adjectifs**	
malaise		bizarre	

Projet

Ceci est un projet d'équipe. Guy de Maupassant a écrit deux versions de ce conte, dont vous avez lu la première. La deuxième version se présente comme un journal intime écrit au jour le jour pendant les événements, alors que le narrateur de la première version prend un point de vue rétrospectif et raconte les événements d'un ton plutôt calme. La deuxième version permet alors d'observer le progrès de l'angoisse du malade, puisque c'est plus immédiat.

Formez sept groupes (ou bien quatorze, si vous préférez des équipes plus petites), chaque groupe étant responsable de rédiger le journal écrit au moment de l'un des événements indiqués ci-dessous. Dans un premier temps, discutez dans vos groupes afin de décider entre vous de l'état mental du narrateur au moment donné. Ensuite, rédigez le journal; utilisez le vocabulaire de la maladie que vous avez identifié dans l'exercice précédent. Quand toutes les équipes auront fini d'écrire, lisez le tout du début à la fin pour voir si vous voulez y apporter des changements.

• les premiers symptômes (malaises, colères)
• la disparition de l'eau de la carafe
• la disparition de l'eau et du lait
• la tige de la rose cassée
• les objets qui se brisent
• les pages du livre qui tournent toutes seules
• le miroir

Contes populaires

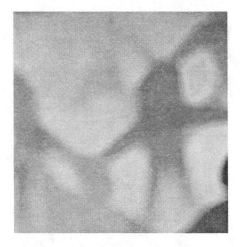

Le conte populaire fait partie de la tradition orale en littérature. (Le mot *conte* dérive du mot *raconter*.) Le conte populaire traditionnel cherche souvent à transmettre une vérité psychologique ou moral; pour ce faire, le conte fait appel aux symboles. Si vous pensez aux contes traditionnels de votre enfance (par exemple, *Le Petit chaperon rouge, La Belle au bois dormant*), vous vous rendrez vite compte que ces contes contiennent des éléments surnaturels qui représentent une réalité psychologique. Ainsi, le loup représente quelque chose d'autre que lui-même; le long sommeil de la Belle au bois dormant représente quelque chose. Abordez donc ces contes avec l'esprit ouvert à une interprétation symbolique.

Nous vous présentons quatre contes qui viennent de différentes régions francophones. *Le Salaire* est un conte africain, *Pacte avec le diable* est franco-ontarien, et *Les Flambettes* et *Persinette* sont français.

Le Salaire

Birago Diop

Anticipation

Le Salaire est une légende africaine, racontée ici par le Sénégalais Birago Diop
(1906–1989). Diop est considéré comme le plus connu et le plus estimé des
conteurs africains d'expression française.

1. Quels animaux figurent dans les légendes que l'on vous racontait enfant?
   (Pensez, par exemple, au «grand méchant loup» du Petit chaperon rouge.)
   À quels autres animaux pensez-vous? Décrivez leurs traits.
2. Pourquoi, à votre avis, les légendes nord-américaines et européennes
   contiennent-elles ces animaux, parés de tels traits? (Pensez au climat, à la
   géographie, etc.)
3. Cette légende sénégalaise contient les animaux suivants: un caïman (un
   alligator), une vache, un cheval, un lièvre (animal qui ressemble au lapin).
   Quel type de géographie et quels traits associez-vous à ces animaux?

Le Salaire

Diassigue-le-Caïman, raclant le sable de son ventre flasque, s'en retournait vers
le marigot après avoir dormi, la journée durant, au chaud soleil, lorsqu'il
entendit les femmes qui revenaient de puiser de l'eau, de récurer les calebasses,
de laver le linge. Ces femmes, qui avaient certainement plus abattu de besogne
5 avec la langue qu'avec les mains, parlaient et parlaient encore. Elles disaient,
en se lamentant, que la fille du roi était tombée dans l'eau et qu'elle s'était
noyée, que fort probablement, c'était même certain (une esclave l'avait
affirmé), dès l'aurore, Bour-le-Roi allait faire assécher le marigot pour retrouver
le corps de sa fille bien-aimée. Diassigue, dont le trou, à flanc de marigot, se
10 trouvait du côté du village, était revenu sur ses pas et s'en était allé loin à

l'intérieur des terres dans la nuit noire. Le lendemain, on avait, en effet, asséché le marigot, et on avait, de plus, tué tous les caïmans qui l'habitaient; et, dans le trou du plus vieux, on avait retrouvé le corps de la fille du roi.

Au milieu du jour, un enfant, qui allait chercher du bois mort, avait trouvé
15 Diassigue-le-Caïman dans la brousse.
— Que fais-tu là, Diassigue? s'enquit l'enfant.
— Je me suis perdu, répondit le Caïman. Veux-tu me porter chez moi, Goné?
— Il n'y a plus de marigot, lui dit l'enfant.
— Porte-moi alors au fleuve, demande Diassigue-le-Caïman.
20 Goné-l'enfant alla chercher une natte et des lianes, il enroula Diassigue dans la natte qu'il attacha avec les lianes, puis il la chargea sur sa tête, marcha jusqu'au soir et atteignit le fleuve. Arrivé au bord de l'eau, il déposa son fardeau, coupa les liens et déroula la natte. Diassigue lui dit alors:
— Goné, j'ai les membres tout engourdis de ce long voyage, veux-tu me
25 mettre à l'eau, je te prie?
Goné-l'enfant marcha dans l'eau jusqu'aux genoux et il allait déposer Diassigue quand celui-ci lui demanda:
— Va jusqu'à ce que l'eau t'atteigne la ceinture, car ici je ne pourrais pas très bien nager.
30 Goné s'exécuta et avança jusqu'à ce que l'eau lui fût autour de la taille.
— Va encore jusqu'à la poitrine, supplia le caïman.
L'enfant alla jusqu'à ce que l'eau lui atteignît la poitrine.
— Tu peux bien arriver jusqu'aux épaules, maintenant.
Goné marcha jusqu'aux épaules, et Diassigue lui dit:
35 — Dépose-moi, maintenant.
Goné obéit; il allait s'en retourner sur la rive, lorsque le caïman lui saisit le bras.
— Wouye yayô: (O ma mère!) cria l'enfant, qu'est-ce que ceci? Lâche-moi!
— Je ne te lâcherai pas, je n'ai rien mangé depuis deux jours et j'ai trop faim.
40 — Dis-moi, Diassigue, le prix d'une bonté, est-ce donc une méchanceté ou une bonté?
— Une bonne action se paie par une méchanceté et non par une bonne action.
— Maintenant, c'est moi qui suis en ton pouvoir, mais cela n'est pas vrai, tu es
45 le seul au monde certainement à l'affirmer.
— Ah! tu le crois?
— Eh bien! Interrogeons les gens, nous saurons ce qu'ils diront.
— D'accord, accepta Diassigue, mais s'il s'en trouve trois qui soient de mon avis, tu finiras dans mon ventre, je t'assure.
50 À peine finissait-il sa menace qu'arriva une vieille, très vieille vache qui venait s'abreuver. Lorsqu'elle eut fini de boire, le caïman l'appela et lui demanda:
— Nagg, toi qui es si âgée et qui possèdes la sagesse, peux-tu nous dire si le paiement d'une bonne action est une bonté ou une méchanceté?
55 — Le prix d'une bonne action, déclara Nagg-la-Vache, c'est une méchanceté, et croyez-moi, je parle en connaissance de cause. Au temps où j'étais jeune,

forte et vigoureuse, quand je rentrais du pâturage on me donnait du son et un bloc de sel, on me donnait du mil, on me lavait, on me frottait, et si Poulo, le petit berger, levait par hasard le bâton sur moi, il était sûr de recevoir à son tour des coups de son maître. Je fournissais, en ce temps, beaucoup de lait et toutes les vaches et tous les taureaux de mon maître sont issus de mon sang. Maintenant, j'ai vieilli, je ne donne plus ni lait ni veau, alors on ne prend plus soin de moi, on ne me conduit plus au pâturage. À l'aube, un grand coup de bâton me fait sortir du parc et je vais toute seule chercher ma pitance. Voilà pourquoi je dis qu'une bonne action se paie par une mauvaise action.

— Goné, as-tu entendu cela? demanda Diassigue-le-Caïman.

— Oui, dit l'enfant, j'ai bien entendu.

Déhanchant sa fesse maigre et tranchante comme une lame de sabre, Nagg-la-Vache s'en alla, balançant sa vieille queue rongée aux tiques, vers l'herbe pauvre de la brousse.

Survint alors Fass-le-Cheval, vieux et étique. Il allait balayer l'eau de ses lèvres tremblantes avant de boire, lorsque le caïman l'interpella:

— Fass, toi qui es si vieux et si sage, peux-tu nous dire, à cet enfant et à moi, si une bonne action se paie par une bonté ou par une méchanceté?

— Certes, je le puis, affirma le vieux cheval. Une bonté se paie toujours par une mauvaise action, et j'en sais quelque chose. Écoutez-moi tous les deux. Du temps où j'étais jeune, fougueux et plein de vigueur, j'avais, pour moi seul, trois palefreniers; j'avais, matin et soir, mon auge remplie de mil et du barbotage avec du miel souvent à toutes les heures de la journée. L'on me menait au bain tous les matins et l'on me frottait. J'avais une bride et une selle fabriquées et ornées par un cordonnier et un bijoutier maures. J'allais sur les champs de bataille et les cinq cents captifs que mon maître a pris à la guerre furent rapportés sur ma croupe. Neuf ans, j'ai porté mon maître et son butin. Maintenant que je suis devenu vieux, tout ce que l'on fait pour moi, c'est me mettre une entrave dès l'aube, et, d'un coup de bâton, on m'envoie dans la brousse chercher ma pitance.

Ayant dit, Fass-le-Cheval balaya l'écume de l'eau, but longuement puis s'en alla, gêné par son entrave, de son pas boitant et heurté.

— Goné, demanda le caïman, as-tu entendu? Maintenant, j'ai trop faim, je vais te manger.

— Non, fit l'enfant, oncle Diassigue, tu avais dit, toi-même, que tu interrogerais trois personnes. Si celle qui viendra dit la même chose que ces deux-là, tu pourras me manger, mais pas avant.

— Entendu, acquiesça le caïman, mais je te préviens que nous n'irons pas plus loin.

Au galop, et sautillant du derrière, Leuk-le-Lièvre passait. Diassigue l'appela:

— Oncle Leuk, toi qui es le plus vieux, peux-tu nous dire qui de nous dit la vérité? Je déclare qu'une bonne action se paie par une méchanceté, et cet enfant déclare que le prix d'une bonne action c'est une bonté.

Leuk se frotta le menton, se gratta l'oreille, puis interrogea à son tour:

— Diassigue, mon ami, demandez-vous à l'aveugle de vous affirmer si le coton est blanc ou si le corbeau est bien noir?

— Assurément non, avoua le caïman.

— Peux-tu me dire où va l'enfant dont tu ne connais pas les parents?

105 — Certainement pas!

— Alors, expliquez-moi ce qui s'est passé, et je pourrai peut-être répondre à votre question sans risque de beaucoup me tromper.

— Eh bien, oncle Leuk, voici: cet enfant m'a trouvé là-bas à l'intérieur des terres, il m'a enroulé dans une natte et il m'a porté jusqu'ici. Maintenant, j'ai

110 faim, et comme il faut bien que je mange, car je ne veux point mourir, ce serait bête de le laisser partir pour courir après une proie incertaine.

— Incontestablement, reconnut Leuk, mais si les paroles sont malades, les oreilles, elles, doivent être bien portantes, et mes oreilles, à ce que j'ai toujours cru, sont bien portantes, ce dont je remercie le bon Dieu, car il est une de tes

115 paroles, frère Diassigue, qui ne me paraît pas en bonne santé.

— Laquelle est-ce? interrogea le caïman.

— C'est lorsque tu prétends que ce bambin t'a porté dans une natte et t'a fait venir jusqu'ici. Cela, je ne peux le croire.

— Pourtant c'est vrai, affirma Goné-l'enfant.

120 — Tu es un menteur comme ceux de ta race, fit le lièvre.

— Il a dit la vérité, confirma Diassigue.

— Je ne pourrai le croire que si je le vois, douta Leuk. Sortez de l'eau tous les deux.

L'enfant et le caïman sortirent de l'eau.

125 — Tu prétends que tu as porté ce gros caïman dans cette natte? Comment as-tu fait?

— Je l'ai enroulé dedans et j'ai ficelé la natte.

— Eh bien, je veux voir comment.

Diassigue s'affala dans la natte, que l'enfant enroula.

130 — Et tu l'as ficelée, as-tu dit?

— Oui!

— Ficelle-la voir.

L'enfant ficela solidement la natte.

— Et tu l'as portée sur la tête?

135 — Oui, je l'ai portée sur ma tête!

— Eh bien! porte sur la tête que je le voie.

Quand l'enfant eut soulevé natte et caïman et les eut posés sur sa tête, Leuk-le-Lièvre lui demanda:

— Goné, tes parents sont-ils forgerons?

140 — Que non pas!

— Diassigue n'est donc pas ton parent? Ce n'est pas ton totem?

— Non, pas du tout!

— Emporte donc ta charge chez toi, ton père et ta mère et tous tes parents et leurs amis te remercieront, puisque vous en mangez à la maison. Ainsi doivent

145 être payés ceux qui oublient les bonnes actions.

Birago Diop

Premières impressions

Pensez-vous que cette légende a pour objectif de donner une leçon de morale? Si oui, exprimez-la en une phrase. Comparez vos réponses, et discutez-en.

Approfondissement

1. Relisez le premier paragraphe; avez-vous l'impression que le narrateur est un homme ou une femme? Pourquoi?
2. On y décrit le travail des femmes; que faisaient les hommes du village, à votre avis, pendant que les femmes étaient au fleuve? Expliquez votre réponse.
3. Au moment où Goné-l'enfant accepte de porter le caïman au fleuve, pensiez-vous qu'il était naïf? stupide? très généreux? autre chose? Votre impression a-t-elle changé au cours du récit? Expliquez.
4. Avez-vous remarqué des différences entre la vache, le cheval et le lièvre? Expliquez.
5. Y a-t-il des similarités entre les trois animaux-juges?

Questions de langue

Dans le premier paragraphe, le dialogue des femmes est rapporté, alors que dans le reste de la légende il est cité.
1. Est-ce que le discours rapporté dans les lignes 5-9 vous semble plus immédiat ou plus distant que le discours direct du reste de la légende? Plus ou moins important? Plus relié à l'action qu'à la description?
2. Étudiez les lignes 16, 17, et 38.
   a) Quels signes de ponctuation sont employés?
   b) Étudiez la construction des phrases: est-ce que l'ordre des sujets et des verbes est uniforme?
   c) Formulez une règle qui illustre les phénomènes observés aux questions *a* et *b*.
3. Transformez le discours rapporté des lignes 5-9 en discours direct, puis répondez de nouveau à la question 1.
4. Transformez le texte des lignes 16-19 en discours rapporté, puis répondez de nouveau à la question 1.

Questions de discussion

1. Qu'est-ce que le lièvre aurait dit à l'enfant si ses parents avaient été forgerons, à votre avis? Pourquoi?
2. Goné pourra, à la fin, se venger du caïman. Pourquoi, à votre avis, est-ce que le caïman n'a pas le droit de se venger lui aussi? (Après tout, les hommes avaient tué tous les autres caïmans du marigot.)
3. Imaginez une ou plusieurs réponses différentes de la part du lièvre. Discutez des implications de ces réponses.
4. Quels éléments de cette légende vous semblent typiquement africains? Pourquoi?
5. Dans cette légende, la vieillesse est associée à la sagesse: est-ce vrai dans d'autres légendes que vous connaissez? dans votre société?

Projets

1. Jouez une ou plusieurs scènes de la légende, en inventant vous-même le dialogue, par exemple:
   a) les femmes au fleuve
   b) la première rencontre entre le caïman et l'enfant
   c) la scène où l'enfant veut déposer le caïman au fleuve
   d) la scène avec l'un des animaux-juges
   e) (imaginez) la scène entre l'enfant et ses parents lorsqu'il arrive à la maison avec le caïman
2. Créez une autre version de cette légende, en substituant d'autres animaux (avec des réponses différentes). Discutez ensuite des différentes légendes qui en résultent.
3. Inventez une légende ayant le même thème, mais étant située dans une autre culture de votre choix. Discutez ensuite des éléments culturels différents dans les légendes inventées.

Pacte avec le diable

Aldéric Perrault

Anticipation

Il existe à l'Université de Sudbury le Centre Franco-Ontarien de Folklore. Grâce aux efforts de folkloristes de ce centre, des centaines de contes oraux ont été transcrits à la forme écrite et publiés. Aldéric Perrault était un conteur bien connu à Sudbury. Il a appris le conte *Pacte avec le diable* lorsqu'il était enfant (vers 1900).

Quels contes connaissez-vous qui comprennent un pacte avec le diable? Quels sont les éléments communs de ces contes? Qu'attendez-vous alors dans ce conte?

Pacte avec le diable

Une fois, il y avait une veuve, mère de trois fils dont la paresse était déconcertante; ils marchaient en zigzaguant tellement ils étaient paresseux.

Leur paresse les avait tenus à l'écart de tout travail : jamais l'un d'eux n'avait apporté un quartier de bois ou un seau d'eau à la maison, jamais l'un
5 d'eux n'avait été chercher une vache dans le champ . . . Rien de rien!

La maman commençait à avancer en âge et perdit patience à la pensée qu'elle ne recevait aucune aide de ses fils. Un bon jour elle se décida à parler: «Écoutez, mes garçons, quand je vois que le cadet de vous trois a vingt et un ans et que ni l'un ni l'autre n'a encore commencé à travailler, c'est une honte.
10 À mon âge, je suis obligée de renouveler, seule, la provision de bois de chauffage; seule, je vais chercher les vaches à l'autre bout de la ferme, pendant que vous trois vous ne savez que faire pour passer le temps. Un s'étend sur l'herbe près de la maison, l'autre s'abrite dans l'ombre d'un arbre du voisinage, comme de vrais paresseux. Ce n'est pas pour rien qu'on vous a donné le nom

15 de «chiennes»; vous le méritez bien! Je suis au bout de ma patience: vous allez prendre vos petits bagages et vous allez filer où vous voudrez!»

Ils étaient tous trois occupés à préparer lentement leur départ, quand se présente à la porte un homme élégamment vêtu, les mains gantées ... Un vrai richard: «Madame, dit-il, vous avez trois fils?

20 — Oui, répond la mère. Comment le savez-vous?

— Je sais tout, moi. Vous avez trois fils ... et, pas très actifs, si j'ai bonne mémoire?

— Moins que peu actifs! monsieur! Je les chasse de chez moi aujourd'hui même.

25 — Si vous voulez, madame, je vais vous proposer une entente; je suis riche, j'ai de l'argent en quantité et je vais leur créer une position, un avenir. Je vais les employer pendant un an et un jour. Chacun de vos fils va se choisir un métier: dans un an et un jour, si, à l'intérieur de leur compétence, ils peuvent me proposer un travail que je ne puisse accomplir, ils seront riches toute leur *30* vie. Mais, si j'accomplis la tâche par eux proposée, ils perdent leur fortune et ils s'en viennent avec moi!

— Dans ce dernier cas, si je comprends bien, je ne les reverrai plus?

— Non, madame; vous serez privée pour toujours de la présence de vos fils!»

35 Ces propositions forçaient la vieille femme à réfléchir et à rendre une réponse au riche visiteur.

Elle s'adressa d'abord au plus vieux de ses fils: «Quel métier predrais-tu, toi, si monsieur voulait t'engager?

— Je prendrais le métier de ferblantier.

40 — Accepté, dit le richard! Tu seras donc ferblantier; dans un an et un jour, je reviendrai et tu me proposeras une tâche relative à ton métier. Si je suis capable de l'accomplir, tu t'en viendras avec moi et ta source d'argent sera tarie. Pour le moment, voici de l'argent. Emplis tes poches; profites-en!»

Le nouveau ferblantier obéit au richard; il bourra toutes ses poches avec *45* l'argent que l'étranger lui tendait.

Le diable—le richard était le diable en personne—le diable aborde le deuxième des fils: «Toi, dit-il, quel métier choisis-tu?

— Le métier de cordonnier!

— Oui? Très bien! As-tu besoin d'argent?

50 — Évidemment! Je n'ai pas un sou noir!»

Le diable lui donne une grande quantité d'argent plus que suffisante pour la période d'un an et un jour. Au cordonnier aussi il répéta ses conditions: «N'oublie pas! Dans un an et un jour, à compter d'aujourd'hui, je repasserai te visiter. Si je suis capable d'exécuter la besogne que tu me proposeras, en tant *55* que cordonnier, tu seras obligé de me suivre et tu seras privé d'argent!

— Entendu, entendu!» répondit le jeune homme.

Le diable se présente au plus jeune des trois frères: «Toi, le jeune, quel métier vas-tu choisir?

— Moi, répond le cadet, ce que j'ai l'intention de faire? Vous savez, le plus *60* jeune de la famille passe toujours pour le plus fou, mais quoi qu'il en soit en même si je suis fou, je prends le métier que j'aime.

— Mais c'est exactement ce que monsieur désire, dit la vieille paysanne!

— Eh bien! je veux boire pendant un an et un jour!

— Ah! tu es vraiment sot, reprend la maman. Quelle besogne relative à ton
65   métier pourras-tu proposer au diable, quand il reviendra?

— Laissez-moi faire, laissez-moi faire. . .! Je ne suis pas plus fou que les
autres.

— On n'a pas si tort de dire que le plus jeune de la famille est toujours le
moins futé! Tu ne perds rien à t'en aller avec le diable dès aujourd'hui.
70   — Non, non; pas si vite! Avez-vous de l'argent pour moi aussi, dit-il au
richard?

— En voici! Sers-toi!»

Et le diable étale un paquet d'argent dont le jeune homme gonfle ses
poches.
75   Aussitôt pourvu d'argent, le cadet court à l'hôtel et commence à se soûler. Il
boit, il boit . . . Il revenait à la maison, le soir, se traînant sur les mains et les
genoux, les poches remplies de bouteilles de peur de reprendre connaissance.
Le lendemain matin, si l'ivresse avait perdu de son acuité, notre ivrogne
ingurgitait une autre dose de boisson alcoolique. La vieille maman avait beau
80   pleurer, exhorter ou se plaindre, rien n'y faisait. «C'est effrayant, répétait-elle,
mener une vie si désœuvrée! Il boit, il boit et recommence chaque jour!»

Les semaines et les mois passaient, le retour du diable approchait à grands
pas. Les autres frères se désolaient du sort de leur cadet. La maman revenait à
la charge: «Tu ne vois pas que tu crèves le cœur de ta vieille mère? Et ta santé,
85   et ton avenir, et tes. . .

— Maman, reprenait l'ivrogne, laissez-moi en paix, bon! Moi, je bois; si mes
frères veulent travailler, qu'ils travaillent. Je bois, je bois . . . et quand je bois je
ne veux pas être dérangé! Comprenez-vous, maintenant?

— Mais, pauvre enfant, quelle besogne vas-tu pouvoir proposer au diable,
90   quand il va revenir?

— Laisse-moi tranquille! Quant au diable, qu'il ne vienne pas me créer
d'embêtements!»

La vieille maman ne cessait de pleurer . . . L'échéance d'un an et un jour
était arrivée; le diable se présente, bien habillé, la moustache savamment
95   retroussée, et accoste le ferblantier: «Je suis venu me mesurer à la besogne que
tu m'assigneras, d'après notre entente de l'an dernier!

— C'est vrai! Ramassez toutes les aiguillettes de fer blanc, les pièces de
ferraille de mon dépotoir, et faites-en une belle feuille de zinc!»

Le diable se trémousse un peu, rapaille ces éléments disparates et en fait une
100 grande feuille de zinc. Le ferblantier n'en revenait pas . . . «Maintenant, dit le
diable, suis-moi! Fini l'argent!»

La vieille maman se désolait: «Ils vont bien s'en aller tous les trois! Et le plus
jeune qui n'a aucun métier! C'est la perte du plus jeune qui me fait le plus de
peine!»
105   Le diable se présente devant le second des trois frères: «Eh bien! cordonnier,
le moment de notre rencontre est arrivé! Quelle besogne vas-tu me donner?

— Tu vois ce tas de vieux cuir, dit le jeune homme? Avec ces vieux talons, ces semelles percées, ces résidus de cuir, faites-moi une belle pièce de cuir neuf!»

110 Le diable, en un tournemain, a tôt fait de transformer ces résidus en un beau cuir de qualité! «Tu reconnais notre pacte? Maintenant, tu m'apartiens. Avec moi et dis adieu à l'argent!»

La vieille maman se sentait encore plus malheureuse devant l'échec de son second fils: «En voici deux de partis à tout jamais! Et mon plus jeune, mon

115 bébé qu'on va me ravir, j'en suis certaine!»

Le diable se dirige vers l'hôtel où buvait depuis un an et un jour le plus jeune des trois frères. Le buveur se tenait dans une sorte de cabanon; le diable le trouve encore soûl, à demi couché sur un banc, le chapeau à terre; «Holà! jeune homme! Lève-toi! C'est aujourd'hui l'échéance de notre pacte. Il y a un

120 an et un jour. . .

— Que veux-tu, toi? Tu m'embêtes pour des bagatelles. . .

— Il y a un an et un jour, tu as promis qu'à mon retour tu m'assignerais une besogne relative à ton métier.

— Ne viens pas m'embêter! Je suis soûl; ce n'est pas le temps de régler des

125 comptes. Laisse-moi tranquille et foute le camp!

— Non, dit le diable, je ne partirai pas avant d'avoir parlé d'affaires, ou bien je vais t'emmener avec moi, si tu ne fais pas attention à notre entente. Donne-moi une besogne, ou bien je te brise en morceaux.»

Ce disant, le diable empoigne le buveur et commence à le secouer en tous

130 sens. Le jeune homme échappe un pet, un de ces pets capables de faire vibrer un mur!

«Tiens, s'écrie le buveur, je t'en ai trouvé une besogne: cours après ce pet, attrape-le et fais m'en une paire de chaussons d'hiver!»

Le diable dut s'avouer vaincu devant cette besogne d'un genre inattendu. Il

135 décampa et dut accorder au jeune homme tout l'argent nécessaire pour assurer une vie aisée.

Aldéric Perrault

Premières impressions

Est-ce un conte moral, à votre avis? Si oui, quel est le message principal?

Questions de détail

1. Le conteur insiste sur quelque chose dans les deux premiers paragraphes : qu'est-ce que c'est?
2. Comment le conteur présente-t-il la mère?
3. Compte tenu de vos réponses dans les deux premières questions, à qui le conteur veut-il que l'on s'identifie – aux garçons ou à la mère?
4. À quel moment saviez-vous que le monsieur bien habillé était le diable? Est-ce que le titre y a joué un rôle? (Auriez-vous mis plus longtemps à

comprendre que c'était le diable s'il n'y avait pas de titre?)
5. Pourquoi la mère accepte-t-elle le pacte, à votre avis, même si elle sait que c'est le diable?
6. Avez-vous l'impression que le plus jeune garçon est intelligent? Expliquez.
7. Les deux garçons aînés perdent leur pacte avec le diable : expliquez et commentez la tâche qu'ils lui imposent et qu'il réussit.
8. Quelle fin attendiez-vous du conte? Expliquez.

Questions de discussion

1. Compte tenu de vos réponses précédentes, faites un retour sur la question de la moralité du conte. Est-ce un conte moral, et si oui quelle en est la morale? Est-ce au contraire une anti-fable (les fables étant connues pour leurs leçons morales)?
2. Les trois garçons sont-ils présentés comme des **individus** avec toute la complexité que l'être humain comporte? Sont-ils plutôt des **types**? Expliquez les raisons de votre réponse. Ensuite, discutez de l'effet de ceci (individu ou type) sur la nature du conte.
3. Le plus jeune garçon réussit à dompter le diable avec une épreuve comportant une grossierté. Commentez la nature grossière de l'épreuve. Connaissez-vous d'autres contes semblables à cet égard?
4. Qu'est-ce qui serait changé si les trois enfants paresseux étaient des filles? La tradition orale dépend-elle de stéréotypes? Afin de répondre à cette question, pensez à d'autres contes que vous connaissez.

Questions de langue

1. Complétez le tableau suivant, qui contient des mots trouvés dans le texte.

adjectif masculin	adjectif féminin	nom
paresseux	paresseuse	la paresse
_____	_____	le travail
_____	_____	la honte
_____	_____	la patience
occupé	_____	_____
privé	_____	_____
sot	_____	_____
fou	_____	_____
_____	_____	l'ivresse
alcoolique	_____	_____
_____	malheureuse	_____

2. Trouvez un synonyme des expressions suivantes, et proposez une phrase utilisant l'expression donnée:

approcher à grands pas (lignes 82–83)

en un tournemain   (ligne 110)

PROJETS

1. **Jeu de rôles**. Imaginez et jouez la conversation entre les trois garçons lorsqu'ils réfléchissent sur le métier à choisir pour leur année d'épreuve. Quels facteurs déterminent leur choix? Font-ils un effort sincère de se réformer?
2. **Jeu de rôles**. Imaginez et jouez une conversation entre la mère et une de ses amies. Pourquoi a-t-elle accepté pendant si longtemps la paresse de ses fils? Pourquoi a-t-elle décidé de ne plus l'accepter?
3. Écrivez la suite de ce conte : qu'est-ce qui arrive par la suite aux divers personnages?

Les Flambettes
George Sand

Anticipation

George Sand était une auteure du dix-neuvième siècle (1804-1876). Elle a écrit plus de 80 romans traitant souvent de la condition des femmes, et en plus des pièces de théâtre, des récits de voyage et son autobiographie. Elle se passionnait aussi pour le folklore, en particulier pour les légendes de sa région, le Berry. En 1858, elle a publié le recueil *Les Légendes rustiques*, dont nous avons tiré *Les Flambettes*.

Les Flambettes raconte l'histoire d'un berger (Ludre) qui entre en contact avec des êtres merveilleux appelés des flambettes. En vous basant sur ces renseignements et sur l'apparence du mot lui-même, formulez une hypothèse sur la nature de ces «flambettes».

Les Flambettes

Ce sont des esprits taquins et pernicieux. Dès qu'elles aperçoivent un voyageur, elles l'entourent, le lutinent et parviennent à l'exaspérer. Elles fuient alors, l'entrainent au fond des bois et disparaissent quand elles l'ont tout à fait égaré.

Maurice Sand

Les flambeaux, ou flambettes, ou flamboires, que l'on appelle aussi les feux fous, sont ces météores bleuâtres que tout le monde a rencontrés la nuit ou vus danser sur la surface immobile des eaux dormantes. On dit que ces météores sont inertes par eux-mêmes, mais la moindre brise les agite, et ils prennent
5   une apparence de mouvement qui amuse ou inquiète l'imagination, selon qu'elle est disposée à la tristesse ou à poésie.

Pour les paysans, ce sont des âmes en peine qui leur demandent des prières, ou de méchantes âmes qui les entraînent dans une course désespérée et les mènent, après mille détours insidieux, au plus profond de l'étang ou de la
10   rivière. Comme le lupeux et le follet, on les entend rire toujours plus distinctement à mesure qu'elles s'emparent de leur proie et la voient s'approcher du dénouement funeste et inévitable.

Les croyances varient beaucoup sur la nature et l'intention plus ou moins mauvaise des *flambettes*. Il en est qui se contentent de vous égarer, et qui, pour
15   en venir à leurs fins, ne se gênent nullement pour prendre diverses apparences.

On raconte qu'un berger, qui avait appris à se les rendre favorables, les faisait venir et partir à son gré. Tout allait bien pour lui, sous leur protection. Ses bêtes profitaient, et, quant à lui, il n'était jamais malade, dormait et mangeait bien, été comme hiver. Cependant, on le vit tout à coup devenir
20   maigre, jaune et mélancolique. Consulté sur la cause de son ennui, il raconta ce qui suit.

Une nuit qu'il était couché dans sa cabane roulante, auprès de son parc, il fut éveillé par une grande clarté et par de grands coups frappés sur le toit de son habitacle.

25   — Qu'est-ce que c'est donc? fit-il, très surpris que ses chiens ne l'eussent pas averti.

Mais, avant qu'il fût venu à bout de se lever, car il se sentait lourd et comme étouffé, il vit devant lui une femme si petite, si petite, et si menue, et si vieille, qu'il en eut peur, car aucune femme vivante ne pouvait avoir une
30   pareille taille et un pareil âge. Elle n'était habillée que de ses longs cheveux blancs qui la cachaient tout entièrement et ne laissaient passer que sa petite tête ridée et ses petits pieds desséchés.

— Çà, mon garçon, fit-elle, viens avec moi, l'heure est venue.

— Quelle heure donc qui est venue? dit le berger, tout déconfit.

35   — L'heure de nous marier, reprit-elle; ne m'as-tu pas promis le mariage?

— Oh! oh! je ne crois pas! D'autant plus que je ne vous connais point et vous vois pour la première fois de ma vie.

— Tu as menti, beau berger! tu m'as vue sous une forme lumineuse. Ne reconnais-tu pas la mère des flambettes de la prairie? et ne m'as-tu pas juré, en
40   échange des grands services que je t'ai rendus, de faire la première chose dont je te viendrais requérir?

— Oui, c'est vrai, mère Flambette; je ne suis pas un homme à reprendre ma parole, mais j'ai juré cela à condition que ce ne serait aucune chose contraire à ma foi de chrétien et aux intérêts de mon âme.

45   — Eh bien, donc! est-ce que je te viens enjôler comme une coureuse de nuit? Est-ce que je ne viens pas chez toi décemment revêtue de ma belle chevelure d'argent fin, et parée comme une fiancée? C'est à la messe de la nuit que je te veux conduire, et rien n'est si salutaire pour l'âme d'un vivant que le mariage avec une belle morte comme je suis. Allons, viens-tu? Je n'ai pas de
50   temps à perdre en paroles.

Et elle fit mine d'emmener le berger hors de son parc. Mais il recula, effrayé, disant:

— Nenni, ma bonne dame, c'est trop d'honneur pour un pauvre homme comme moi, et d'ailleurs, j'ai fait vœu à saint Ludre, mon patron, d'être
55 garçon le restant de mes jours.

Le nom du saint, mêlé au refus du berger, mit la vieille en fureur. Elle se prit à sauter en grondant comme une tempête, et à faire tourbillonner sa chevelure, qui, en s'écartant, laissa voir son corps noir et velu. Le pauvre Ludre (c'était le nom du berger) recula d'horreur en voyant que c'était le corps d'une
60 chèvre, avec la tête, les pieds et les mains d'une femme caduque.

— Retourne au diable, la laide sorcière! s'écria-t-il; je te renie et je te conjure au nom du...

Il allait faire le signe de la croix, mais il s'arrêta, jugeant que c'était inutile, car au seul geste de sa main, la diablesse avait disparu, et il ne restait plus d'elle
65 qu'une petite flamme bleue qui voltigeait en dehors du parc.

— C'est bien, dit le berger, faites le flambeau tant qu'il vous plaira, cela m'est fort égal, je me moque de vos clartés et singeries.

Là-dessus, il se voulut recoucher; mais voilà que ses chiens, qui jusque-là étaient restés comme charmés, se prirent à venir sur lui en grondant et en
70 montrant les dents, comme s'ils le voulaient dévorer, ce qui le mit fort en colère contre eux, et, prenant son bâton ferré, il les battit comme ils le méritaient pour leur mauvaise garde et leur méchante humeur.

Les chiens se couchèrent à ses pieds en tremblant et en pleurant. On eût dit qu'ils avaient regret de ce que le mauvais esprit les avait forcés de faire. Ludre,
75 les voyant apaisés et soumis, se mettait en devoir de se rendormir, lorsqu'il les vit se relever comme des bêtes furieuses et se jeter sur son troupeau. Il y avait là deux cents ouailles qui se prirent de peur et de vertige, sautèrent comme des diables par-dessus la clôture du parc et s'enfuirent à travers champs, courant comme si elles eussent été changées en biches, tandis que les chiens, tournés à
80 la rage comme des loups, les poursuivaient en leur mordant les jambes et leur arrachant la laine, qui s'envolait en nuées blanches sur les buissons.

Le berger, bien en peine, ne prit pas le temps de remettre ses souliers et sa veste, qu'il avait posés à cause de la grande chaleur. Il se mit à courir après son troupeau, jurant après ses chiens qui ne l'écoutaient point et couraient de plus
85 belle, hurlant comme des chiens courants qui ont levé le lièvre, et chassant devant eux le troupeau effarouché.

Et tant coururent, ouailles, chiens et berger, que le pauvre Ludre fit au moins douze lieues autour de la mare aux flambettes, sans pouvoir rattraper son troupeau ni arrêter ses chiens, qu'il eût tués de bon cœur s'il eût pu les
90 atteindre.

Enfin, le jour venant à poindre, il fut bien étonné de voir que les ouailles qu'il croyait poursuivre n'étaient autre chose que des petites femmes blanches, longues et menues, qui filaient comme le vent et qui ne semblaient point se fatiguer plus que ne se fatigue le vent lui-même. Quant à ses chiens, il les vit
95 *mués en deux grosses coares* (corbeaux), qui volaient de branche en branche en croassant.

Assuré alors qu'il était tombé dans un sabbat, il s'en retourna tout éreinté et tout triste à son parc, où il fut bien étonné de retrouver son troupeau dormant sous la garde de ses chiens, lesquels vinrent au-devant de lui pour le caresser.

100   Il se jeta alors sur son lit et dormit comme une pierre. Mais, le lendemain, au soleil levé, il compta ses bêtes à laine et en trouva une de moins qu'il eut beau chercher.

Le soir, un bûcheron, qui travaillait autour de la mare aux flambettes, lui rapporta, sur son âne, la pauvre brebis noyée, en lui demandant comment il
105   gardait ses bêtes, et en lui conseillant de ne pas dormir si dur s'il voulait garder sa bonne renommée de berger et la confiance de ses maîtres.

Le pauvre Ludre eut bien souci d'une affaire à quoi il ne comprenait rien, et qui, par malheur pour lui, recommença d'une autre manière la nuit suivante.

Cette fois, il rêva qu'une vieille chèvre, à grandes cornes d'argent, parlait à
110   ses ouailles et qu'elles la suivaient en galopant et sautant comme des cabris autour de la grand-mare. Il s'imagina que ses chiens étaient mués en bergers, et lui-même en un bouc que ces bergers battaient et forçaient à courir.

Comme la veille, il s'arrêta à la piquée du jour, reconnut les flambettes blanches qui l'avaient déjà abusé, revint, trouva tout tranquille dans son parc,
115   dormit tombant de fatigue, puis se leva tard, compta ses bêtes et en trouva encore une de moins.

Cette fois, il courut à la mare et trouva la bête en train de se noyer. Il la retira de l'eau, mais c'était trop tard et elle n'était plus bonne qu'à écorcher.

Ce méchant métier durait depuis huit jours. Il manquait huit bêtes au
120   troupeau, et Ludre, soit qu'il courût en rêve comme un somnambule, soit qu'il rêvât, dans la fièvre, qu'il avait les jambes en mouvement et l'esprit en peine, se sentait si las et si malade qu'il en pensait mourir.

— Mon pauvre camarade, lui dit un vieux berger très savant, à qui il contait ses peines, il te faut épouser la vieille ou renoncer à ton état. Je connais cette
125   bique à cheveux d'argent pour l'avoir vue lutiner un de nos anciens, qu'elle a fait mourir de fièvre et de chagrin. Voilà pourquoi je n'ai jamais voulu frayer avec les flambettes, encore qu'elles m'aient fait bien des avances, et que je les aie vues danser en belles jeunes filles autour de mon parc.

— Et ne sauriez-vous me donner un charme pour m'en débarrasser? dit
130   Ludre tout accablé.

— J'ai ouï dire, répondit le vieux, que celui qui pourrait couper la barbe à cette maudite chèvre la governerait à son gré; mais on y risque gros, à ce qu'il paraît, car si on lui en laisse seulement un poil, elle reprend sa force et vous tord le cou.

— Ma foi, j'y tenterai tout de même, reprit Ludre, car autant vaut y périr
135   que de m'en aller en languition comme j'y suis.

La nuit suivante, il vit la vieille en figure de flambette s'approcher de sa cabane, et il lui dit:

— Viens çà, la belle des belles, et marions-nous vitement.

Quelle fut la noce, on ne l'a jamais su; mais, sur le minuit, la sorcière étant
140   bien endormie, Ludre prit le ciseaux à tondre les moutons et, d'un seul coup, lui trancha si bien la barbe, qu'elle avait le menton tout à nu, et il fut content de voir que ce menton était rose et blanc comme celui d'une jeune fille. Alors, l'idée lui vint de tondre ainsi toute sa *chèvre épousée* pensant qu'elle perdrait peut-être toute sa laideur et sa malice avec sa toison.

145   Comme elle dormait toujours ou faisait semblant, il n'eut pas grand-peine à faire cette tondaille. Mais, quand ce fut fini, il s'aperçut qu'il avait tondu sa houlette et qu'il se trouvait seul, couché avec ce bâton de cormier.

Il se leva bien inquiet de ce que pouvait signifier cette nouvelle diablerie, et son premier soin fut de recompter ses bêtes, qui se trouvèrent au nombre de
150   deux cents, comme si aucune ne se fût jamais noyée.

Alors, il se dépêcha de brûler tout le poil de la chèvre et de remercier le bon saint Ludre, qui ne permit plus aux flambettes de le tourmenter.

George Sand

Premières impressions

1.   À quoi servent les trois premiers paragraphes?
2.   Aviez-vous prédit avec justesse la nature des «flambettes»? Expliquez.

Questions de détail

1.   Quels effets bénéfiques les flambettes avaient-elles sur le berger pendant un temps?
2.   Qu'est-ce que la mère Flambette demande au berger? Pourquoi, à votre avis, refuse-t-il?
3.   Quelles sont les transformations d'apparence de la flambette?
4.   Quelles sont les conséquences négatives du refus du berger?
5.   Quelles transformations de caractère et de forme subissent les chiens du berger? Quel en est l'effet?
6.   Le berger croit, à un moment donné, qu'il est «tombé dans un sabbat». Qu'est-ce que cela veut dire?
7.   On commence à appeler la flambette «une sorcière» vers le milieu du conte. Quel est l'effet de ceci?
8.   Expliquez comment le berger arrive enfin à se débarrasser de la flambette. Est-ce que ceci renforce ou diminue le côté «diabolique» de la légende?

Questions de langue

1.   Le mot **météore** est utilisé dans la première phrase de la légende. Cherchez ce mot dans votre dictionnaire. D'après le sens de la phrase, s'agit-il d'un phénomène qui se trouve juste au-dessus de l'eau, ou bien dans le ciel? Expliquez.
2.   Cherchez dans un dictionnaire le mot *requérir* (ligne 41). Quel mot utiliserions-nous aujourd'hui à la place de celui-ce?
3.   Quelle expression utiliserions-nous de nos jours à la place de *nenni* (ligne 53)?

4. Proposez une version moderne de la question, «Est-ce que je te viens enjôler comme une coureuse de nuit?» (lignes 45–46).

5. Quel mot utiliserions-nous aujourd'hui à la place de *caduque* (ligne 60)?

Questions de discussion

1. En quoi la situation serait-elle différente si *la flambette* était jeune et belle et non vieille et laide? Pourrait-on imaginer une légende dans laquelle le berger tomberait amoureux d'une **belle** créature merveilleuse? Quelle est donc l'importance et le rôle de la beauté dans cette légende?

2. Quels sont les éléments qui établissent l'ambiance de **peur** dans cette légende? Est-ce que la peur vient exclusivement des phénomènes «merveilleux», ou bien d'une confusion entre le «merveilleux» et le réel? Discutez.

3. Pourquoi la vieille *flambette* voudrait-elle épouser le jeune berger?

4. Les centaures étaient des créatures mythologiques moitié homme et moitié cheval. Comparez la figure du centaure à celle de la *mère flambette* moitié femme et moitié chèvre.

Projets

1. Écrivez une version modifiée de la légende, dans laquelle les genres sont renversés (c'est-à-dire avec une bergère et un être merveilleux masculin). La légende a-t-elle le même sens? Discutez.

2. Écrivez la légende du point de vue de la *mère Flambette.*

3. Faites quelques recherches et expliquez la science des *flambettes* ou *feux follets* que l'on voit près des étangs.

4. Racontez une autre légende que vous connaissez où il est question d'une tentation qui semble diabolique. Indiquez l'origine de la légende que vous racontez.

Persinette

Mme de la Force

Anticipation

Quand on pense aux recueils de contes de fées, on pense à Charles Perrault en
France et aux frères Grimm en Allemagne. En effet, Perrault a publié entre
1691 et 1694 des contes de fées, et les frères Grimm en ont publié bien plus
tard, en 1812. On sait peut-être moins que la publication des contes de fées en
France était surtout une activité de femmes à la fin du dix-septième siècle.
L'aristocratie de cette époque adorait ces contes de fées, qui sont devenus par
la suite un genre littéraire apprécié surtout par les enfants.

Charlotte-Rose de Caumont de La Force était fille d'un marquis. Elle a écrit,
en plus de contes de fées, des poèmes et des romans.

— Le mot *Persinette* dérive du nom d'une herbe très commune de nos jours,
utilisée dans beaucoup de plats différents. Identifiez cette herbe.

— Le conte *Persinette* a été repris par les frères Grimm sous le nom
Rapunzel, nom qui, lui aussi dérive du nom d'une herbe. Dans les deux
versions, l'action du conte est déclenchée par le désir immodéré d'une femme
de manger de cette herbe qui pousse dans le jardin de sa voisine; la femme
persuade son mari d'aller voler de l'herbe pour qu'elle puisse en manger.
Discutez des implications de cette mise en scène. (Qu'est-ce que cela suggère
quant au caractère de la femme et de son mari?)

Persinette

Deux jeunes amants s'étaient mariés ensemble, après une longue poursuite de
leurs amours; rien n'était égal à leur ardeur; ils vivaient contents et heureux,
quand pour combler leur félicité, la jeune épouse se trouva grosse, et ce fut une
grande joie dans ce petit ménage; ils souhaitaient fort un enfant, leur désir se
5   trouvait accompli.

Il y avait dans leur voisinage une fée, qui surtout était curieuse d'avoir un beau jardin; on y voyait avec abondance de toutes sortes de fruits, de plantes et de fleurs.

En ce temps-là le persil était fort rare dans ces contrées; la fée en avait fait
10 approter des Indes, et on n'en eût su trouver dans tout le pays que dans son jardin.

La nouvelle épouse eut une grande envie d'en manger; et comme elle savait bien qu'il était malaisé de la satisfaire, parce que personne n'entrait dans ce jardin, elle tomba dans un chagrin qui la rendit méconnaissable aux yeux
15 mêmes de son époux. Il la tourmenta pour savoir la cause de ce changement prodigieux qui paraissait dans son esprit, aussi bien que sur son corps; et après lui avoir trop résisté, sa femme lui avoua enfin qu'elle voudrait bien manger du persil. Le mari soupira, et se troubla pour une envie si malaisée à satisfaire: néanmoins, comme rien ne paraît difficile en amour, il allait jour et nuit
20 autour des murs de ce jardin pour tâcher d'y monter; mais ils étaient d'une hauteur qui rendait la chose impossible.

Enfin au soir il aperçut une des portes du jardin ouverte. Il s'y glissa doucement, et il fut si heureux, qu'il prit à la hâte une poignée de persil. Il ressortit comme il était entré, et porta son vol à sa femme, qui le mangea avec
25 avidité, et qui deux jours après se trouva plus pressée que jamais de l'envie d'en remanger encore.

Il fallait que dans ce temps-là le persil fût d'un goût bien excellent.

Le pauvre mari retourna ensuite plusieurs fois inutilement. Mais enfin sa persévérance fut récompensée; il trouva encore la porte du jardin ouverte. Il y
30 entra, et fut bien surpris d'apercevoir la fée elle-même, qui le gronda fort de la hardiesse qu'il avait de venir ainsi dans un lieu dont l'entrée n'était permise à qui que ce fût. Le jeune homme confus se mit à genoux, lui demanda pardon, et lui dit que sa femme se mourrait, si elle ne mangeait pas un peu de persil; qu'elle était grosse, et que cette envie était bien pardonnable. Eh bien, lui dit
35 la fée, je vous donnerai du persil tout autant que vous en voudrez, si vous me voulez donner l'enfant dont votre femme accouchera.

Le mari, après une courte délibération, le promit; il prit du persil autant qu'il en voulut.

Quand le temps de l'accouchement fut arrivé, la fée se rendit près de la
40 mère, qui mit au monde une fille, à qui la fée donna le nom de Persinette: elle la reçut dans des langes de toile d'or, et lui arrosa le visage d'une eau précieuse qu'elle avait dans un vase de cristal, qui la rendit, au moment même, la plus belle créature du monde.

Après ces cérémonies de beauté, la fée prit la petite Persinette, l'emporta
45 chez elle, et la fit élever avec tous les soins imaginables. Ce fut une merveille, avant qu'elle eût atteint sa douzième année: et comme la fée connaissait sa fatalité, elle résolut de la dérober à ses destinées.

Pour cet effet elle éleva, par le moyen de ses charmes, une tour d'argent au milieu d'une forêt. Cette mystérieuse tour n'avait point de porte pour y entrer;
50 il y avait de grands et beaux appartements aussi éclairés que si la lumière du soleil y fût entrée, et qui recevaient le jour par le feu des escarboucles dont

toutes ces chambres brillaient. Tout ce qui était nécessaire à la vie s'y trouvait splendidement; toutes les raretés étaient ramassées dans ce lieu. Persinette n'avait qu'à ouvrir les tiroirs de ses cabinets, elle les trouvait pleins des plus beaux bijoux; ses garde-robes étaient magnifiques, autant que celles des reines d'Asie, et il n'y avait pas une mode qu'elle ne fût la première à l'avoir. Elle était seule dans ce beau séjour, où elle n'avait rien à désirer que de la compagnie; à cela près, tous ses désirs étaient prévenus et satisfaits.

Il est inutile de dire qu'à tous ses repas les mets les plus délicats faisaient sa nourriture; mais j'assurerai que, comme elle ne connaissait que la fée elle ne s'ennuyait point dans sa solitude; elle lisait, elle peignait, elle jouait des instruments, et s'amusait à toutes ces choses qu'une fille qui a été parfaitement élevée n'ignore point.

La fée lui ordonna de coucher au haut de la tour, où il y avait une seule fenêtre; et après l'avoir établie dans cette charmante solitude, elle descendit par cette fenêtre, et s'en retourna chez elle.

Persinette se divertit à cent choses différentes dès qu'elle fut seule. Quand elle n'aurait fait que fouiller dans ses cassettes, c'était une assez grande occupation: combien de gens en voudraient avoir une semblable!

La vue de la fenêtre de la tour était la plus belle vue du monde: car on voyait la mer d'un côté, et de l'autre cette vaste forêt: ces deux objets étaient singuliers et charmants. Persinette avait la voix divine, elle se plaisait fort à chanter, et c'était souvent son divertissement, surtout aux heures qu'elle attendait la fée. Elle la venait voir fort souvent; et quand elle était au bas de la tour, elle avait accoutumé de dire: Persinette, descendez vos cheveux, que je monte.

C'était une des grandes beautés de Persinette que ses cheveux, qui avaient trente aunes de longueur sans l'incommoder. Ils étaient blonds comme fin or, cordonnés avec des rubans de toutes couleurs; et quand elle entendait la voix de la fée, elle les détachait, les mettait en bas et la fée montait.

Un jour que Persinette était seule à sa fenêtre, elle se mit à chanter le plus joliment du monde.

Un jeune prince chassait dans ce temps-là; it s'était écarté à la suite d'un cerf; en entendant ce chant si agréable, il s'en approcha et vit la jeune Persinette; sa beauté le toucha, sa voix le charma. Il fit vingt fois le tour de cette tour fatale, et n'y voyant point d'entrée, il pensa mourir de douleur; il avait de l'amour, il avait de l'audace, il eût voulu pouvoir escalader la tour.

Persinette, de son côté, perdit la parole quand elle vit un homme si charmant; elle le considéra longtemps tout étonnée; mais tout à coup elle se retira de sa fenêtre, croyant que ce fût quelque monstre, se souvenant d'avoir ouï dire qu'il y en avait qui tuaient par les yeux, et elle avait trouvé les regards de celui-ci très dangereux.

Le prince fût au désespoir de la voir ainsi disparaître; il s'informa aux habitations les plus voisines de ce que c'était, on lui apprit qu'une fée avait fait bâtir cette tour, et y avait enfermé une jeune fille. Il y rôdait tous les jours; enfin, il y fut tant qu'il vit arriver la fée, et entendit qu'elle disait : Persinette, descendez vos cheveux, que je monte. Au même instant il remarqua que cette belle personne défaisait les longues tresses de ses cheveux, et que la fée montait par eux: il fut très surpris d'une manière de rendre visite si peu ordinaire.

Le lendemain, quand il crut que l'heure était passée, que la fée avait accoutumé d'entrer dans la tour, il attendit la nuit avec beaucoup d'impatience; et s'approchant sous la fenêtre, il contrefit admirablement la voix de la fée, et dit: Persinette, descendez vos cheveux que je monte.

La pauvre Persinette, abusée par le son de cette voix, accourut et détacha ses beaux cheveux, le prince y monta; et quand il fut au haut, et qu'il se vit sur la fenêtre, il pensa tomber en bas, quand il remarqua de si près cette prodigieuse beauté. Néanmoins, rappelant toute son audace naturelle, il sauta dans la chambre; et se mettant aux pieds de Persinette, il lui embrassa les genoux avec une ardeur qui pouvait la persuader. Elle s'effraya d'abord; elle cria: un moment après elle trembla, et rien ne fut capable de la rassurer, que quand elle sentit dans son cœur autant d'amour qu'elle en avait mis dans celui du prince. Il lui disait les plus belles choses du monde, à quoi elle ne repondit que par un trouble qui donna de l'espérance au prince. Enfin, devenu plus hardi, il lui proposa de l'épouser sur l'heure: elle y consentit sans savoir presque ce qu'elle faisait: elle acheva de même toute la cérémonie.

Voilà le prince heureux: Persinette s'accoutume aussi à l'aimer: ils se voient tous les jours, et peu de temps après elle se trouve grosse. Cet état inconnu l'inquiéta fort, le prince s'en douta, et ne le lui voulut pas expliquer, de peur de l'affliger. Mais la fée l'étant allée voir; ne l'eut pas sitôt considérée qu'elle connut sa maladie. Ah, malheureuse! lui dit-elle, vous êtes tombée dans une grande faute, vous en serez punie, les destinées ne se peuvent éviter, et ma prévoyance a été bien vaine. En disant cela elle lui demanda d'un ton impérieux de lui avouer toute son aventure: ce que la pauvre Persinette fit, les yeux trempés de larmes.

Après ce recit, la fée ne parut point touchée de tout l'amour dont Persinette lui recontait des traits si touchants, et la prenant par ses cheveux, elle en coupa les précieux cordons: après quoi elle la fit descendre, et descendit aussi par la fenêtre. Quand elles furent au bas, elle s'enveloppa avec elle d'un nuage, qui les porta toutes deux au bord de la mer, dans un endroit très solitaire, mais assez agréable. Il y avait des prés, des bois, un ruisseau d'eau douce, une petite hutte, faite de feuillages toujours verts; et il y avait dedans un lit de jonc marin, et à côté une corbeille, dans laquelle il y avait de certains biscuits, qui étaient assez bons, et qui ne finissaient point. Ce fut en cet endroit que la fée conduisit Persinette, et la laissa, après lui avoir fait des reproches, qui lui parurent cent fois plus cruels que ses propres malheurs.

Ce fut en cet endroit qu'elle donna naissance à un petit prince et à une petite princesse, et ce fut en cet endroit qu'elle les nourrit, et qu'elle eut tout le temps de pleurer son infortune.

Mais la fée ne trouva pas cette vengeance assez pleine, il fallait qu'elle eut en son pouvoir le prince, et qu'elle le punît aussi. Dès qu'elle eut quitté la malheureuse Persinette, elle remonta à la tour, et se mettant à chanter du ton dont chantait Persinette, le prince, trompé par cette voix, et qui revenait pour

la voir, lui redemanda ses cheveux, pour monter comme il avait accoutumé: la
145 perfide fée les avait exprès coupés à la belle Persinette, et les lui tendant, le
pauvre prince parut à la fenêtre, où il eut bien moins d'étonnement que de
douleur de ne trouver pas sa maîtresse. Il la chercha des yeux: Téméraire, lui
dit-elle, votre crime est infini, la punition en sera terrible. Mais lui, sans
écouter des menaces qui ne regardaient que lui seul: où est Persinette, lui
150 répondit-il? Elle n'est plus pour vous, répliqua-t-elle. Alors le prince, plus agité
des fureurs de sa douleur, que contraint par la puissance de l'art de la fée, se
précipita du haut de la tour en bas. Il devait mille fois se briser tout le corps: il
tomba sans se faire d'autre mal que celui de perdre la vue.

Il fut très étonné de sentir qu'il ne voyait plus: il demeura quelque temps au
155 pied de la tour, à gémir et à prononcer cent fois le nom de Persinette.

Il marcha comme il put, en tâtonnant d'abord, ensuite ses pas furent plus
assurés; il fut ainsi, je ne sais combien de temps, sans rencontrer qui que ce fût
qui pût l'assister et le conduire: il se nourrissait des herbes et des racines qu'il
rencontrait quand la faim le pressait.

160 Au bout de quelques années, il se trouva un jour plus pressé de ses amours
et de ses malheurs qu'à l'ordinaire, il se coucha sous un arbre, et donna toutes
ses pensées aux tristes réflexions qu'il faisait. Cette occupation est cruelle à qui
pense mériter un meilleur sort; mais tout à coup il sortit de sa rêverie par le
son d'une voix charmante qu'il entendit. Ces premiers sons allèrent jusqu'à
165 son cœur; ils le pénétrèrent, et y portèrent de doux mouvements, avec lesquels
il y avait longtemps qu'il n'avait plus d'habitude. Ô dieux! S'écria-t-il, voilà la
voix de Persinette.

Il ne se trompait pas; il était insensiblement arrivé dans son désert. Elle était
assise sur la porte de sa cabane, et chantait l'histoire malheureuse de ses
170 amours. Deux enfants qu'elle avait, plus beaux que le jour, se jouaient à
quelques pas d'elle; et s'éloignant un peu, ils arrivèrent jusqu'auprès de l'arbre
sous lequel le pince était couché. Ils ne l'eurent pas plutôt vu, que l'un et
l'autre, se jetant à son cou, l'embrassèrent mille fois, en disant à tout moment,
c'est mon père. Ils appelèrent leur mère, et firent de tels cris, qu'elle accourut,
175 ne sachant ce que ce pouvait être; jamais jusqu' à ce moment-là sa solitude
n'avait été troublée par aucun accident.

Quelle fut sa surprise et sa joie, quand elle reconnut son cher époux? C'est
ce qu'il n'est pas possible d'exprimer. Elle fit un cri perçant auprès de lui; son
saisissement fut si sensible, que par un effet bien naturel elle versa un torrent
180 de larmes; Mais ô merveille! à peine ses larmes précieuses furent-elles tombées
sur les yeux du prince, qu'ils reprirent incontinent toute leur lumière: il vit
clair comme il faisant autrefois, et il reçut cette faveur par la tendresse de la
passionnée Persinette, qu'il prit entre ses bras, et à qui il fit mille fois plus de
caresses qu'il ne lui en avait jamais fait.

185 C'était un spectacle bien touchant de voir ce beau prince, cette charmante
princesse, et ces aimables enfants dans une joie et une tedresse qui les
transportaient hors d'eux-mêmes.

Le reste du jour s'écoula ainsi dans ce plaisir; mais le soir était venu, cette
petite famille eut besoin d'un peu de nourriture. Le prince croyant prendre du

190   biscuit, il se convertit en pierre: il fut épouvanté de ce prodige et soupira de douleur; les pauvres enfants pleurèrent; la désolée mère voulut au moins leur donner un peu d'eau, mais elle se changea en cristal.

      Quelle nuit! Ils la passèrent assez mal; ils crurent cent fois qu'elle serait éternelle pour eux.

195   Dès que le jour parut ils se levèrent, et résolurent de cueillir quelques herbes; mais, quoi! elles se transformaient en crapauds, en bêtes venimeuses; les oiseaux les plus innocents devinrent dragons, des harpies qui volaient autour d'eux, et dont la vue causait de la terreur. C'en est donc fait, s'écria le prince; ma chère Persinette, je ne vous ai trouvée que pour vous perdre d'une

200   manière plus terrible. Mourons, mon cher prince, répondit-elle en l'embrassant tendrement, et faisons envier à nos ennemis même la douceur de notre mort.

      Leurs pauvres petits enfants étaient entre leurs bras, dans une défaillance qui les mettait à deux doigts de la mort. Qui n'aurait pas été touché de voir

205   ainsi mourante cette déplorable famille? aussi se fit-il pour eux un miracle favorable. La fée fut attendrie; et rappelant dans cet instant toute la tendresse qu'elle avait sentie autrefois pour l'aimable Persinette, elle se transporta dans le lieu où ils étaient: elle parut dans un char brillant d'or et de pierreries; elles les y fit monter, se plaçant au milieu de ces amants fortunés; et mettant à leurs

210   pieds leurs agréables enfants, sur des carreaux[1] magnifiques, elle les conduisit de la sorte jusqu'au palais du roi, père du prince. Ce fut là que l'allégresse fut excessive; on reçut comme un dieu ce beau prince, que l'on croyait perdu depuis si longtemps; et il se trouva si satisfait de se voir dans le repos, après avoir été si agité de l'orage, que rien au monde ne fut comparable à la félicité

215   dans laquelle il vécut avec sa parfaite épouse.

      Tendres époux, apprenez par ceux-ci,
      Qu'il est avantageux d'être toujours fidèles;
      Les peines, les travaux, le plus cuisant souci,
      Tout enfin se trouve adouci,

220   Quand les ardeurs sont mutuelles:
      On brave la fortune, on surmonte le sort,
      Tant que deux époux sont d'accord.

Madame de la Force

Premières impressions

Le psychiatre Bruno Bettelheim croyait que les contes de fées permettent aux enfants de faire face, de façon symbolique, à divers drames de développement. Quel pourrait être le drame dont il s'agit dans ce conte. (Donnez ici votre première impression seulement; vous y reviendrez.)

Questions de détail

1. Le mari accepte les conditions qu'impose la fée (il lui donnera son premier enfant) en échange pour la permission de continuer à prendre du persil dans son jardin. Comment vous expliquez-vous ses actions?
2. Pourquoi la fée enferme-t-elle Persinette dans une tour sans porte au milieu de la forêt?
3. Étudiez la description de la tour. Quels en sont les éléments aristocratiques et merveilleux?
4. Persinette souffre-t-elle de son enfermement dans la tour?
5. Pourquoi Persinette pense-t-elle que le prince est un «monstre» lorsqu'elle le voit pour la première fois?   Discutez de l'emploi de cette expression.
6. Lorsque Persinette est envoyée en «exil» par la fée, y trouve-t-elle des conditions dures qui la font souffrir?
7. En quoi consiste la punition du prince? Souffre-t-il?
8. Comment le prince recouvre-t-il la vue?

Questions de discussion

1. «La fée essaie de protéger Persinette de la perfidie des hommes; les hommes du conte utilisent des ruses pour obtenir ce qu'ils veulent en dépit de la volonté des femmes.» Êtes-vous d'accord? Expliquez.
2. «Persinette est une héroïne féministe. Elle trouve en son propre corps (ses cheveux, ses larmes) le moyen de transformer son monde.» Êtes-vous d'accord? Expliquez.
3. Renversez les genres des personnages (Persinette est un garçon et c'est une jeune princesse qui vient le trouver dans la tour). Est-ce que le conte fonctionne toujours? Discutez.
4. À la lumière des discussions précédentes, reprenez la discussion quant au «drame de développement» exprimé par ce conte.

Projets

1. Comparez Persinette à la Rapunzel des frères Grimm, et discutez de toutes les différences que vous trouvez.
2. Écrivez ce conte du point de vue de la fée. Votre texte pourrait prendre la forme de son journal intime, ou bien d'une série de lettres qu'elle écrit.

Rencontres de cultures

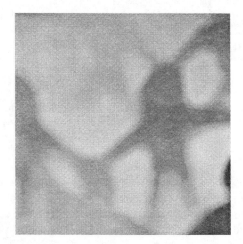

La rencontre de deux ou plusieurs cultures ne se fait pas toujours sans heurts. On dit que c'est avec la deuxième culture que la première apparaît, autrement dit, que c'est au contact des autres qu'on apprend à connaître sa propre culture.

Les textes suivants, qui offrent plusieurs exemples de types de rencontres, traitent de l'immigration, du racisme, de la culture des jeunes, et des stéréotypes.

Lettres à sa famille
Louis Hémon

Anticipation

Louis Hémon, né en France en 1880, est parti étudier l'anglais en Angleterre à l'âge de 19 ans. En 1911, il s'est établi au Canada, d'abord à Montréal, puis dans la région du lac Saint-Jean. Il est mort d'un accident deux ans plus tard, âgé alors de 33 ans. Il est l'auteur de *Maria Chapdelaine*, roman célèbre publié après sa mort (en 1916 au Canada, et en 1921 en France).

Voici trois des lettres qu'il a écrites à sa famille durant ses voyages. La première, adressée à son père, a été écrite bientôt après son arrivée en Angleterre; la deuxième, à sa mère, a été écrite dès son arrivée au Canada et la troisième, à sa sœur, un an plus tard. Toutes trois révèlent certaines de ses premières impressions de la vie à l'étranger.

Quels souhaits et inquiétudes aurait pu avoir sa famille au sujet de ces voyages? Pensez à l'âge qu'avait Louis Hémon et à l'époque.

À son Père

Oxford (juillet 1899)

Mon cher papa,

Tu me souhaites dans ta lettre un tas d'horribles événements, comme de changer de caractère, ou de mûrir, ou de me transformer moralement, et autres aventures. J'imagine que ce doit être très pénible quand on a passé 19 ans à
5   s'habituer à un caractère, d'en changer brusquement pour un autre qu'on ne connaît pas, au même moment où l'on commençait à se faire au premier. J'imagine encore que si tu entends par «mûrissement» le progrès qui consiste à se couler dans le moule de la majorité de ses concitoyens, à faire toutes choses

avec poids, raison et mesure, à éviter ce qui «ne se fait pas», et à rechercher au
10 contraire les faits, gestes et paroles qui ont servi avant vous à un grand nombre
d'êtres à peu près humains, pour en faire soi-même le même usage
soigneusement déterminé par la Raison, ce doit être également une chose très
désagréable de sentir se faire en soi une transformation de ce genre. Enfin si le
«progrès moral» que tu me souhaites, et dont tu crois avoir remarqué les
15 débuts, ô illusion, t'a donné la douce espérance de voir éclore en moi le jeune
homme rangé, pondéré et tranquille propre à devenir avec l'âge un parfait M.
Prudhomme[1] ou le modèle des fonctionnaires, je crois, hélas, qu'il te faut
rayer cela de tes papiers. Mais si tu enveloppes seulement de ces périphrases
l'espoir que des études quelconques pourront désormais trouver place dans ma
20 vie, et que j'irai m'affermissant dans la conviction qu'il n'est pas nécessaire
pour être original de considérer plusieurs années, avant de les franchir, les
obstacles dont l'Université parsème annuellement la carrière, je crois qu'il y a
en effet quelque chose de ce genre dans l'air, mais qu'il faudra voir cela à
l'épreuve avant de s'en réjouir. Et ceci forme mon premier point.
25   Ensuite tu veux bien m'apprendre que je suis en Angleterre pour apprendre
l'anglais, et tu m'exprimes l'espoir que je ne passerai pas mes vacances à
voltiger de ville en ville à travers le Royaume-Uni. D'accord, mais il y a un
point beaucoup plus important pour moi que pour vous, c'est que je dois
m'arranger ici pour me tanner le moins possible pendant les deux mois et
30 demi de mon séjour. Or, je serai ici très bien pour y passer un mois ou cinq
semaines, mais pour rien au monde je ne voudrais y rester toutes les vacances,
pour cette raison que je suis seul jeune homme entre quatre ou cinq dames, et
que je donnerais pour pas grand'chose un honneur aussi singulier. Miss Swann
est extrêmement aimable, et fait tout ce qu'elle peut pour me procurer des
35 divertissements de tous genres, mais enfin la société des vieilles dames n'est
pas mon fait, et je crois qu'au bout de deux mois je pourrais en avoir assez;
d'autant plus qu'Oxford, qui est en ce moment une ville abandonnée, les
collèges étant vides, a plusieurs des inconvénients de la ville sans en avoir les
avantages. Miss Swann habite une maison, assez gentille, qui lui appartient,
40 dans un jardin au bout d'un des faubourgs d'Oxford. Il y a ici, outre Mlle
Swann et sa sœur, deux jeunes misses suédoises, et je crois qu'on attend
quelques Allemands, ou Allemandes. Je suppose que ça intéressera maman de
savoir que les repas sont ainsi réglés. À 9 h déjeuner—thé, rôties, œufs et
jambon, ou bien du saumon, et de la confiture. 1 h 30 dîner—quelques kilos
45 de viande, un plat quelconque et le dessert. Thé à 4 h 30 et souper à 8 h —avec
de la viande encore, et des légumes. Détail particulier, toutes les viandes sont
archi-cuites, j'en viens presque à rêver de roastbeefs saignants; ce régime me
convient d'ailleurs parfaitement, je me porte à merveille. Miss Swann m'a
«introduit» à sa sœur, qui a une maison de campagne près d'Oxford. J'y suis
50 allé deux jours après, jouer au tennis et prendre le thé; et aujourd'hui j'y ai
dîné, promenade en bateau, thé dans une île de la Tamise[2], c'était charmant.

---

[1] caricature du conformisme bourgeois, créée vers le milieu du XIXe siècle
[2] grand fleuve anglais qui traverse la ville de Londres

L'hospitalité anglaise est une chose prodigieuse. Hier j'ai été assister à des courses sur la Tamise dans la barge d'un collège, invité encore par une amie de Miss Swann, dont le fils ramait; j'y ai rencontré avec quel plaisir, une jeune
55 Française qui est en Angleterre depuis quelques mois; nous avons «chiné» avec délices les Anglo-Saxons. Ma distraction principale est le canotage. La Tamise n'est qu'à 10 minutes à peine. Je pense y joindre bientôt les bains froids dès que le soleil, qui s'est éclipsé ce matin pour faire place à la pluie, sera revenu. Voilà, je suppose, tous les détails souhaitables sur mon genre d'existence, il en
60 est de plus désagréables. Parlons maintenant de choses sérieuses. Il s'ouvre à Oxford à la fin du mois un grand «meeting» qui attire pas mal d'Anglais et même d'étrangers. Ceci consiste en une cinquantaine de lectures[3] et conférences sur la littérature, anglaise, française... etc. On y voit même une lecture sur Loti et Daudet[4], sur l'histoire, voire même quelques sujets touchant
65 vaguement à la politique. Il y a aussi des excursions dans les vieux châteaux des environs, même plusieurs fêtes et garden-parties. Le prix du ticket donnant droit au tout est élevé, 30 shillings, mais ça dure un mois et je crois que ce ne pourrait que me faire du bien d'entendre parler fréquemment un anglais autre que l'anglais de conversation, qui est forcément un peu restreint. D'ailleurs ça
70 vous regarde absolument. Je vous prierai de m'envoyer l'argent nécessaire pour le supplément de blanchissage et mon quart de bière de chaque repas. S'il vous est possible d'y joindre quelque monnaie pour l'achat d'un caleçon de bain et mes dépenses presque quotidiennes de bateau, je vous en serais très reconnaissant. Tâche de te soigner et de ne pas faire de bêtises. Envoyez-moi
75 des nouvelles.

Ton fils,
L. Hémon

Premières impressions

1. À votre avis, comment se sentait Louis Hémon au moment où il a écrit cette lettre (sentimental, irrité, affectueux, etc.)? Expliquez brièvement.
2. Avez vous l'impression que Louis Hémon et son père s'entendaient bien? Y avait-il, au contraire, des tensions entre eux?
3. Pensez-vous que Louis Hémon aimait l'Angleterre?

Approfondissement

1. Indiquez si les phrases suivantes sont *vraies* ou *fausses*. Si la phrase est fausse, reformulez-la pour qu'elle reflète le sens de la lettre.
   a) Louis Hémon suit des cours d'anglais à Oxford.
   b) Louis Hémon a l'intention d'obtenir un diplôme universitaire.

---

[3] conférence (anglicisme)
[4] écrivains français du XIXe siècle

c) Le père de Louis Hémon voudrait qu'il reste à Oxford pendant toutes ses vacances.

d) Louis Hémon se croit chanceux d'être le seul homme logé chez Miss Swann.

e) Louis Hémon mange plus de viande chez Miss Swann qu'en France.

f) Louis Hémon souffre de la cuisine anglaise.

g) Louis Hémon trouve les Anglais peu hospitaliers.

h) Louis Hémon trouve son existence à Oxford désagréable.

i) Louis Hémon voudrait assister au grand «meeting» parce que les sujets proposés le passionnent.

j) Les parents de Louis Hémon paient les frais de son séjour.

2. Répondez aux questions qui suivent, puis discutez des réponses.

a) Dans la première partie de la lettre, Louis Hémon répond à son père. Qu'est-ce que son père avait bien pu lui dire?

b) Quels aspects de la vie anglaise décrit-il à son père?

   i) Parmi ceux-ci, lesquels Louis Hémon semblait-il trouver agréables? désagréables? semblables à ceux de la vie en France? différents?

   ii) Y a-t-il d'autres aspects de sa vie dont vous vous attendiez à lire la description?

c) Louis Hémon dit avoir «chiné» les Anglo-Saxons avec une Française. De quoi se sont-ils moqués, à votre avis?

d) Diriez-vous que Louis Hémon est conformiste ou non-conformiste? Expliquez.

Questions de langue

1. Trois des phrases du texte sont très longues (lignes 7-24). Résumez brièvement l'idée centrale de chacune.

2. Trouvez, dans la lettre, un synonyme des expressions suivantes et indiquez à quelle ligne il apparaît:

a) s'habituer à

b) vouloir dire

c) se conformer à

d) aussi

e) pénible

f) type

g) à partir de maintenant

h) être très heureux

i) s'ennuyer

j) à la fin de

k) en plus de

l) limité

m) concerner

Questions de discussion

1. Connaissez-vous Oxford, ou une autre ville anglaise? Si oui, comparez votre impression de cette ville à celle qu'en a Louis Hémon.
2. Avez-vous déjà visité ou vécu dans une région francophone? Si oui, quels aspects de cette culture avez-vous trouvés frappants? Quels conseils vos parents vous ont-ils donnés avant votre départ?
3. Quels détails changeraient si la lettre était écrite aujourd'hui? Quels sont ceux qui resteraient les mêmes, ou semblables?

À sa Mère

Boite Postale 1131
Montréal
mardi 28 nov. 1911.

Ma chère maman,

Je trouve aujourd'hui ton câble, mais n'arrive pas bien à comprendre ce qui t'inquiète. Tu as eu plusieurs fois des nouvelles de moi depuis que j'ai passé l'eau, et comme il n'y a ici ni tremblements de terre, ni épidémie, et que les
5 Indiens ont cessé leurs attaques subites depuis un bon siècle ou deux, je suis aussi parfaitement en sûreté ici qu'à Mornington Crescent ou rue Vauquelin.

Mais je tâcherai d'écrire plus fréquemment en attendant que vous vous habituiez à l'idée que l'Amérique est partiellement civilisée.

J'ai bien reçu la lettre de Poule et la tienne la semaine dernière.
10 Tout à fait inutile d'envoyer le moindre argent, ni maintenant, ni pour le jour de l'an, ni plus tard. Je n'ai pas éprouvé grande difficulté à m'assurer le pain quotidien, accompagné d'une quantité raisonnable de steaks et de côtelettes. Heureusement, car le climat porte à la santé: j'ai d'ailleurs promptement adopté les mœurs locales sur ce point, et si tu me voyais prendre
15 pour «petit déjeuner» du matin deux côtelettes de veau avec des pommes de terre et des petits pains chauds, tes inquiétudes subsisteraient peut-être, mais sous une autre forme. Je connais un restaurant bienheureux où l'on a tout cela, avec du café, pour quinze sous. Car la nourriture est bon marché, si le reste est cher.
20 Comme j'avais acheté à Londres avant de partir tout ce qu'il me faut comme vêtements de dessus et de dessous, me voilà prêt à tout, et sans besoins aucuns.

D'ailleurs il n'a pas fait bien froid jusqu'ici, deux ou trois périodes de quelques jours où le thermomètre est descendu à 8 ou 10 au-dessous, pour
25 remonter bientôt; et pas mal de neige dans les rues, neige qui y est restée depuis trois semaines sous des formes diverses, glace, boue, etc... Le vrai hiver canadien n'est pas encore venu.

Montréal n'est pas une ville bien plaisante, malgré sa taille (500 000 habitants). D'abord elle ressemble trop à l'Europe, et je crois bien que je m'en

30 irai plus loin dans l'Ouest au printemps. Mais en attendant me voilà installé
en plein luxe pour l'hiver.

Les photographies que tu m'a envoyées m'intriguent. Je ne suis plus bien
sûr des petites cousines. Est-ce la petite Marguerite qui a poussé comme ça et
qui porte des cheveux sur le devant; et est-ce Louise ou Anne qui est à côté?
35 Mais mon cœur a sauté de joie en reconnaissant Eugène avec une casquette
d'amiral.

Affectueusement à tous trois.

Ton fils qui t'aime,
L. Hémon

Premières impressions

1. Comment décririez-vous le ton de cette lettre (sentimental, irrité, affectueux)?
2. Avez-vous l'impression que Louis Hémon et sa mère s'entendaient bien? Y avait-il, au contraire, des tensions entre eux?

Approfondissement

Indiquez si les phrases suivantes sont *vraies* ou *fausses*. Si la phrase est fausse, corrigez-la pour qu'elle traduise bien le sens de la lettre.
a) Louis Hémon pense que sa mère s'inquiète inutilement.
b) Louis Hémon dit qu'il écrira plus souvent, pour rassurer sa famille.
c) Louis Hémon serait heureux que sa mère lui envoie de l'argent.
d) Louis Hémon dit qu'il a du mal à gagner assez d'argent.
e) Louis Hémon trouve que le climat à Montréal lui convient bien.
f) L'expression *petit déjeuner* est écrite entre guillemets (« »), parce qu'il s'agit du nom québécois du repas du matin.
g) Louis Hémon trouve que la nourriture ne coûte pas cher à Montréal.
h) Louis Hémon va acheter des vêtements d'hiver à Montréal.
i) Louis Hémon compte rester à Montréal quelques années.
j) Les photos que sa mère lui avait envoyées lui semblent amusantes.

Questions de langue

En réfléchissant au contexte, proposez une paraphrase des expressions en italique. Comparez ensuite vos formulations; il y a sûrement plusieurs possibilités correctes et logiques.
Ligne 2: «Je trouve aujourd'hui ton *câble*»
Lignes 3-4: «Tu as eu plusieurs fois des nouvelles de moi *depuis que j'ai passé l'eau*»
Ligne 7: «Mais je *tâcherai* d'écrire plus fréquemment»

Lignes 11-12: «*Je n'ai pas éprouvé grande difficulté à m'assurer le pain quotidien*»
Lignes 13-14: «j'ai d'ailleurs promptement adopté les *mœurs* locales sur ce point»
Ligne 25: «et *pas mal de* neige dans les rues»
Ligne 28: «Montréal n'est pas une ville bien plaisante, *malgré* sa taille»
Ligne 33: «Est-ce la petite Marguerite qui *a poussé* comme ça»

Questions de discussion

1. Qu'est-ce que la mère de Louis Hémon a dû lui dire dans sa lettre?
2. Louis Hémon dit qu'il n'aime pas énormément Montréal parce que la ville «ressemble trop à l'Europe». Qu'est-ce qu'il cherche, à votre avis?
3. Si vous quittiez votre ville pour vous établir ailleurs, où iriez-vous? Pourquoi?
4. Quels aspects de la vie à Montréal Louis Hémon décrit-il à sa mère? Y a-t-il d'autres aspects de sa nouvelle vie dont vous vous attendiez à lire la description? Lesquels? Comment les imaginez-vous?
5. Avez-vous l'impression que sa famille lui manque? Si oui, où voyez-vous cela?

À Marie Hémon

Péribonka (Lac St-Jean)
Qué. Canada
5 sept. 1912.

Bonne Poule,

Merci de ta lettre, qui m'a couvert de confusion, puisque j'avais omis de t'écrire pour le 15 août. Après tes divers déplacements à St-Lo et St-Brieuc, te voilà, je suppose, à Beg-Meil. Je ne suis pas au bord de la mer, moi, mais je suis
5 encore plus «à la campagne» que toi. C'est une campagne peu ratissée et qui ne ressemble pas du tout à un décor d'opéra-comique; les champs ont une manière à eux de se terminer brusquement dans le bois; et une fois dans le bois, on peut s'en aller jusqu'à la baie d'Hudson sans être incommodé par les voisins ni faire de mauvaises rencontres, à part les ours et les Indiens, qui sont
10 également inoffensifs.

Cela n'empêche pas que nous sommes hautement civilisés ici à Péribonka. Il y a un petit bateau à vapeur qui vient au village tous les deux jours, quand l'eau est navigable. Si le bateau se mettait en grève il faudrait pour aller au chemin de fer à Roberval faire le tour par la route du tour du lac, c'est-à-dire
15 quatre-vingts kilomètres environ.

Ce qui me plaît ici, Poule, c'est que les manières sont simples et dépourvues de toute affectation. Quand on a quelque chose dans le fond de sa tasse on le vide poliment par-dessus son épaule; et quant aux mouches dans la soupe il

n'y a que les gens des villes, maniaques, un peu poseurs, qui les ôtent. On
20   couche tout habillé, pour ne pas avoir la peine de faire sa toilette le matin, et
on se lave à grande eau le dimanche matin. C'est tout.

La «patronne», m'entendant dire un jour en mangeant ses crêpes qu'il y
avait des pays où l'on mettait des tranches de pomme dans les crêpes, m'a dit
d'un air songeur: «Oh oui! Je pense bien que dans les grands restaurants à Paris
25   on doit vous donner des mangers pas ordinaires!» Et un brave homme qui se
trouvait là m'a raconté avec une nuance d'orgueil comme quoi il avait été un
jour à Chicoutimi (la grande ville du comté) et était entré dans un restaurant
pour y manger, au moins une fois dans sa vie, tout son saoul de saucisses. Il en
avait mangé pour une piastre (5 francs) paraît-il... Ah, nous vivons bien! Nous
30   avons tué le cochon la semaine dernière, et nous avons eu du foie de cochon
quatre fois en deux jours; cette semaine c'est du boudin à raison de deux fois
par jour. Ensuite ce sera du fromage de tête, et d'autres compositions
succulentes.

J'arrête là, pour ne pas te donner envie.
35   Amitiés à tous les gens de là-bas que je connais, à papa et maman, et toi. J'ai
appris avec plaisir que l'agrégation n'avait pas trop fatigué Papa; si vous avez
beau temps à Beg-Meil vous devrez en revenir tous trois en parfaite santé.

Ton frère,
40   L. *Hémon*

P.S. Je crois avoir oublié d'accuser réception de plusieurs lots de journaux, qui
m'ont fait grand plaisir.

Premières impressions

1.   Quel vous semble être le ton de cette lettre?
2.   Avez-vous l'impression que Louis Hémon se sent proche de sa sœur?

Approfondissement

1.   Pourquoi, à votre avis, est-ce que Louis Hémon est confus d'avoir oublié
d'écrire à sa sœur pour le 15 août?
2.   Louis Hémon se trouve dans une région peu habitée. Avez-vous
l'impression qu'il se sent isolé, que la ville lui manque?
3.   Louis Hémon décrit certaines manières et attitudes des habitants de
Péribonka. Avez-vous l'impression qu'il se moque d'eux, ou qu'au
contraire, il les admire?
4.   Pourquoi l'agrégation aurait-elle pu fatiguer son père (ligne 35)?

Question de langue

En réfléchissant au contexte, proposez une paraphrase des expressions en italique. Comparez ensuite vos formulations pour voir combien de paraphrases vous avez trouvées.

Lignes 8-9: «on peut s'en aller jusqu'à la baie d'Hudson sans être incommodé par les voisins ni faire de mauvaises rencontres, *à part* les ours et les Indiens»

Lignes 16-17: «Ce qui me plaît ici, Poule, c'est que les manières sont simples et *dépourvues* de toute affectation.»

Lignes 18-19: «et *quant* aux mouches dans la soupe, il n'y a que les gens des villes [...] qui les ôtent»

Lignes 27-28: «était entré dans un restaurant pour y manger, au moins une fois dans sa vie, *tout son saoul* de saucisses.»

Lignes 31-32: «cette semaine c'est du boudin *à raison de* deux fois par jour»

Lignes 38-39: «Je crois avoir oublié d'*accuser réception* de plusieurs lots de journaux»

Questions de discussion

1. Lequel des trois endroits visités Louis Hémon a-t-il préféré? Pourquoi?
2. Quelles différences de ton remarquez-vous entre les trois lettres? Comment expliquez-vous cela?
3. Dans ces trois lettres, Louis Hémon soulève la question générale de la vie rurale et de la vie citadine. Quels sont les avantages et inconvénients de ces modes de vie selon vous? Lequel préférez-vous?
4. Louis Hémon a rencontré une jeune Française qui passait l'été à Oxford. Pensez-vous que ses parents lui auraient donné les mêmes conseils et qu'ils auraient eu les mêmes inquiétudes à son égard? Expliquez. Serait-ce différent de nos jours, à votre avis?

Projets

1. Louis Hémon a travaillé pendant quelque temps comme journaliste. Imaginez l'article qu'il aurait pu écrire sur l'Angleterre, ou sur le Québec, pour un journal parisien.
2. Écrivez la lettre que le père, la mère, ou la sœur de Louis Hémon aurait pu lui écrire—avant ou après avoir reçu sa lettre.
3. Écrivez une lettre à un membre de votre famille, décrivant un séjour (réel ou imaginaire) que vous avez fait dans un autre pays.
4. Écrivez la lettre qu'une personne venant de France, en visite chez vous, pourrait écrire à un membre de sa famille. Quels aspects de votre société seraient surprenants ou remarquables pour cette personne?
5. À quel moment est-ce que vos ancêtres se sont installés en Amérique du Nord? D'où venaient-ils? Où se sont-ils établis? Imaginez la lettre que l'un d'eux aurait pu écrire à son arrivée ici, à un membre de sa famille.

Vin et coca-cola, castor et caniches

Nathalie Petrowski

Anticipation

Nous avons tous une vue stéréotypée de certains peuples; cette image stéréotypée du moins existe dans la société.

1. À quelles images stéréotypées pensez-vous lorsque vous réfléchissez aux groupes ethniques ou régionaux suivants:
   a) un groupe de touristes japonais?
   b) les Mexicains?
   c) les New-Yorkais?
   d) les cow-boys du Wyoming ou d'Alberta?
   e) les Californiens?
   f) les Québécois?
   g) les Acadiens?
   h) les Français?
   i) les Canadiens anglophones?
   j) les Américains?
   k) les Italiens?
2. Discutez de ces stéréotypes: quelle en est l'origine? ont-ils un élément de vrai? quel en est le danger?
3. Vous avez sûrement deviné qu'il s'agit de stéréotypes dans le texte suivant. En réfléchissant au titre, de quels groupes s'agit-il probablement?

Vin et coca-cola, castor et caniches

13 h 05. Latitude 47 degrés 05 nord. Longitude: 060 degrés 23 ouest. Nous sommes au large du Cap Nord. Le fleuve est loin derrière; la haute mer nous encercle. Après le détroit de Cabot, nous piquons vers l'est en direction des îles de Saint-Pierre et Miquelon. Le navire tangue tranquillement. Sur le pont du
5   gril, le vent est cinglant et la luminosité est chancelante. 600 jeunes attendent l'éclipse. Interdiction formelle de la regarder droit dans l'œil. Cris et protestations. «Pourquoi nous faire monter sur le pont alors?» Aucune réponse.

Les autorités les ont laissés dans le brouillard et celui-ci s'abat maintenant
10   implacablement sur eux.

Hier après-midi à Gaspé, deux passagers clandestins ont été invités à discrètement quitter le Mermoz. Le plus tapageur des deux, un jeune fonctionnaire de Québec avait vendu la mèche en se méritant un statut d'indésirable. Le cas de la jeune Montréalaise partie sur un coup de tête sans
15   passeport était plus problématique. Elle ne dérangeait personne. Elle aurait même pu devenir la mascotte clandestine du voyage. Certaines gens de l'OFQJ[1] étaient prêts à jouer le jeu. Le commandant a refusé pour une question d'assurances. La clandestine a compris que son avenir n'était pas assuré. Le destin l'a abandonnée sur le quai de Gaspé en lui rappelant que Français et
20   Québécois n'avaient pas le même rapport à la clandestinité.

Ce matin un atelier sur les stéréotypes culturels de la France et du Québec a fait ressortir toutes les disparités qui les séparent. Elles sont nombreuses malgré l'absence de contrastes physiques entre les participants. En apparence, les deux jeunesses se confondent dans l'habillement et le comportement. Même leurs
25   visages sont interchangeables. Mais une distance implicite et culturelle les distingue. Le cabinage a d'ailleurs été conçu pour que chacun reste chez soi. Même phénomène aux repas. Les jeunes s'attablent en cliques nationales sans forcer la fraternisation. Les échanges ont lieu dans le cadre officiel des ateliers.

Ce matin, Québécois et Français ont dressé la liste des clichés qu'ils
30   s'associent mutuellement. Chacun s'est ensuite expliqué devant l'autre. Ces associations libres ont ouvert le procès. Les Québécois ont sorti leurs couteaux pour reprocher à leurs ancêtres leur snobisme intellectuel, leur prétention, leur nombrilisme, leur agressivité et leurs interminables babillages. Les Français se sont montrés conciliants en retenant avec diplomatie leurs sarcasmes latents.
35   Ce qui les a frappés au Québec tourne autour de l'éternelle caisse de bière, la nourriture lourde et sucrée, les Indiens, les castors et la neige. Ils trouvent les Québécois par ailleurs chaleureux, disponibles, spontanés, directs et un peu complexés.

Fait intéressant: les jeunes Français en voyage ne perdent jamais de l'auto-
40   flagellation. Un Français, disent-ils, est un homme caustique, critique, qui en met plein la vue et qui croit détenir la vérité. Une Française est une femme qui

---

[1] Office Franco-Québécois pour la Jeunesse

aime se montrer. Un Québécois par contre est un homme confiant, un homme d'action ou encore un Américain relaxe qui parle français. Une Québécoise est pleine d'énergie. Elle est offensive, expressive et dynamique jusqu'à ce qu'elle
45   se fixe devant ses casseroles.

       D'un côté comme de l'autre, les clichés abondaient. C'était évidemment le but de l'exercice. Révéler au grand jour les préjugés qui traversent les cultures. Révéler sans plus. Aux visions folkloriques françaises, les Québécois ont opposé la révérence et l'hostilité des petits cousins colonisés. Et les castors des
50   uns valaient bien les caniches des autres.

Nathalie Petrowski

Premières impressions

Quel vous semble être le but principal de cet article paru dans le journal montréalais *Le Devoir*?

Approfondissement

Indiquez si les phrases suivantes sont *vraies* ou *fausses*; si la phrase est fausse, corrigez-la pour qu'elle soit juste.
a)   Le navire se trouvait dans le nord de l'océan Atlantique.
b)   Le fleuve dont il s'agit est le Saint-Laurent.
c)   Les habitants de Saint-Pierre et Miquelon sont de nationalité canadienne.
d)   Gaspé se trouve à Saint-Pierre.
e)   Le Mermoz est le nom du navire.
f)   Les passagers auraient aimé que la Montréalaise (passagère clandestine) puisse rester à bord.
g)   Les jeunes Québécois et Français ne se ressemblaient pas physiquement.
h)   Les Québécois partageaient des cabines avec les Français.
i)   Les Québécois ne mangeaient pas à la même table que les Français.
j)   Lorsqu'ils discutaient de clichés, les Québécois montraient de l'hostilité envers les Français.
k)   Les Québécois trouvaient les Français prétentieux et snobs.
l)   Les Québécois trouvaient positif le stéréotype du Français loquace.
m) Les Français avaient surtout des clichés négatifs à propos des Québécois.
n)   Les Français avaient une bonne impression de la cuisine québécoise.
o)   Les Français se sont montrés assez critiques envers eux-mêmes.

Question de langue

Cet article contient plusieurs expressions idiomatiques ou imagées. Proposez au moins une paraphrase pour chaque expression en italique, après en avoir étudié le contexte. Comparez ensuite les différentes versions.

Lignes 12-14: «un jeune fonctionnaire de Québec *avait vendu la mèche* en se méritant un statut d'indésirable»
Lignes 14-15: «Le cas de la jeune Montréalaise partie *sur un coup de tête* sans passeport était plus problématique.»
Lignes 31-33: «Les Québécois *ont sorti leurs couteaux* pour reprocher à leurs ancêtres leur snobisme intellectuel, leur prétention, leur *nombrilisme*»
Lignes 40-41: «Un Français, disent-ils, est un homme caustique, critique, qui *en met plein la vue* et qui croit détenir la vérité.»

Questions de discussion

1. Est-ce que vos stéréotypes des Français diffèrent de ceux des jeunes Québécois? Discutez de ces différences, s'il y a lieu, et essayez de les comprendre.
2. Est-ce que vos stéréotypes des Québécois diffèrent de ceux des jeunes Français? Discutez de ces différences, s'il y a lieu, et essayez de les comprendre.
3. Trouvez-vous le titre bien choisi? Expliquez.
4. Discutez des deux dernières phrases du texte.
   a) En quoi est-ce que les visions des Français étaient «folkloriques»?
   b) En quoi est-ce que les Québécois ont montré «la révérence et l'hostilité des petits cousins colonisés»?
   c) Que veut dire la dernière phrase du texte?
5. S'il y avait une rencontre entre Canadiens et Américains, pensez-vous que le résultat serait semblable à celui entre les Québécois et les Français? (Les Américains auraient-ils une vision «folklorique» des Canadiens? Les Canadiens montreraient-ils «la révérence et l'hostilité des petits cousins colonisés»?) Expliquez.
6. Aimeriez-vous participer à une rencontre de jeunes, comme celle décrite dans cet article? Si oui, quelle(s) autre(s) nationalité(s) aimeriez-vous rencontrer en particulier?

Projet

Faites un petit sondage sur les stéréotypes associés à un certain groupe ethnique. Ensuite, écrivez un rapport sur ce sondage: présentez vos résultats et discutez-en. (Ceci pourrait être le résultat de votre discussion en classe.)

Xénophobie

Raymond Devos

Anticipation

Raymond Devos (né en 1922) est un acteur comique belge. Au début de sa carrière, il a joué dans de nombreux films et pièces de théâtre. Depuis une vingtaine d'années, il travaille surtout à la création et à l'interprétation de monologues humoristiques, qu'il présente à Paris et en tournée.

Xénophobie

On en lit des choses sur les murs!...
Récemment, j'ai lu sur un mur:
«Le Portugal aux Portugais!»
Le Portugal aux Portugais!
5 C'est comme si l'on mettait:
«La Suisse aux Suisses!»
Ou:
«La France aux Français!»
Ce ne serait plus la France!
10 Le racisme, on vous fait une tête
comme ça avec le racisme!
Écoutez...
J'ai un ami qui est xénophobe.
Il ne peut pas supporter
15 les étrangers!
Il déteste les étrangers!
Il déteste à tel point les étrangers
que lorsqu'il va dans leur pays
il ne peut pas se supporter!

Raymond Devos

Premières impressions

L'humour est souvent très lié à la culture. En effet, ce qui semble extrêmement drôle aux Français peut paraître sans humour à quelqu'un d'un autre pays, et vice-versa.
a)   Avez-vous trouvé ce sketch amusant?
b)   Quels acteurs et actrices comiques trouvez-vous particulièrement amusants? Pouvez-vous expliquer ce qui vous plaît spécialement dans leur humour?

Approfondissement

1.   Comment interprétez-vous les slogans «Le Portugal aux Portugais», «La Suisse aux Suisses», «La France aux Français»?
2.   En quoi s'agit-il de racisme?
3.   Comment expliquez-vous la phrase «Ce ne serait plus la France!»?

Questions de langue

1.   Que veut dire la première ligne: «On en lit des choses sur les murs!... »?
     a)   On lit certaines choses sur les murs.
     b)   On lit beaucoup de choses sur les murs.
     c)   On lit peu de choses sur les murs.
     d)   On lit des choses surprenantes sur les murs.
     Avec quelle intonation dirait-on cette phrase?
2.   Que veut dire la phrase des lignes 10 et 11: «Le racisme, on vous fait une tête comme ça avec le racisme!»?
     a)   On parle tellement de racisme que cela vous donne mal à la tête.
     b)   On parle tellement de racisme que cela vous rend plein de confusion.
     c)   On parle tellement de racisme que cela vous met en colère.
     Avec quelle intonation dirait-on cette phrase?
3.   Il y a un geste typique qui accompagne en général l'expression «une tête comme ça». Si vous ne savez pas de quoi il s'agit, demandez à votre professeur.
     a)   Quels autres gestes «français» connaissez-vous?
     b)   Ont-ils le même sens chez vous?
4.   À la ligne 13, l'auteur dit: «J'ai un ami qui est xénophobe.»
     Immédiatement après, il donne deux paraphrases de la même expression:
     —«Il ne peut pas supporter les étrangers!»
     — «Il déteste les étrangers!»
     a)   Comment dirait-on ces trois phrases, à votre avis? (Avec la même intonation? une intonation différente?)
     b)   Essayez de trouver une ou deux autres paraphrases de la même expression.

Questions de discussion

1. Est-ce que le racisme se manifeste dans votre société? Si oui, quels groupes en sont victimes? S'agit-il uniquement de races différentes, ou parfois de groupes ethniques?
2. Quels seraient, à votre avis, les groupes cibles du racisme en France? Pourquoi ceux-là?

Projets

1. Préparez une lecture orale et comique de ce sketch. Ensuite, comparez les différentes interprétations proposées.
2. Essayez d'écrire un sketch humoristique sur un autre thème sérieux.
3. Écrivez un article en adoptant un des points de vue proposés; vous devez convaincre le lecteur que vous avez raison.
   a) Vous êtes pour une politique d'immigration ouverte.
   b) Vous pensez que l'immigration devrait être strictement contrôlée, surtout en ce qui concerne certains groupes ethniques.
   c) Vous pensez que l'idée du «melting pot» américain est mauvaise, et qu'il vaudrait mieux chercher à créer une société pluriculturelle.
   d) Vous défendez le principe du «melting pot».

La Machine à détecter tout ce qui est américain

Roch Carrier

Anticipation

Roch Carrier, né en 1937, est un écrivain québécois qui a écrit des romans bien connus et appréciés (*La guerre, yes sir!, Floralie, où es-tu?*) aussi bien que de nombreux contes. Le conte que vous allez lire fait partie de son recueil *Les Enfants du bonhomme dans la lune*, recueil publié en 1979 et dont les contes décrivent divers aspects de l'enfance. Ce recueil a gagné le Grand Prix Littéraire de la Ville de Montréal en 1980.

Les protagonistes de ce conte sont deux adolescents qui aiment aller à la pêche dans le ruisseau près de chez eux. Ils y attrapent facilement des goujons, petits poissons dont la taille ne dépasse pas 15 cm. Ils rêvent évidemment d'attraper de plus gros poissons. À partir de ces renseignements, formulez une hypothèse sur la nature de cette machine capable de «détecter tout ce qui est américain».

La Machine à détecter tout ce qui est américain

Au bas de la montagne, deux ou trois ruisseaux gigotaient parmi les aulnes. L'eau était très claire. Nour pouvions y voir les goujons, les choisir, les regarder mordre à l'hameçon. Il était impossible de revenir bredouille.

Au printemps, dès que la neige avait disparu, les Américains revenaient,
5   comme nous disions, avec leurs voitures, plus grosses que celle du curé, auxquelles étaient attachées de merveilleuses chaloupes. Les Américains venaient pêcher. Avec leurs grosses chaloupes, ils ne s'aventuraient pas dans nos trois petits ruisseaux, non, ils allaient plus loin, dans les montagnes,

pêcher dans un lac qui leur appartenait. Puisque les Américains venaient de si
10 loin pêcher dans ce lac, les truites y étaient plus longues que dans tous les lacs
des États-Unis. Cela ne faisait aucun doute pour nous.

Ces magnifiques chaloupes, ces voitures dont les plaques portaient des
noms comme des mots magiques, et ces riches messieurs fumant de gros
cigares ne s'arrêtaient jamais; ils traversaient notre village comme s'il n'avait
15 pas existé. Les Américains étaient pressés d'aller, comme disaient les hommes
du village, «pêcher les truites à la pelle».

J'eus une illumination que je confiai à mon ami Lapin: nous ne devions pas
nous contenter de nos goujons grisâtres; nous devions avoir plus d'ambition:
nous devions aller pêcher dans le lac des Américains.
20 — Nous n'avons pas le droit, me dit-il, ce lac-là est aux Américains, mais les
truites sont longues comme ça, soupira mon ami Lapin, pêcheur astucieux.

Nous allâmes prendre nos fils à pêche; Lapin remplit ses poches de vers et,
au bord de la route, nous attendîmes que passe une voiture dans la direction
du lac des Américains. Une heure plus tard, le vieux camion d'Onésime nous
25 avait conduits à l'entrée du lac des Américains. Sur la barrière, on avait écrit:
DÉFENCE DE PÊCHÉ, NO FISHING. La barrière escaladée, nous suivîmes le
chemin qui menait au lac, un chemin large pour les grosses voitures, un
chemin mieux construit que nos routes de campagne. Le lac était beau comme
ceux qui ornaient les calendriers. Il était désert. Aucun Américain n'y pêchait
30 dans sa grosse chaloupe. Embusqués derrière un arbre, Lapin et moi, nous
épiâmes. Sûrs que nous étions seuls, nous nous avançâmes vers le quai où
étaient réunis quelques canots:
— As-tu déjà avironné? me demanda Lapin. Non? Moé non plus.
— Ça se voit ben que nos pères étaient pas des Sauvages.
35 En canot sur le lac des Américains, nous appâtâmes nos hameçons et nous
commençâmes à pêcher. Bientôt je dis à Lapin:
— Si on arrête pas, il va falloir sortir du canot pour faire de la place aux
truites.
— Détalons, dit Lapin, avant de nous faire prendre.
40 Revenus à la rive, nous enfilâmes nos truites par les ouïes dans de fines
fourches d'aulne. Et nous courûmes jusqu'à la route où nous marchâmes avec
l'air de ne pas sortir du lac des Américains. À peine avions-nous parcouru un
arpent, Onésime revenait dans son vieux camion. Nous nous précipitâmes
avec nos truites dans le taillis, mais il nous avait aperçus et il s'arrêta. Nous
45 étions obligés de monter avec lui.
— Vous avez de belles truites. . .
— On les a trouvées dans un petit ruisseau caché, dit Lapin.
Onésime fronça ses gros sourcils gris d'homme qui a de l'expérience. Nous
baissâmes les yeux en rougissant.
50 — Vous avez ben fait, les enfants: voler les truites des Américains, c'est pas
un péché. . . C'est seulement de la contrebande. Vous savez qu'est-ce que c'est
la contrebande? Faites-vous pas prendre, les enfants, comme y en a qui se sont
fait prendre aujourd'hui. Le Code, c'est le Code.
Onésime nous raconta les événements. Notre village était situé à quelques
55 milles de la frontière américaine. Il y avait là un poste de douanes, une simple

190

cabane. Le douanier ne travaillait que le jour. Il voyait plus de lièvres que de voyageurs. Un homme avait profité de la nuit pour passer en contrebande plusieurs douzaines de paquets de cigarettes américaines, dans le but de les revendre au village. Au matin, le douanier s'était présenté chez le
60 contrebandier, il avait confisqué les cigarettes et même les clefs de sa voiture.

— Je pense, conclut mon oncle Onésime, qu'il va être obligé de se promener à bicyclette pour un bon bout de temps. À moins qu'il aille en prison. . . C'est grave, la contrebande. . . Mais j'penserais pas que l'homme va être pendu. . .
65 — Comment le douanier a pu savoir que l'homme avait traversé la frontière avec des cigarettes?

— Le douanier a une machine à détecter tout ce qui est américain.

Lapin et moi ne parlions pas. Mais nous pensions à la même chose. Apporter au village des cigarettes américaines, c'était une faute punie par la
70 loi; apporter au village des truites pêchées dans le lac des Américains, ça devait être semblablement une faute punie par la loi.

Devant l'église, Onésime s'arrêta.

— Descendez icitte, les enfants, moé je tourne. Méfiez-vous du Code!

Lapin fourra le paquet de truites sous son chandail et nous sautâmes sur le
75 trottoir en empruntant l'assurance de deux qui n'ont rien à se reprocher. Avec nos truites cachées sous son chandail. Lapin avait une poitrine aussi grosse que celle de Pierrette. Il ne pouvait pas se promener longtemps avec cette bosse dans son chandail. Devant les fleurs du parterre de M. Rancourt, mon ami Lapin dit:
80 — Jetons les truites dans les fleurs.

— Non! non! Quelqu'un va les trouver. Le douanier, avec sa machine, va savoir qu'on les a mises là.

Que faire? Lapin s'assit au bord du trottoir, les bras croisés pour cacher la bosse des truites. Je l'imitai. Il ne nous restait qu'à penser.
85 — Ces truites-là, c'est à nous. C'est nous qui les avons pêchées, avec nos propres mains et nos propres vers.

— Oui, mais on les a pêchées dans le lac des Américains.

— Oui, mais le lac, il est dans *notre* pays, dans *notre* forêt.

— Oui, mais le lac appartient aux Américains. Si on apporte dans le village
90 quelque chose qui appartient aux Américains, c'est de la contrebande.

— Avec sa machine, conclut Lapin, le douanier connaît ceux qui font de la contrebande.

Nous étions pris au piège. Nous pouvions encore, avec nos truites, courir à l'église. Cachés derrière l'orgue, nous attendîmes. Nous priâmes et nous
95 attendîmes. Dieu allait-il se porter au secours de deux enfants si fervents ce jour-là? Aux grandes fenêtres, nous vîmes la lumière pâlir. Il faisait déjà nuit dans l'église alors que la terre était encore éclairée. Devions-nous passer la nuit dans notre cachette? La nuit, l'église devait ressembler à une caverne profonde, avec les lampions comme des feux follets. Le sacristain commença
100 son tour d'inspection avant de fermer l'église à clef. Nous serions prisonniers jusqu'au matin.

— La machine du douanier va savoir qu'on est icitte, mais i'va attendre après la nuit pour nous ramasser.

Nous ne voulions pas passer la nuit dans l'église. Avec tous les saints, les
105 damnés, les démons, les anges et les âmes du purgatoire, sait-on ce qui peut se
passer, la nuit? Une église, la nuit, ce peut être le ciel, ce peut être l'enfer aussi.
Lapin et moi avions les larmes aux yeux.

— Le dernier espoir qui nous reste, c'est la confession, l'aveu complet de
nos fautes. . .
110 — Pis le ferme regret de pus commettre le péché, ajouta Lapin.

Sur la pointe des pieds, silencieux comme des anges, pour échapper au
sacristain, nous sortîmes de derrière l'orgue, puis de l'église et nous courûmes
chez le douanier.

— On vous rapporte des truites de contrebande, dis-je faiblement, vaincu,
115 coupable.

Le douanier les examina d'un œil connaisseur.

— Vous les avez pas évidées. . .

— On savait pas que c'était dans le Code, s'excusa mon ami Lapin.

— Ça fait rien. Merci ben, les enfants. J'avais justement envie de manger de
120 bonnes truites. . . Ma femme fais-les rôtir dans le beurre. Ben du beurre! Pis de
l'ail!

Roch Carrier

Premières impressions

1. Évaluez vos hypothèses faites avant de lire le conte.
2. Il y a plusieurs thèmes dans ce conte. Identifiez ceux qui vous semblent les
plus importants après cette première lecture.

Questions de détail

1. Qu'est-ce qui suggère, dans le deuxième et troisième paragraphes, la
situation économique des Américains par rapport à celle des Québécois du
village?
2. Selon les enfants, pourquoi les Américains venaient-ils pêcher dans le lac
dans les montagnes? Pensez-vous que ce soit la véritable raison?
3. Pourquoi les enfants ont-ils décidé d'aller faire de la pêche dans «le lac aux
Américains»? Était-ce par conviction politique qu'ils en avaient le **droit**?
Ou bien était-ce par **envie** d'attraper un gros poisson? Expliquez votre
réponse.
4. Qu'est-ce qu'on apprend des Américains par le contenu et la forme du
message qu'ils ont écrit sur la barrière?
5. Les enfants ne savent pas «avironner» un canot. Comment expliquent-ils
ce fait? Comment l'expliquez-vous?
6. Quelle est la réaction du vieil Onésime lorsqu'il voit les enfants avec leurs
truites? Avez-vous l'impression qu'Onésime croit vraiment que les truites
sont de la contrebande? Justifiez votre réponse.

7. Les enfants ont-ils peur d'une punition civile ou divine, ou bien des deux?

Questions de langue

Roch Carrier transcrit le français oral du village québécois dans certaines des répliques. Dites les phrases suivantes à haute voix, afin d'entendre leur caractère oral, et ensuite remaniez-les pour les écrire en «français standard».
1. «Moé non plus.»
2. «Ça se voit ben que nos péres étaient pas des Sauvages.»
3. «Vous savez qu'est-ce que c'est la contrebande?»
4. «Faites-vous pas prendre, les enfants, comme y en a qui se sont fait prendre aujourd'hui.»
5. «Comment le douanier a pu savoir que l'homme avait traversé la frontière avec des cigarettes?»
6. «Descendez icitte, les enfants, moé je tourne.»
7. «Pis le ferme regret de pus commettre le péché.»
8. «Ben du beurre! Pis de l'ail!»

Questions de discussion

1. Quel est le rôle de l'église dans ce conte?
2. Quels exemples d'humour voyez-vous dans le conte? Sur quoi reposent-ils?
3. «Ce conte nous enseigne que c'est la loi du plus fort qui prévaut. Les Américains ont le droit au lac puisqu'ils ont de l'argent. Le douanier a le droit de confisquer (et de manger) les poissons pêchés par les jeunes parce qu'il est plus astucieux que les jeunes.» Êtes-vous d'accord avec ce jugement?
4. Ce conte pourrait-il être vu comme une version microcosmique d'un phénomène plus grand, c'est-à-dire l'achat et l'exploitation des ressources naturelles par ceux qui sont riches? À quels autres exemples pouvez-vous penser?

Projets

1. **Jeu de rôles**. Imaginez la conversation entre Onésime et sa femme lorsqu'il lui raconte l'aventure des garçons. (Que pense-t-il vraiment? Quelle va être la réaction de sa femme?)
2. Écrivez un éditorial écologique ayant comme thème, «À qui la terre et ses richesses appartiennent-elles?» Donnez des exemples provenant de l'actualité écologique de votre région
3. Écrivez un conte traitant d'une aventure de jeunes adolescent-e-s. Incorporez les éléments de risque, de dilemme moral, et de résolution ironique.

La Clé sur la porte

Marie Cardinal

Anticipation

Marie Cardinal a vécu plusieurs cultures, qu'elle fait revivre dans ses romans. Née en Algérie en 1929, elle est partie en France au moment de la deuxième guerre mondiale. Son mari est un homme du théâtre qui a fait carrière à Montréal; Marie Cardinal vivait à Paris avec leurs enfants, mais les amenait au Canada chaque été. De plus, elle a vécu la période de révolution sociale autour des années 60 et 70.

La narratrice du roman *La Clé sur la porte*, consciente de la turbulence dans la vie des jeunes à cette époque, fait de son appartement un asile ouvert aux jeunes à tout moment—dont le titre du roman. Elle fait également de grands efforts pour comprendre la culture des jeunes.

Les éléments suivants figurent dans l'extrait que vous allez lire. Qu'est-ce que vous associez à chaque élément? Comparez vos associations.

• des motocyclistes

• un banjo

• une guitare

• un lac canadien

La Clé sur la porte

Je me demande d'ailleurs si le mot jeunesse ne serait pas à redéfinir. Je parle de la jeunesse qui inquiète les gouvernements et les adultes. Je pense que le jeune en Europe et aux États-Unis est celui qui est capable de s'enfoncer avec religiosité dans une certaine musique. Il n'y a aucune moquerie de ma part dans ce que je viens d'écrire. Je crois que la musique moderne est extrêmement importante si je veux comprendre la génération de mes enfants et je sais que je ne peux pas l'aborder en simple amateur, en spectateur, en observateur. Ou je m'enfonce dedans complètement, ou je n'ai aucune idée de ce qu'elle est réellement et du coup je ne peux pas comprendre ce qui les fascine, ce qui les fixe. Pratiquement je ne peux pas communiquer profondément.

Peut-être que j'exagère. Peut-être que je suis en train de généraliser ce qui ne concerne qu'un minuscule petit groupe. Peut-être que j'ai des œillères, que je dramatise. Je ne le crois pas. J'ai vu arriver à la maison des apprentis ingénieurs, des ouvriers, des apprentis clochards, des Anglais, des Hollandais, des Canadiens, des Allemands, des Américains, des Suisses, des Belges, des Japonais, des Africains. Ils entraient, il y avait de la musique, ils se reconnaissaient entre eux. Ils savaient se définir et communiquer, même sans mots. J'ai vécu au Canada et aux États-Unis avec mes enfants. Au départ des recontres intéressantes il y avait toujours la même chose: la musique, la même musique. Que ce soit des arpèges d'une chanson de folk grattés sur une guitare ou un banjo dans la nuit chaude du lac Huron, ou un disque de Jimmy Hendrix qui tourne au maximum de la tonalité sur un électrophone de New York, de Montréal ou de Paris.

Au cours d'un été nous campions au bord d'un lac canadien. La nuit était tombée, nous avions dîné. C'était l'été où Charlotte était amoureuse d'Alain. Nous étions neuf en tout: six adolescents, Jean-Pierre, moi et Dorothée qui avait douze ans. J'avais sommeil. Je les ai laissés autour du feu et je suis allée dans la tente. Pendant que je me préparais à me coucher j'ai entendu une pétarade formidable. Nous campions dans le creux d'une grande dune de sable qui descendait jusqu'à l'eau. Je suis sortie et j'ai vu un spectacle incroyable: trois puissantes motocyclettes qui absorbaient la pente raide de la dune dans des geysers de sable et un cataclysme de bruit. La panique m'a prise. Je croyais que c'était la police qui venait faire éteindre notre feu, ou Dieu sait quoi. Quand on vit de l'autre côté de l'Océan on se rend compte qu'*Easy Rider* ce n'est pas une invention et ça fait peur. Les motos se sont arrêtées à dix mètres de notre campement. Ce n'était pas la police mais trois très jeunes hommes, dans les vingt-deux ans, secs, habillés de cuir noir, avec de gros dessins colorés sur leurs blousons. Les machines étaient magnifiques, les flammes faisaient briller leurs chromes par éclats, les garçons étaient effrayants, dangereux, les yeux froids dans des visages bardés de casques et de mentonnières. J'étais en retrait, je voyais la scène. Je m'attendais au pire. Les enfants sentant le danger, leurs pensées probablement pleines des récits quotidiens de la violence américaine, s'étaient levés. Ils restaient immobiles. Jean-Pierre avait fait un pas vers eux.

«Hello, good evening»

Pas de réponse. Ils sont venus près du feu. Tout le monde était debout. Cela a duré un moment. Puis les enfants ont commencé à s'asseoir. Les trois motocyclistes aussi. Grégoire a pris son banjo, Alain sa guitare. Ils se sont mis à gratter. Charlotte a fredonné: «*One more blue and one more grey*» Les trois motocyclistes ont souri. On a passé des oranges. Alors a suivi une des soirées

les plus intéressantes que j'aie vécues ces dernières années. Ils ont raconté qu'ils étaient tous les trois électroniciens, qu'ils habitaient Detroit et que chaque vendredi soir ils partaient sur leurs engins le plus loin possible, à toute vitesse. En général le soir ils essayaient de trouver des campeurs avec un feu
55 allumé pour faire cuire leur dîner. Mais c'était difficile. Ils étaient généralement mal reçus. Les campeurs sont souvent armés et sont dangereux. Ils ont parlé de leur vie, de ce qu'ils voulaient, de ce qu'était l'Amérique pour eux.

Le matin ils ont tenu à faire la vaisselle et le ménage du camp. Puis, pour
60 nous remercier, ils ont organisé dans les dunes le plus fantastique carrousel. Leurs motos se cabraient comme des chevaux, dévalaient les pentes, faisaient naître des feux d'artifice de sable, jusqu'à ce que nous les ayons perdus de vue. Ils étaient magnifiques. Je ne sais plus leurs noms. Je les aime beaucoup.

C'était la musique qui avait ouvert les portes.
65 Leurs disques ce sont nos livres. Ils sont pleins d'histoires, de messages, de rêves, d'aventures.

Un jour mon fils a branché des écouteurs sur l'électrophone et il m'a fait écouter un disque. J'ai vécu un bien beau moment en compagnie de cette musique-là: une tempête, un espoir. Grâce aux écouteurs j'ai perçu des
70 nuances extrêmement fragiles que je n'avais jamais perçues auparavant. Eux n'avaient pas besoin d'écouter pour les percevoir. Après je leur ai parlé et je me suis rendu compte que c'était précisément ces moments qu'ils attendaient chaque fois qu'ils écoutaient ce disque, que je venais au fond de découvrir alors qu'il tournait tous les jours au moins trois ou quatre fois depuis plusieurs
75 semaines.

Une personne qui me parlait de ses enfants au cours d'un dîner:
«Je ne suis pas contre leur musique, chère amie (c'était la première fois qu'elle me voyait). Mais pourquoi l'écoutent-ils si fort?
— Pour être complètement occupés par elle. Elle est plus qu'un simple
80 divertissement.
— Ils sont fous.»

Marie Cardinal

Premières impressions

Proposez un titre pour cet extrait du roman, et expliquez votre choix. Comparez les titres proposés par différentes personnes.

Questions de détail

Les phrases suivantes représentent les éléments du texte, mais sont des déclarations de nature générale. Ajoutez un exemple ou une amplification pris du texte.
1. La narratrice affirme qu'il est impossible de comprendre la musique des

jeunes en restant à l'extérieur du phénomène; il faut «s'enfoncer dedans complètement»
2. La musique permet à des jeunes provenant de cultures diverses de se reconnaître.
3. La narratrice trouve les motocyclistes effrayants au début.
4. La narratrice trouve les motocyclettes elles-mêmes belles.
5. C'est la musique qui a permis le passage de la méfiance à l'amabilité entre la famille et les motocyclistes.
6. Les motocyclistes ont peur des campeurs.
7. Les motocyclistes ont montré leur reconnaissance à la famille.

Questions de discussion

1.Quelles sont les différents types de musique pour les jeunes aujourd'hui? Identifiez les caractéristiques de la musique aussi bien que du groupe de jeunes qui aiment ce genre de musique.
2. Choisissez une chanson populaire en ce moment. Qu'est-ce qu'on apprend de la culture des jeunes à travers cette chanson? (Ceci pourrait être une présentation orale.)
3. *La Clé sur la porte* a été publié en 1972. Pensez-vous que la musique continue à jouer ce rôle primordial chez les jeunes?
4. Pendant les années 50, 60 et 70, les jeunes prenaient plaisir à chanter lorsqu'ils se retrouvaient; ils s'accompagnaient souvent de la guitare ou du banjo. Vous et vos amis chantez-vous vos chansons favorites ou bien les écoutez-vous seulement? Si vous ne chantez pas, comment expliquez-vous ce changement?
5. Pensez-vous que la musique actuelle des jeunes permette le même rapprochement des jeunes à travers des cultures diverses?
6. «Je pense que le jeune en Europe et aux États-Unis est celui qui est capable de s'enfoncer avec religiosité dans une certaine musique.» Expliquez l'usage du mot «religiosité» dans cette phrase.

Questions de langue

Les conjonctions et les prépositions doivent être répétées en français lorsqu'il y a des éléments en série. Par exemple:
Peut-être **que** j'ai des oeillères, **que** je dramatise...
Ils ont parlé **de** leur vie, **de** ce qu'ils voulaient, **de** ce qu'était l'Amérique pour eux.
Dans les phrases suivantes, ajoutez les mots nécessaires *là où c'est nécessaire*.

1. Ils ont raconté **qu'**ils étaient tous les trois électroniciens, ils habitaient Detroit, et chaque vendredi soir ils partaient sur leurs engins.
2. Dorothée s'est mise à chanter et passer des oranges.

3. Grégoire a joué du banjo, et Alain la guitare.
4. La musique des jeunes est pleine de messages, histoires, rêves et aventures.
5. La narratrice pense que d'autres parents ne comprennent pas la musique des jeunes et ils devraient faire l'effort de la comprendre.
6. Lorsque les motocyclistes sont arrivés, la narratrice croyait que c'était la police ou bien les motocyclistes étaient dangereux.

Projets

1. **Jeu de rôles**. Jouez la scène entre les motards (les motocyclistes) et la famille, en inventant le dialogue. Discutez auparavant des attitudes et de la personnalité des personnages.
2. **Jeu de rôles**. Imaginez la conversation entre un père ou une mère ouverte ou fermée à la musique des jeunes, et ses enfants adolescents qui écoutent de la musique à la maison.
3. Racontez une autre anecdote qui comprend une tension initiale et une communication rendue possible par la musique

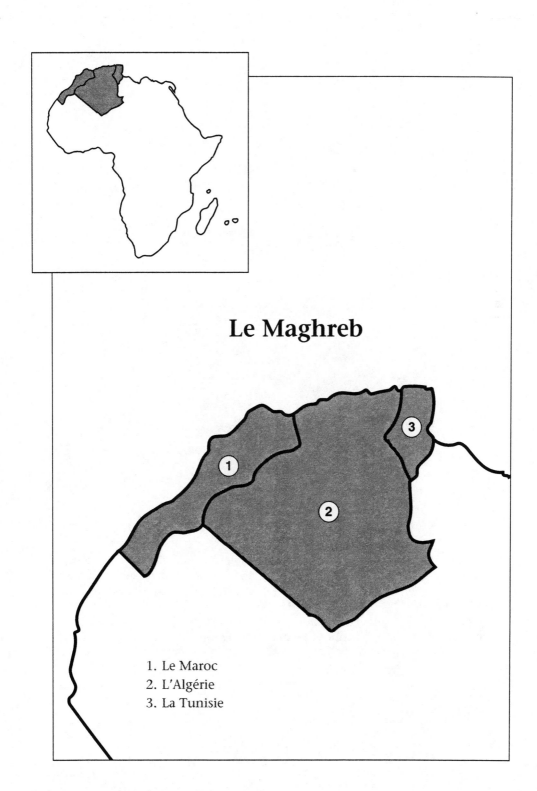

Le Maghreb

1. Le Maroc
2. L'Algérie
3. La Tunisie

Le Maghreb

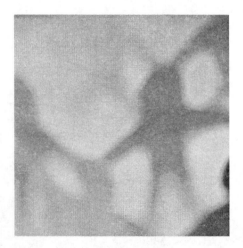

Le terme «Maghreb» désigne trois pays de l'Afrique du Nord: l'Algérie, le Maroc, la Tunisie (voir la carte de la page 199). Ces pays arabes —comme beaucoup de pays africains —ont été colonisés par la France et sont aujourd'hui des états indépendants.

Vous lirez, dans cette section, trois textes sur le Maghreb, dont un écrit par un Français, un par une Algérienne et un par un Marocain.

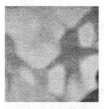

Je sors déshabillée
Assia Djebar

Anticipation

Assia Djebar est née en 1936 à une centaine de kilomètres d'Alger, dans une famille de la petite bourgeoisie traditionnelle. (Un de ses ancêtres du côté maternel avait pris la tête d'une rébellion contre la domination française en 1871 et fut tué au combat.) Après ses études secondaires en Algérie, Assia Djebar se rend en France et elle est la première Algérienne à entrer à la prestigieuse École Normale Supérieure en 1956.

La guerre de libération commence en novembre 1954 et Assia Djebar se montre solidaire de ses compatriotes. Tout en soutenant activement le Front de Libération nationale, Assia Djebar commence sa carrière d'écrivaine et publie son premier roman en 1957. Après la proclamation de l'indépendance de l'Algérie, le premier juillet 1962, Assia Djebar devient professeure d'histoire moderne et contemporaine de l'Afrique du Nord à la Faculté des Lettres d'Alger.

En 1972, Assia Djebar réalise pour la télévision algérienne un long métrage «La nouba des femmes du mont Chenoua», enquête auprès des femmes de la tribu à laquelle appartenait sa mère. Ce film obtient le prix de la critique internationale à Venise en 1978 et devient un document de référence sur la condition féminine dans son pays. Le «parcours» d'Assia Djebar est donc très intéressant: femme élevée dans la tradition musulmane, éduquée à l'occidentale, romancière engagée et cinéaste, son œuvre littéraire et cinématographique est un témoignage sur la condition des femmes du Maghreb.

Assia Djebar, née dans une famille musulmane, peut mieux que quiconque évaluer la situation des femmes de son pays. Le port obligatoire du voile est l'élément le plus visible des contraintes imposées aux femmes dans certains pays musulmans. On trouve l'explication de cette tradition dans le Coran:

Sourate XXIV (Verset 31)

...Dis aux croyantes de baisser les yeux et de contenir leur sexe; de ne pas faire montre de leurs agréments sauf ce qui émerge, de rabattre leur fichu (voile) sur les échancrures de leur vêtement. Elles ne laisseront voir leurs agréments qu'à leur mari, à leurs enfants, à leurs pères, beaux-fils, frères, neveux de frères et de sœurs, aux femmes de leur communauté, à leurs captives, à leurs dépendants hommes incapables de l'acte ou garçons encore ignorants de l'intimité des femmes...

Référence: Le Coran: Essai de traduction de l'arabe par Jacques Berque, Éditions Sindbad

Je sors déshabillée

L'évolution la plus visible des femmes arabes, tout au moins dans les villes, a donc été d'enlever le voile. Nombre de femmes, souvent après une adolescence ou toute une jeunesse cloîtrées, ont vécu concrètement l'expérience du dévoilement.

5   Le corps avance hors de la maison et pour la première fois il est ressenti comme «exposé» à tous les regards: la démarche devient raidie, le pas hâtif, l'expression du regard contractée.

    L'arabe dialectal transcrit l'expérience d'une façon significative: «je ne sors plus *protégée* (c'est-à-dire voilée, recouverte)», dira la femme qui se libère du
10 drap; «je sors *déshabillée*, ou même *dénudée*». Le voile qui soustrayait aux regards est de fait ressenti comme «habit en soi», ne plus l'avoir, c'est d'être totalement exposée.

    Quant à l'homme qui consent à partager l'évolution la plus timide, la plus lente possible de ses sœurs ou de sa femme, le voilà condamné à vivre dans le
15 malaise et l'inquiétude. Imaginant qu'à peine l'œil, et à sa suite, le corps, débarrassé de la voilette, puis du voile entier, la femme ne peut passer qu'au stade du risque fatal, découvrir l'autre-œil, l'œil-sexe. À mi-distance dans ce glissement, est entrevue la seule halte de la «danse du ventre», elle qui fait grimacer, dans les cabarets, l'autre œil-nombril.

20   Ainsi le corps de la femme, dès que celle-ci sort de l'attente assise dans l'intérieur clôturé, recèle danger de nature. Bouge-t-il dans un espace ouvert? N'est perçue soudain que cette multiplicité divagante d'yeux en lui et sur lui.

    Autour de cette dérive féminine, se cristallise la hantise paranoïaque de l'homme dépossédé. (Après tout, le seul homme d'Alger qui en 1832 permet
25 au peintre étranger la pénétration du harem est justement un ancien petit corsaire vaincu, désormais chaouch[1], obéissant à un fonctionnaire français.)

    En Algérie, précisément, lorsqu'en 1830 commence l'intrusion étrangère — maintenue coûte que coûte aux seuils des sérails appauvris —, à l'investissement progressif de l'espace au-dehors, correspond parallèlement un

---

[1] appariteur (en Afrique du Nord)

30 gel de plus en plus sourd de la communication intérieure: entre les
générations, et encore plus entre les sexes.

Ces femmes d'Alger —celles qui demeurent immobiles depuis 1832 sur le
tableau de Delacroix —, s'il était possible hier de trouver dans leur fixité
l'expression nostalgique du bonheur ou celle de la douceur de la soumission,
35 aujourd'hui cependant, nous frappe au plus sensible leur amertume
désespérée.

Au terme des combats héroïques, la femme regardait, la femme criait:
regard-témoin tout au long de la bataille, que prolongeait le hululement pour
encourager le guerrier (cri allongé trouant l'horizon comme un gargouillis
40 infini du ventre, un appel sexuel en envol total).

Assia Djebar

Premières impressions

1. L'extrait proposé est tiré de l'essai «Femmes d'Alger dans leurs
   appartements» publié en 1980. C'est un recueil de nouvelles ordonnées en
   deux parties: «Aujourd'hui» et «Hier». «Femmes d'Alger dans leurs
   appartements» est le nom d'un tableau d'Eugène Delacroix. Cherchez des
   informations concernant ce peintre et le tableau. À quoi les termes «Hier»
   et «Aujourd'hui» font-ils référence?
2. Après une première lecture du texte, dégagez les réactions des femmes
   algériennes et celles des hommes. Comment peut-on les expliquer? Vous
   paraissent-elles refléter l'organisation sociale de l'Algérie, le rôle des
   hommes et la place des femmes?

Approfondissement

1. Le texte comporte des phrases-clé. Pouvez-vous en préciser le sens?
   Lignes 5-6: «Le corps avance hors de la maison et pour la première fois il
   est ressenti comme exposé à tous les regards».
   Lignes 23-24: «Autour de cette dérive féminine se cristallise la hantise
   paranoïaque de l'homme dépossédé»
   Lignes 37-38: «Au terme de combats héroïques, la femme regardait, la
   femme criait: regard-témoin tout au long de la bataille».
2. Cherchez dans un ouvrage de référence, le sens de la phrase «En Algérie,
   précisément, lorsqu'en 1830 commence l'intrusion étrangère...».
   Expliquez le sens de ces références historiques dans ce texte.

   (Pour une autre référence sur la guerre d'Algérie, lisez ou relisez le poème
   de Boris Vian intitulé *Le Déserteur* aux pages 214–215.)

Questions de langue

1. Expliquez les mots ou expressions suivants:
    Lignes 2-3: une adolescence ou toute une jeunesse cloîtrées
    Ligne 28: maintenue coûte que coûte
    Ligne 38: le hululement
2. Le suffixe -*ette* est un suffixe diminutif. Par exemple, ligne 16:
    le voile → la voilette. Il y a d'autres suffixes diminutifs tels que:
    - eau, - elle, - isseau, - on, - ot, - otin. Formez le diminutif des mots
    suivants en ajoutant le suffixe qui convient:

    • fille • chat • île • tarte • maison • lion • boule • mouche

3. Le français contemporain comporte de nombreux mots empruntés à
    d'autres langues (langues romanes, germaniques, arabe). Les deux couches
    d'emprunts à l'arabe sont celle du vocabulaire savant emprunté au
    Moyen-Age dans le domaine des sciences (médecine, astronomie etc.), et
    celle d'un vocabulaire familier qui date de la colonisation et provient
    surtout de la langue parlée au Maghreb. Choisissez une dizaine de mots
    dans le tableau ci-dessous et trouvez-en le sens. (Vous pouvez consulter *Le
    dictionnaire des mots d'origine étrangère*, Larousse, 1991, pour des
    compléments d'informations.)

Mots venus de l'arabe

alambic	carafe	mousseline
albatros	carat	nacre
alcali	chéchia	oasis
alcool	chiffre	safran
alcôve	coton	satin
alezan	couffin	sirop
algarade	couscous	sorbet
algèbre	divan	talc
almanach	djellaba	toubib
ambre	fellah	valise
amiral	galère	zénith
assassin	gazelle	zéro
aval	goudron	
azimut	hasard	
barda	islam	
bédouin	jupe	
bled	luth	
burnous	magazine	
café	mesquin	
calife	minaret	
camée	moire	

Questions de discussion

1. Dans beaucoup d'écoles nord-américaines, les filles n'avaient pas le droit de porter le pantalon avant la fin des années soixante. Voyez-vous une similarité entre la situation féminine à cette époque-là et celle dans le texte? Expliquez.
2. Discutez la proposition suivante: «Les vêtements sont un signe du système social d'un pays». Fournissez des exemples pour appuyer vos idées.

Projet

«De la jupe longue à la mini-jupe». Montrez comment l'évolution du vêtement féminin accompagne celle de la condition de la femme à travers l'histoire.

Le Racisme expliqué à ma fille
Tahar Ben Jelloun

Anticipation

Tahar Ben Jelloun est né à Fès, au Maroc, en 1944. Il a obtenu un doctorat en services sociaux psychiatriques; dans sa thèse, il a étudié les problèmes d'adaptation d'immigrants en France. Lorsqu'il se met à écrire de la poésie et des romans, il traite souvent de problèmes auxquels les immigrants font face, y compris bien entendu le racisme.

Ben Jelloun a écrit, en 1998, un petit livre intitulé *Le Racisme expliqué à ma fille*. En langage simple, il y aborde divers aspects du racisme.

Pré-test

Choisissez la réponse qui vous semble juste. Vérifiez ensuite en lisant:
1. Il y a au Maroc
   a. seulement des musulmans
   b. une majorité de musulmans et aussi des Juifs
   c. une majorité de musulmans et aussi des Juifs et des Berbères
2. Le Maréchal Pétain était le chef du gouvernement collaborationniste français lors de l'occupation de la France par l'Allemagne pendant la deuxième guerre mondiale. Les nazis demandaient que les Juifs soient livrés aux autorités allemandes. Quelle a été la réponse du roi Mohammed V du Maroc?
   a. Il a livré les Juifs marocains aux nazis.
   b. Il a refusé de livrer les Juifs marocains aux nazis.
   c. Il a livré un certain nombre de Juifs marocains aux nazis.
3. Parmi les pays arabes et musulmans, le Maroc compte :
   a. plus de Juifs que les autres pays.

     b. autant de Juifs que les autres pays.

     c. moins de Juifs que les autres pays.

4. Beaucoup de Juifs ont quitté le Maroc entre 1956 et 1973
      a. parce que les Marocains musulmans ont commencé à les harceler.
      b. parce que les Juifs avaient peur que les Marocains musulmans deviennent hostiles envers eux.
      c. parce que l'état d'Israël incitait les Juifs à s'installer en Israël.
      d. (b) et (c)

5. Les Marocains, comme les autres Maghrébins, les Arabes du désert, les Bédouins, les nomades, sont réputés
      a. pour leur hostilité envers les étrangers
      b. pour leur hospitalité
      c. pour leur timidité

6. Certains Marocains ont un comportement raciste envers
      a. les Noirs
      b. les Européens
      c. les Asiatiques

7. L'Algérie était une colonie française
      a. entre 1830 et 1872
      b. entre 1830 et 1962
      c. entre 1830 et 1932

8. En 1850, les Chrétiens algériens étaient citoyens français. Les Juifs algériens sont devenus citoyens français à partir de 1870. Les musulmans algériens
      a. sont devenus citoyens français en même temps que les Juifs.
      b. recevaient des ordres d'aller travailler en France; ceux qui refusaient étaient arrêtés et punis.
      c. étaient les esclaves des Français.

Le Racisme expliqué à ma fille

— Et au Maroc, il y a des Juifs? Je sais qu'il y a des Berbères, puisque Maman est berbère.

    — Au Maroc, les Juifs et les musulmans ont vécu presque onze siècles ensemble. Les Juifs avaient leurs quartiers, qu'on appelle mellah. Ils ne se
5 mélangeaient pas avec les musulmans mais ne se disputaient pas avec eux. Entre eux, il y avait un peu de méfiance, mais aussi du respect. Le plus important, c'est que, lorsque les Juifs se faisaient massacrer en Europe, ils étaient protégés au Maroc. Au moment de l'occupation de la France par l'Allemagne, le roi du Maroc, Mohammed V, a refusé de les livrer au maréchal
10 Pétain qui les lui réclamait pour les envoyer dans les camps de concentration des nazis, c'est-à-dire en enfer. Il les a protégés. Le roi a répondu à Pétain: «Ce sont mes sujets, ce sont des citoyens marocains. Ici, ils sont chez eux, ils sont en sécurité. Je m'engage à les protéger.» Les Juifs marocains qui se sont

éparpillés dans le monde l'aiment beaucoup. Aujourd'hui, il reste quelques
milliers de Juifs au Maroc. Et ceux qui sont partis aiment y revenir. C'est le
pays arabe et musulman qui compte le plus de Juifs sur son sol. Tu sais
comment les Juifs marocains appellent Sefrou, une petite ville au sud de Fez?
Ils l'appellent la «petite Jérusalem».

— Mais pourquoi sont-ils partis?

— Quand le Maroc est devenu indépendant, en 1956, ils ont eu peur, ne
sachant pas ce qui allait se passer. Des Juifs qui étaient déjà installés en Israël
les incitaient à les rejoindre. Ensuite, les guerres de 1967 et de 1973 entre Israël
et les pays arabes ont fini par les décider à quitter leur pays natal pour aller soit
en Israël soit en Europe ou en Amérique du Nord. Mais les Marocains
musulmans regrettaient ces départs, parce que, pendant plus de mille ans, Juifs
et musulmans ont vécu dans la paix. Il existe des chants et des poèmes qui ont
été composés en arabe par des Juifs et des musulmans. C'est une preuve de la
bonne entente entre les deux communautés.

— Alors les Marocains ne sont pas racistes!

— Cette affirmation n'a pas de sens. Il n'existe pas de peuple raciste ou non
raciste dans sa globalité. Les Marocains sont comme tout le monde. Parmi eux,
on rencontre des gens racistes et des gens non racistes.

— Aiment-ils les étrangers?

— Ils sont connus pour leurs traditions d'hospitalité. Ils aiment accueillir
les étrangers de passage, leur montrer le pays, leur faire goûter leur cuisine. De
tout temps, les familles marocaines ont été hospitalières; cela est aussi valable
pour les autres Maghrébins, pour les Arabes du désert, les Bédouins, les
nomades, etc. Mais certains Marocains ont un comportement condamnable,
notamment avec les Noirs.

— Pourquoi les Noirs?

— Parce que, dans les temps anciens, des commerçants marocains partaient
faire des affaires en Afrique. Ils commerçaient avec le Sénégal, le Mali, le
Soudan, la Guinée, et certains ramenaient avec eux des femmes noires. Les
enfants qu'ils faisaient avec elles étaient souvent maltraités par l'épouse
blanche et par ses enfants. Mon oncle avait deux femmes noires. J'ai des
cousins noirs. Je me souviens qu'ils ne mangeaient pas avec nous. On a pris
l'habitude d'appeler les Noirs *Abid* (esclaves).

«Bien avant les Marocains, des Européens blancs considéraient le Noir
comme «un animal à part, comme le singe» (Buffon, 1707-1788). Cet homme
pourtant très savant disait aussi: «Les Nègres sont inférieurs; c'est normal,
qu'ils soient soumis à l'esclavage.» L'esclavage a été aboli à peu près partout
dans le monde. Mais il persiste sous des formes déguisées ici ou là.

— Tu as dit tout à l'heure que le colonialisme divisait les gens. . . C'est quoi
le **colonialisme**, c'est aussi du racisme?

— Aux XIXe siècle, des pays européens comme la France, l'Angleterre, la
Belgique, l'Italie, le Portugal ont occupé militairement des pays africains et
asiatiques. Le colonialisme est une domination. Le colonialiste considère qu'il
est de son devoir, en tant qu'homme blanc et civilisé, d'aller «apporter la
civilisation à des races inférieures». Il pense, par exemple, qu'un Africain, du

60 fait qu'il est noir, a moins d'aptitudes intellectuelles qu'un Blanc, autrement dit qu'il est moins intelligent qu'un Blanc.
— Le colonialiste est raciste!
— Il est raciste et dominateur. Quand on est dominé par un autre pays, on n'est pas libre, on perd son indépendance. Ainsi l'Algérie, jusqu'en 1962 était
65 considérée comme une partie de la France. Ses richesses ont été exploitées et ses habitants privés de liberté. Les Français ont débarqué en Algérie en 1830 et se sont emparés de tout le pays. Ceux qui ne voulaient pas de cette domination étaient pourchassés, arrêtés et même tués. Le colonialisme est un racisme à l'échelle de l'État.
70 — Comment un pays peut-il être raciste?
— Pas tout un pays, mais si son gouvernement décide de façon arbitraire d'aller s'installer dans des territoires qui ne lui appartiennent pas et s'y maintient par la force, c'est qu'il méprise les habitants de ce territoire, considérant que leur culture ne vaut rien et qu'il faut leur apporter ce qu'il
75 appelle la civilisation. Généralement, on développe un peu le pays. On construit quelques routes, quelques écoles et hôpitaux, parfois pour montrer qu'on n'est pas venu uniquement par intérêt, toujours pour mieux en profiter. En fait, le colonisateur développe ce qui va l'aider pour exploiter les ressources du pays. C'est ça, le colonialisme. Le plus souvent, c'est pour s'emparer de
80 nouvelles richesses, augmenter son pouvoir, mais cela il ne le dit jamais. C'est une invasion, un vol, une violence, qui peut avoir des conséquences graves sur les gens. En Algérie, par exemple, il a fallu des années de lutte, de résistance et de guerre pour en finir avec le colonialisme.
— L'Algérie est libre. . .
85 — Oui, elle est indépendante depuis 1962; ce sont les Algériens qui décident ce qu'il faut pour leur pays. . .
— 1830-1962, ça fait beaucoup de temps, cent trente-deux ans!
— Comme a dit le poète algérien Jean Amrouche, en 1958:
Aux Algériens on a tout pris
90 la patrie avec le nom
le langage avec les divines sentences
de sagesse qui règlent la marche de l'homme
depuis le berceau jusqu'à la tombe
la terre avec les blés
95 les sources avec les jardins
le pain de la bouche et le pain de l'âme
[. . .]
On a jeté les Algériens hors de toute
patrie humaine
100 on les a faits orphelins
on les a faits prisonniers
d'un présent sans mémoire et sans avenir
«C'est ça, le colonialisme. On envahit le pays, on dépossède les habitants, on met en prison ceux qui refusent cette invasion, on emmène les hommes
105 valides travailler dans le pays colonisateur.

— C'est pour ça qu'il y a beaucoup d'Algériens en France?

— Avant l'indépendance, l'Algérie était un département français. Le passeport algérien n'existait pas. Les Algériens étaient considérés comme des sujets de la France. Les chrétiens étaient français. Les Juifs le sont devenus à
110 partir de 1870. Quant aux musulmans, ils étaient appelés «indigènes». Ce terme, qui signifie «originaire d'un pays occupé par le colonisateur», est une des expressions du racisme de l'époque. Ainsi, «indigène» désignait les habitants classés en bas de l'échelle sociale. Indigène = inférieur. Quand l'armée française ou les industries avaient besoin d'hommes, on allait les
115 chercher en Algérie. On ne demandait pas leur avis aux Algériens. Ils n'avaient pas le droit d'avoir un passeport. On leur délivrait un permis pour se déplacer. On leur donnait des ordres. S'ils refusaient de les suivre, ils étaient arrêtés et punis. Ce furent les premiers immigrés.

— Les immigrés étaient français avant?
120 — Ce ne fut qu'à partir de 1958 que ceux qu'on faisait venir d'Algérie furent considérés comme des Français, mais pas ceux qu'on faisait venir du Maroc ou de Tunisie. D'autres venaient d'eux-mêmes, comme les Portugais, les Espagnols, les Italiens, les Polonais…

— La France, c'est comme l'Amérique!
125 — Pas tout à fait. Tous les Américains, excepté les Indiens, qui sont les premiers habitants de ce continent, sont d'anciens immigrés. Les Indiens ont été massacrés par les Espagnols puis par les Américains blancs. Lorsque Christophe Colomb découvrit le Nouveau Monde, il rencontra des Indiens. Il fut tout étonné de constater qu'ils étaient des êtres humains, comme les
130 Européens. Parce que, à l'époque, au XVe siècle, on se demandait si les Indiens avaient une âme. On les imaginait plus proches des animaux que des humains!

«L'Amérique est composée de plusieurs ethnies, de plusieurs groupes de population venus du monde entier, alors que la France n'est devenue une terre
135 d'immigration que vers la fin du XIXe siècle.

— Mais, avant l'arrivée des immigrés, est-ce qu'il y avait du racisme en France?

— Le racisme existe partout où vivent les hommes. Il n'y a pas un seul pays qui puisse prétendre qu'il n'y a pas de racisme chez lui. Le racisme fait partie
140 de l'histoire des hommes. C'est comme une maladie. Il vaut mieux le savoir et apprendre à le rejeter, à le refuser. Il faut se contrôler et se dire «si j'ai peur de l'étranger, lui aussi aura peur de moi». On est toujours l'étranger de quelqu'un. Apprendre à vivre ensemble, c'est cela lutter contre le racisme.

Premières impressions et questions de detail

Vérifiez vos réponses sur le Pré-test, et discutez des réponses fautives que vous avez données.

Questions de discussion

1. Étiez-vous surpris-e d'apprendre que le roi du Maroc avait protégé les Juifs pendant la deuxième guerre mondiale? Expliquez et analysez votre réaction.
2. Ben Jelloun déclare : «Il n'existe pas de peuple raciste ou non raciste dans sa globalité.» Êtes-vous d'accord qu'il existe des racistes dans chaque culture? Donnez des exemples provenant d'une variété de cultures.
3. Êtes-vous surpris-e d'apprendre que les Noirs souffrent de discrimination sur le continent africain aussi bien qu'ailleurs dans le monde? Pensez-vous que les Arabes musulmans souffrent de discrimination en Afrique noire? Vérifiez votre réponse.
4. Ben Jelloun dit que «Le colonialisme est un racisme à l'échelle de l'État.» Êtes-vous d'accord?

Questions de langue

En utilisant un bon dictionnaire, trouvez le sens des mots suivants. Notez les dates auxquelles les mots sont entrés en usage, l'étymologie, et tout changement de sens qui est survenu. Notez également les associations, en étudiant les phrases utilisées pour illustrer le mot.
1. une race
2. indigène
3. aborigène
4. autochtone
5. noir
6. nègre
7. arabe
8. juif / juive

Projets

1. Faites des recherches démographiques sur la composition ethnique et religieuse du Maroc en ce moment. Faites un portrait de la société marocaine actuelle.
2. Faites le même type de recherche pour la France, montrant l'évolution de la société depuis quelques décennies.
3. Imaginez la vie d'un indigène marocain envoyé travailler en France au siècle dernier. À partir de ceci, créez un jeu de rôles qui consiste d'une discussion entre en groupe d'indigènes. Ceux-ci parlent de leur vie en France et de la famille qu'ils ont laissée au Maroc; c'est à vous d'imaginer les détails de leur vie et de leur conversation.

4. Imaginez la discussion dans une famille marocaine juive en 1970. Les membres de la famille doivent décider s'ils resteront au Maroc, ou bien s'ils partiront en Israël ou ailleurs. Identifiez les diverses attitudes possibles de différents membres de la famille.

5. Le livre *Le Racisme expliqué à ma fille* a été écrit dans le contexte marocain et français. Si vous aviez à écrire un tel livre dans le contexte canadien, quels éléments y mettriez-vous? Écrivez une partie de cette version canadienne du livre. (Ceci pourrait être un projet d'équipe, où chaque membre écrirait un aspect différent du livre.)

Le Déserteur

Boris Vian

Anticipation

Boris Vian (1920-1959) est une des figures marquantes de la vie littéraire et artistique françaises de la période qui a suivi la deuxième guerre mondiale. Musicien, poète, dramaturge, romancier, Boris Vian a exercé une grande influence sur la génération des années cinquante. La chanson «Le Déserteur» composée à la fin de la guerre d'Indochine a été interdite de diffusion à la radio par le gouvernement français dès le début de la guerre d'Algérie puisqu'elle défendait une prise de position résolument pacificiste et anti-militariste. Rappelons que cette même chanson a été reprise aux États-Unis par le groupe Peter, Paul et Mary pendant la guerre du Viet-Nam.

La Guerre d'Algérie a suscité une controverse en France: bon nombre de Français s'opposaient à cette guerre, car ils comprenaient le désir d'indépendance des Algériens, et ne voulaient pas se battre contre eux.

La chanson *Le Déserteur* a été composée avant la période turbulente de la guerre d'Algérie.

En réfléchissant aux indices que vous fournissent le titre et le contexte historique, comment imaginez-vous la chanson? (Qui parle? À qui? De quoi s'agit-il?)

Le Déserteur

Monsieur le Président,
Je vous fais une lettre,
Que vous lirez peut-être
Si vous avez le temps.
5   Je viens de recevoir
Mes papiers militaires
Pour partir à la guerre
Avant mercredi soir.

10   Monsieur le Président,
Je ne veux pas la faire,
Je ne suis pas sur terre
Pour tuer des pauvres gens.
C'est pas pour vous fâcher,
15   Il faut que je vous dise
Ma décision est prise,
Je m'en vais déserter.

Depuis que je suis né,
J'ai vu mourir mon père,
20   J'ai vu partir mes frères,
Et pleurer mes enfants.
Ma mère a tant souffert
Qu'elle est dedans sa tombe,
Et se moque des bombes,
Et se moque des vers.
25

Quand j'étais prisonnier,
On m'a volé ma femme,
On m'a volé mon âme,
Et tout mon cher passé.
30   Demain de bon matin
Je fermerai ma porte
Au nez des années mortes.
J'irai sur les chemins.

Je mendierai ma vie,
35   Sur les routes de France,
De Bretagne en Provence,
Et je dirai aux gens:
Refusez d'obéir,
Refusez de la faire,
40   N'allez pas à la guerre,
Refusez de partir.

S'il faut donner son sang,
Allez donner le vôtre,
Vous êtes bon apôtre,
Monsieur le Président.
45 Si vous me poursuivez
Prévenez vos gendarmes,
Que je n'aurai pas d'armes,
Et qu'ils pourront tirer.

Boris Vian

Premières impressions

Imaginez que le narrateur de la chanson envoie un télégramme plutôt qu'une longue lettre au Président. Que dirait-il dans ce télégramme? Comparez votre formulation à celle d'autres étudiants et discutez des différences.

Approfondissement

1. Quelle est l'organisation des idées de la chanson? (Résumez l'idée centrale de chaque strophe et discutez de l'organisation des idées.) Réorganiser ensuite les strophes de façon différente, et discutez de l'impression générale qui en résulte.
2. Discutez de la troisième strophe. À votre avis, de quoi les parents de l'auteur sont-ils morts? Où sont partis ses frères? Pourquoi ses enfants pleuraient-ils? Expliquez.
3. Durant quelle guerre a-t-il vraisemblablement été fait prisonnier?

Questions de langue

1. Repérez, dans la chanson, tous les verbes à l'infinitif. Dans chaque cas, comment expliquez-vous le choix de l'infinitif de préférence à une forme du verbe conjugué?
2. Quelles prépositions seraient employées si les mots «Bretagne» et «Provence» (vers 36) étaient remplacés par les suivants:
   a) _____ Saint-Mâlo _____ Marseille?
   b) _____ nord _____ sud?
   c) _____ ville _____ campagne?
   Formulez une explication, une règle décrivant l'emploi de prépositions différentes.

Questions de discussion

1. Voyez-vous des similarités ou des différences entre l'attitude du narrateur de cette chanson et celle des Américains qui refusaient d'aller au Viet-Nam?
2. Avez-vous l'impression que le narrateur est un pacifiste contre la guerre en général, ou qu'il s'oppose à une certaine guerre pour des raisons politiques?

Projet

Il y a sans doute certains aspects de la société en général (par exemple, dans votre établissement scolaire) que vous n'aimez pas (une loi, une pratique, un état de choses, etc.). Adressez une lettre à une personne haut placée dans laquelle vous lui exprimez votre point de vue, et décrivez les moyens d'action envisagés pour résoudre le problème.

Éloge de l'amitié
Tahar Ben Jelloun

Anticipation

Tahar Ben Jelloun est un écrivain marocain, né à Fès en 1944. Il a écrit
plusieurs romans, dont *La Nuit sacrée* qui a gagné le Prix Goncourt en 1987.

Il a publié en 1996 un petit livre intitulé *Éloge de l'amitié*. Dans ce livre, Ben
Jelloun décrit et réfléchit aux différentes amitiés qui l'ont touché au long de sa
vie. Dans les passages que vous allez lire, Ben Jelloun commence par une
réflexion sur l'amitié en général, et ensuite il parle de son premier ami.

1. En groupes de deux ou trois, décrivez votre premier ami/première amie.
    Quelles étaient les caractéristiques de cette personne et de l'amitié?
    Pourquoi l'amitié a-t-elle cessé?
2. Y a-t-il une qualité que vous considérez comme étant essentielle à
    l'amitié?

Éloge de l'amitié
La soudure fraternelle

C'est la chose du monde la plus mal comprise. Le mot a été banalisé. On dit
par exemple : «Ce sont des amis». Quand on cherche un peu, on découvre
qu'il s'agit simplement de collègues qu'on trouve sympathiques. On a bien
tenté d'utiliser des mots différents pour les différentes formes d'amitié :
camaraderie, relation, compagnie… mais reconnaissons que, souvent, on parle
d'amitié là où il n'y a que relations superficielles, légères, sans conséquences.

Pour parler de l'amitié, je n'irai pas compulser des ouvrages dans les grandes
bibliothèques. Il y en a de définitifs—je pense notamment au livre de Cicéron
et au chapitre XXVIII des *Essais* de Montaigne. Je ferai simplement un retour
sur moi-même, un voyage dans ma mémoire. Je vous conterai mes histoires
d'amitié comme des histoires fabuleuses ou banales, surprenantes ou
quelconques.

J'ai suivi dans ma vie le conseil de Cicéron qui nous engage à placer l'amitié au-dessus de toutes les choses humaines. «En effet, rien n'est plus naturel et rien ne se concilie aussi bien avec le bonheur comme avec le malheur.» [...]

Mon premier ami avait un an de plus que moi. Nous n'étions pas au même collège. Nous nous étions recontrés en été, à Ifrane, où ma tante avait sa résidence secondaire (l'été à Fès est insupportable). Il avait les cheveux blonds, il était mince et élégant. Je ne me souviens plus dans quelles circonstances nous nous étions connus. Nous nous retrouvions tous les après-midi près de la cascade d'eau de source. Sérieux, nous parlions des études, de la famille et même de l'avenir de notre pays qui venait de recouvrer son indépendance. Nous étions trop sérieux et nous nous comportions comme de grandes personnes.

À l'époque, j'étais amoureux d'une cousine aux yeux bleus. Nous en parlions avec détachement. Il me disait: il n'y a d'amour que dans le mariage, sinon, ce n'est que cinéma et décadence. Or ma passion pour les images et le cinéma date précisément de cette époque.

Si je me souviens aujourd'hui de cette amitié, c'est qu'elle fut construite sur un mensonge. D'un an plus âgé, il paraissait plus jeune que moi. Je venais d'entrer en sixième. Quand je lui demandai en quelle classe il était, il me répondit «en cinquième» avec l'air de dire «évidemment». Et moi, sans réfléchir, je répondis «moi aussi». J'ai entretenu ce mensonge toute une année. Nous nous écrivions des lettres. Il me parlait des auteurs qu'il lisait en classe et je me précipitais à la bibliothèque française pour emprunter leurs livres, essayant de les lire à mon tour pour soutenir la discussion. Deux étés plus tard, je lui écrivis une longue lettre où j'avouais la vérité. Je n'arrivais plus à supporter les effets de mon mensonge. Je préférais m'en débarrasser. Ce fut la fin de cette amitié. Je ne reçus plus aucune lettre de lui. Je compris que l'amitié ne souffrait aucune dérogation, même pas un petit mensonge d'orgueil. La leçon se résumait ainsi: j'ai perdu un ami parce que je lui ai menti.

Tahar Ben Jelloun

Premières impressions

Ben Jelloun dit de lui-même et de son ami, «Nous étions trop sérieux.» Êtes-vous d'accord? Quels autres adjectifs utiliseriez-vous pour décrire la personnalité des deux jeunes?

Questions de détail

1. Ben Jelloun commence par une mise en garde: on a tendance à appeler «amitié» des relations plus superficielles.
   a. Cherchez dans un dictionnaire la définition des mots suivants: camarade, relation, compagnon, ami-e.
   b. Êtes-vous satisfaits des définitions? Si non, proposez des éléments supplémentaires.
   c. Selon les définitions que vous avez trouvées, diriez-vous que les deux jeunes étaient «amis»?

2. Repérez sur une carte les villes de Fès et d'Ifrane. Pourquoi l'été serait-il insupportable à Fès mais tolérable à Ifrane?
3. Le Maroc venait de recouvrer son indépendance au moment où les jeunes sont devenus amis. En quelle année le récit est-il alors situé?
4. Dans le système scolaire français, la dernière année du lycée s'appelle «terminale» et est précédée de «première», qui est, elle précédée de «seconde». Situez le niveau scolaire et âge approximatif des enfants en «sixième» et «cinquième».
5. Pourquoi le jeune Ben Jelloun a-t-il menti en se disant aussi «en cinquième»?

Questions de langue

1. Lorsqu'on décrit quelqu'un, l'élément descriptif peut avoir une valeur d'adjectif ou bien de nom. Comparez:

Valeur d'adjectif	Valeur de nom
...une cousine **aux yeux bleus**	une cousine qui avait **les yeux bleus**
...un jeune **aux cheveux blonds**	il avait **les cheveux blonds**
...une fille **aux jambes très longues**	elle avait **de très longues jambes**

Complétez les phrases suivantes :
   a. La jeune fille _____ cheveux roux avait _____ yeux verts.
   b. L'homme avait _____ yeux noirs et ____ très grandes oreilles.
   c. On l'appelait «Berthe _____ grands pieds.»
   d. Le pianiste avait _____ mains très fines avec _____ longs doigts.
2. Repérez les adjectifs que Ben Jelloun utilise pour décrire les personnes dans ce texte. Là où c'est possible, proposez dans une deuxième colonne un synonyme, et dans une troisième colonne, un antonyme. Par exemple:

Adjectif	Synonyme	Antonyme
mince	fluet/fluette	gros/grosse

Questions de discussion

1. La première amitié dont parle Ben Jelloun date de son adolescence. Pensez-vous qu'on soit capable de former de véritables amitiés avant l'adolescence? Expliquez.
2. Cette amitié était basée sur la conversation et non sur le partage d'activités. L'un ou l'autre est-ce à votre avis un critère d'amitié?

3. À treize ans, étiez-vous aussi sérieux/sérieuse et intellectuel-le que ces deux garçons? Parliez-vous des livres que vous veniez de lire en classe? De quoi parliez-vous?
4. Étiez-vous surpris-e que l'ami ne réponde pas à sa lettre de confession? Expliquez.
5. Ben Jeloun conclut ce passage en disant deux choses contradictoires. Premièrement, il déclare, «J'ai perdu un ami parce que je lui ai menti.» Pourtant, dans le paragraphe suivant, il affirme que «la vérité n'est pas toujours souhaitable : toutes les vérités ne sont pas bonnes à dire.» Discutez.
6. Votre choix d'amis a-t-il beaucoup changé depuis que vous étiez enfant, ou bien cherchez-vous les mêmes qualités? Expliquez.
7. Quelles sont, à votre avis, les qualités essentielles chez un-e ami-e?

Projets

1. Décrivez votre premier ami / première amie. Incorporez une description physique aussi bien qu'une description du caractère de la personne et de la nature de l'amitié.
2. Mettez-vous dans la peau de l'ami de Ben Jelloun. Quelle est sa réaction lorsqu'il reçoit la lettre «de confession». Écrivez cette réaction sous forme de journal intime.
3. Identifiez une qualité essentielle à l'amitié. Racontez une anecdote qui illustre cette qualité oeuvrant dans une amitié.

La francophonie en Afrique sub-saharienne et aux Antilles

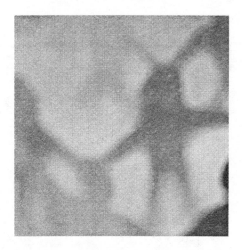

Comme le Maghreb, l'Afrique entière a connu une période de colonisation européenne. C'est à cause de cela, bien entendu, que le français et l'anglais sont aujourd'hui les langues officielles de plusieurs pays africains. (Voir la carte de la page 222 pour une illustration des pays africains de la langue française.) Vous trouverez dans l'anticipation de chaque texte de plus amples renseignements sur le pays d'origine de chaque auteur.

En plus de l'Afrique, la France et l'Angleterre ont colonisé certaines îles des Antilles (mer des Caraïbes). La population indigène de ces îles, des Indiens, a été massacrée pendant la colonisation, et la France et l'Angleterre ont fait venir des esclaves africains pour travailler dans les plantations. C'est pour cette raison que la grande majorité de la population des Antilles est noire. (Voir la carte des pays antillais de la page 222.)

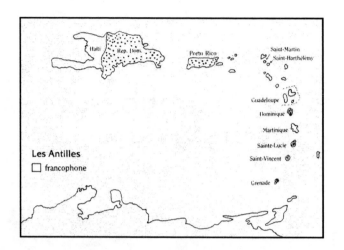

Les Antilles

☐ francophone

Haïti   Rep. Dom.   Porto Rico   Saint-Martin
Saint-Barthélémy

Guadeloupe

Dominique

Martinique

Sainte-Lucie

Saint-Vincent

Grenade

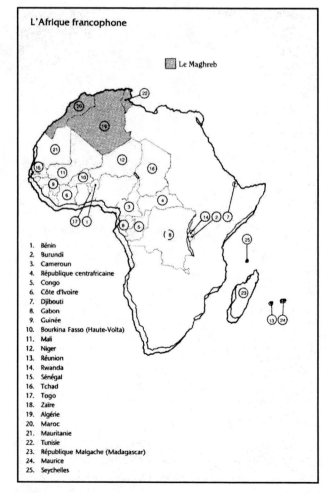

L'Afrique francophone

▦ Le Maghreb

1. Bénin
2. Burundi
3. Cameroun
4. République centrafricaine
5. Congo
6. Côte d'Ivoire
7. Djibouti
8. Gabon
9. Guinée
10. Bourkina Fasso (Haute-Volta)
11. Mali
12. Niger
13. Réunion
14. Rwanda
15. Sénégal
16. Tchad
17. Togo
18. Zaïre
19. Algérie
20. Maroc
21. Mauritanie
22. Tunisie
23. République Malgache (Madagascar)
24. Maurice
25. Seychelles

Invitation au Maghreb

I. Célestin Tchého

Anticipation

I. Célestin Tchého est un poète du Cameroun. Pays de l'Afrique de l'Ouest, le Cameroun fut, comme presque tous les pays africains, colonisé par l'Europe. Il a été un protectorat allemand au XIXe siècle; attaqué par les Alliés pendant la Première Guerre mondiale, le pays a été divisé en protectorats anglais et français. Le Cameroun français a obtenu son indépendance en 1960. En 1961, le Cameroun britannique s'est divisé en deux parties: le Nord, qui s'est joint au Nigéria, et le Sud, qui s'est uni au Cameroun. La République fédérale du Cameroun a aujourd'hui deux langues officielles: l'anglais et le français.

Le continent africain se trouve donc actuellement divisé en pays, résultat de la colonisation européenne. En plus de cette division, l'Afrique du Nord s'est souvent trouvée séparée de l'Afrique sub-saharienne du fait qu'elle est arabe.

Qu'est-ce qui sépare le Maghreb de l'Afrique sub-saharienne selon vous? (Imaginez tous les facteurs qui séparent les deux.)

Invitation au Maghreb

Maghreb! Maghreb!
À ta porte frappe mon cœur fraternel,
À cette heure de la gestation de l'Afrique.
Du Sud profond je monte,
5   Malgré l'hostilité de l'infini désert.
Ma tenace volonté brave tous les scorpions.
Et l'inconfort du sable embrasé:
À ta porte frappe mon cœur nu,
Que ta sensibilité fasse écho à la mienne.

10   Donne-moi ta main,
    Que je sente dans le battement de ton sang
    Combien tu vas m'aimer en ton âme

    Du Sud lointain je monte
    Pour oublier en ta compagnie
15   La violence des vents contraires

    Sur la foi du temps passé sans doute,
    On m'a prédit ta haine éventuelle.
    Je monte vers toi, malgré tout,
    Et mes pieds plus vigoureux encore
20   Au toucher de ton sol arabe,
    Redoublent mon espérance en ta fraternelle réaction.

    Donne-moi aujourd'hui ta main de Fatma[1],
    Que dans la chaleur des retrouvailles
    Notre sang africain s'enrichisse d'amour sincère.
25   Aime-moi du fond de ton cœur arabe,
    Comme moi-même du plus profond de mon âme nègre.

    Maghreb! Oh, Maghreb!
    Noyons ici et pour toujours dans les mers
    Le reste de la rancœur du passé.
30   Mets ta main sur mon cœur d'honneur,
    Que s'élève au sommet de mon verbe
    La gerbe étoilée de nos corps enlacés.

I. Célestin Tchého

Premières impressions

À quoi est-ce que le poème invite le Maghreb, à votre avis? Comparez vos réponses et discutez-en.

Approfondissement

1. Résumez en une ou deux phrases ce qui vous semble être l'idée principale de chaque strophe, sans employer les expressions du poème.
   a) Discutez, en groupes, de vos formulations et essayez de vous mettre d'accord sur une version.
   b) Comparez, strophe par strophe, le poème et votre résumé.
   c) Discutez de la progression des idées du poème.

---

[1] femme de l'Afrique du Nord

2. Le poème contient six strophes de longueur différente.
   a) Existe-t-il un système de rimes?
   b) Voyez-vous un rapport entre la longueur de la strophe et l'idée exprimée?
3. Que signifie, à votre avis, le troisième vers («À cette heure de la gestation de l'Afrique.»)?

Questions de langue

1. Le mot «gerbe» peut signifier «bouquet» et aussi «une réunion de choses similaires». À votre avis, faut-il comprendre, dans le dernier vers, l'un des deux sens? les deux? Expliquez.
2. Les vers 9, 11, 23 et 31 commencent tous par un «que».
   a) Sont-ils tous pareils, ou s'agit-il d'emplois différents?
   b) Est-ce que l'emploi des «que» dans les phrases ci-dessous correspond à ceux du poème? (Considérez le sens aussi bien que la forme.)
      • Je note que vous arrivez.
      • C'est un poète que je connais.
      • Elle voudrait que l'hiver finisse.
      • Il vous envoie un billet pour que vous puissiez aller le voir.

Question de discussion

Supposez que votre classe reçoive la visite d'un Maghrébin ou d'un Camerounais. Dressez ensemble une liste de questions que vous aimeriez poser à cette personne, en expliquant pourquoi les questions vous semblent intéressantes.

Projets

1. Faites des recherches afin de répondre à une ou deux des questions à propos du Maghreb ou du Cameroun que vous avez posées lors de la discussion.
2. Écrivez une réponse (sous forme de lettre, de poème, ou autre) à ce poème.
3. Imaginez que vous êtes ambassadeur ou ambassadrice du Cameroun en Tunisie. Composez une brève lettre invitant le chef du gouvernement tunisien à entreprendre des pourparlers en vue d'un rapprochement entre les deux pays.

Une vie de boy

Ferdinand Oyono

Anticipation

Ferdinand Oyono est un écrivain camerounais[1]. Le roman dont ce texte est tiré a été publié en 1956. Ce roman est écrit sous forme de journal, tenu par un jeune Camerounais. La première partie du texte explique les circonstances entourant la découverte du journal; la deuxième offre un extrait de ce journal.

Est-ce que le Cameroun était déjà indépendant au moment où le roman est paru?

Lors de la première lecture, ne cherchez pas dans le dictionnaire tous les mots que vous ne comprenez pas. Essayez simplement de suivre l'histoire et d'en dégager une impression générale.

Une vie de boy

C'était le soir. Le soleil avait disparu derrière les hautes cimes. L'ombre épaisse de la forêt envahissait Akoma. Des bandes de toucans fendirent l'espace à grands coups d'aile et leurs cris plaintifs moururent peu à peu. La dernière nuit de mes vacances en Guinée espagnole descendait furtivement. J'allais bientôt
5   quitter cette terre où nous autres «Français» du Gabon ou du Cameroun venions faire peau neuve quand rien n'allait plus avec nos compatriotes blancs.

C'était l'heure du repas habituel de bâtons de manioc au poisson. Nous mangions en silence car la bouche qui parle ne mange pas. Le chien de la case,
10   vautré entre mes jambes, suivait d'un regard envieux les morceaux de poisson

---

1 voir l'anticipation à *Invitation au Maghreb* pour des renseignements sur le Cameroun

qui disparaissaient dans la bouche de mon hôte, son maître. Tout le monde était repu. À la fin du repas, nous rotâmes à tour de rôle tout en nous grattant le ventre avec l'auriculaire[2]. La maîtresse de maison nous remercia d'un sourire. La veillée s'annonçait gaie et fertile en contes de la forêt. Nous faisions semblant d'oublier mon départ. Je me laissais gagner par la joie facile de mes hôtes. Ils ne pensaient plus qu'à se grouper autour du foyer pour rabâcher les sempiternelles aventures de la tortue et de l'éléphant.

— Nous n'avons plus de clair de lune, dit mon hôte, nous aurions dansé en l'honneur de ton départ...

— Si on faisait un grand feu dans la cour? suggéra sa femme.

— Je n'y ai pas pensé pendant le jour, il n'y a plus de bois...

Sa femme soupira... Tout à coup, les roulements sinistres d'un tam-tam nous parvinrent. Bien que ne sachant pas traduire le message du tam-tam de mes congénères espagnols, je compris à l'expression bouleversée des visages que ce tam-tam annonçait quelque malheur.

— Madre de Dios! jura Anton en se signant.

Sa femme fit disparaître ses prunelles en se signant à son tour. Je portai machinalement la main à mon front.

— Madre de Dios! redit Anton en se tournant vers moi. Encore l'un de ces pauvres Françés... On annonce qu'un Françés est au plus mal et qu'on n'est pas sûr qu'il passera la nuit.

Le sort de cet homme qui ne m'était rien, que je ne connaissais pas, provoqua dans mon esprit un véritable désarroi. C'était curieux. Ce message d'agonie qui, au Cameroun, n'eût provoqué en moi qu'un semblant d'émotion—cette pitié lointaine que l'on ressent à l'agonie des autres— m'assommait sur cette terre espagnole.

— Le tam-tam vient de M'foula, cela m'étonne, poursuivit mon hôte. Il n'y avait pas de Françés à M'foula, que je sache. Celui qui agonise doit y être arrivé ce matin. Demain, nous saurons tout cela.

Tous les yeux étaient fixés sur moi, avec cette expression de compassion muette que nous savons leur donner. Je me levai et demandai à Anton si M'foula était loin.

— Juste la grande forêt à traverser... La lampe est pleine de pétrole...

Cet homme lisait vraiment dans mon âme.

Armés de lances, nous nous mîmes en route, précédés d'un gamin qui tenait une vieille lampe-tempête dont la lumière falote éclairait faiblement notre piste. Nous traversâmes deux villages. Les gens que nous rencontrions et qui reconnaissaient Anton s'enquéraient du motif de ce voyage nocturne. Ils parlaient un baragouin d'espagnol et de pahouin mêlés, où revenait le mot «Françés». Tout le monde se signait. Mais aussitôt qu'ils nous quittaient, nos amis de rencontre oubliaient leur mine dramatique et nous lançaient un jovial «Buenas tardes!» Notre piste pénétra dans la forêt.

— Déjà fatigué? me demanda Anton. C'est maintenant que nous nous mettons en route...

---

[2] geste de politesse pour manifester qu'on a bien mangé

55 Notre piste sortit enfin de la forêt, serpenta dans une lande où les essessongos atteignaient la hauteur des arbres. Les roulements du tam-tam devenaient de plus en plus distincts. Nous débouchâmes dans une clairière. Le cri lugubre d'un hibou troubla l'un des silences intermittents qui succédaient aux battements sourds du tam-tam. Anton partit d'un grand éclat de rire dont
60 l'écho se répercuta à plusieurs reprises parmi les géants de la forêt. Il abreuva l'oiseau nocturne d'un flot d'injures comme s'il se fût adressé à un homme.

— C'est le pauvre Pedro! dit-il entre deux éclats de rire. Il est mort, le coquin, il y a deux semaines. Il avait emmerdé le prêtre que nous étions allés chercher pour le salut de son âme. Sa femme lui avait même brûlé les ongles pour tenter
65 de lui arracher sa conversion. Il n'y a eu rien à faire. Le bougre a tenu, il a crevé païen. Maintenant qu'il s'est transformé en hibou et qu'il crève de froid dans cette épaisse forêt, il n'y a que le prêtre qui puisse encore faire quelque chose, si sa veuve se décide enfin à faire dire une messe... Pauvre Pedro...

Je ne répondis rien à cette leçon de métempsycose en pleine nuit dans la
70 forêt équatoriale. Nous contournâmes une brousse en feu et nous arrivâmes. En tout, M'foula était semblable aux villages que nous avions traversés, avec ses cases au toit de raphia et aux murs blanchis à la chaux, disposées autour d'une cour souillée d'excréments d'animaux. La masse de l'aba[3] se détachait dans la nuit. Une animation inaccoutumée y régnait. Nous y pénétrâmes.

75 Le moribond était étendu sur un lit de bambou, les yeux hagards, recroquevillé sur lui-même comme une énorme antilope. Sa chemise était maculée de sang.

— Cette odeur nous rendra malades, dit quelqu'un.

Je n'avais jamais vu un homme agoniser. Celui qui était devant mes yeux
80 était un homme qui souffrait et je ne le voyais nullement transfiguré par quelque lumière d'outre-tombe. Il me semblait être encore assez capable d'énergie pour renoncer au grand voyage.

Il toussa. Du sang s'échappa de ses lèvres. Le gamin qui nous accompagnait posa la lampe à côté du moribond. Celui-ci fit un effort surhumain pour se
85 couvrir les yeux. J'éloignai la lampe, et je baissai la mèche. L'homme était jeune. Je me penchai pour lui demander s'il avait besoin de quelque chose. Une odeur nauséabonde de putréfaction m'obligea à allumer une cigarette. Il se tourna vers moi. Au fur et à mesure qu'il me détaillait, il semblait sortir de l'état comateux où nous l'avions trouvé. Il esquissa un faible sourire et toussa
90 encore. Il allongea une main tremblante qui vint caresser mon pantalon à la hauteur du genou.

— Un Français, un Français... haletait-il, du Cameroun sans doute?

J'acquiesçai en hochant la tête.

— Je l'ai vu... je l'ai reconnu, mon frère, à ta gueule... De l'arki, je veux de
95 l'arki[4]...

Une femme me passa un gobelet d'une gnole sentant la fumée. Je la lui versai dans la bouche. C'était un connaisseur! Malgré sa souffrance, il me fit

---

[3] case à palabres (à conférence)

[4] alcool de maïs et de banane

228

un clin d'œil. Il semblait avoir repris ses forces. Avant qu'il ne m'appelât pour
que je l'aide à s'asseoir, il avait déjà commencé à se soulever sur son coude. Je
100 passai mon bras autour de ses épaules et le tirai contre le mur où il s'adossa.
Son regard atone étincela soudain. Il ne me quitta plus.

— Mon frère, commença-t-il, mon frère, que sommes-nous? Que sont tous les
nègres qu'on dit français?...

Son ton se fit amer.

105 À vrai dire, dans ma juvénile insouciance, je ne m'étais jamais posé cette
question. Je me sentis devenir stupide.

— Tu vois, mon frère, continua-t-il, je suis... je suis fichu... Ils m'ont eu... —Il
me montrait son épaule.

— Je suis quand même heureux de crever loin d'eux... Ma mère me disait
110 toujours que ma gourmandise me conduirait loin. Si j'avais pu prévoir qu'elle
me conduirait au cimetière... Elle avait raison, ma pauvre mère...

Un hoquet le secoua et il pencha la tête sur son épaule. Il se racla la gorge.

— Je suis du Cameroun, mon frère. Je suis Maka... J'aurais sûrement fait de
vieux os si j'étais reste sagement au village...

115 Il se perdit dans une rêverie qui fut interrompue par une quinte de toux.
Puis sa respiration redevint normale. Je l'aidai à s'allonger. Il ramena ses bras
décharnés sur sa poitrine et les croisa. Il nous oublia dans la contemplation des
nattes de raphia du toit noircie par la suie. Je remontai la mèche de la lampe
dont la lumière devenait de plus en plus clignotante. Elle éclaira le bord du lit
120 de bambou où gisait l'agonisant. Son ombre se projeta sur le mur lézardé de
l'aba où couraient deux araignées. Leurs ombres démesurément agrandies
ressemblaient à deux pieuvres dont les tentacules tombaient comme les
branches d'un saule pleureur sur l'ombre simiesque de la tête du moribond.

Il fut pris de spasmes, tressaillit et expira. On l'enterra dans la nuit, on ne
125 pouvait le garder jusqu'au lendemain. Il était une charogne avant d'être un
cadavre.

J'appris qu'on l'avait découvert inanimé près de la frontière, dans la zone
espagnole. On me remit un baluchon kaki.

— Y en a été uno alumno[5], me dit gravement celui qui l'avait trouvé.

130 J'ouvris le paquet. J'y trouvai deux cahiers racornis, une brosse à dents, un
bout de crayon et un gros peigne indigène en ébène.

C'est ainsi que je connus le journal de Toundi. Il était écrit en ewondo,
l'une des langues les plus parlées au Cameroun. Je me suis efforcé d'en rendre
la richesse sans trahir le récit dans la traduction que j'en fis et qu'on va lire.

Ferdinand Oyono

---

[5] il était étudiant

Premières impressions

Résumez brièvement ce qui se passe dans cette première partie:
a) Où est le narrateur? Pourquoi?
b) D'où vient-il?
c) Où va-t-il? Pourquoi?
d) Avec qui est-il? Comment sont ces gens?
e) Qui est le moribond? D'où vient-il?
f) Qu'est-ce que le narrateur apprend de lui?

Approfondissement

1. Pourquoi le mot «Français» est-il placé entre guillemets à la ligne 5? Est-ce que «Francés» (ligne 30 et autres) signifie la même chose? Expliquez l'orthographe différente.
2. De quelle religion sont les personnages? Est-ce que l'histoire du hibou/Pedro révèle un autre aspect de leur religion?
3. En quoi consiste une veillée dans ce village?
4. Cherchez d'autres détails sur le mode de vie de ces personnages. (Relisez le texte et dressez une liste.) Lesquels de ces détails vous semblent typiquement africains?
5. Relisez les lignes 32-36. Pourquoi, à votre avis, le narrateur est-il si touché par l'annonce qu'un «Francés» est à l'agonie?
6. Que signifie, à votre avis, le soupir de la femme à la ligne 22? (Irritation? désappointement? autre chose?) Expliquez.
7. Le narrateur dit qu'il n'a jamais vu un homme mourir auparavant. Est-ce que la réalité correspond à l'image qu'il s'en était faite (lignes 79-82)?
8. Le moribond dit, à la ligne 107, «Ils m'ont eu», et, à la ligne 109, «Je suis quand même heureux de crever loin d'eux.» De qui parle-t-il, à votre avis?
9. À quelle classe socio-économique appartient le narrateur selon les indications du texte?
10. Quel âge semble avoir le narrateur? le moribond?

Question de langue

Remplacez chacune des expressions suivantes par une paraphrase. Essayez d'en découvrir le sens sans consulter un dictionnaire, mais en étudiant le contexte. Comparez ensuite vos versions.
Ligne 6: faire peau neuve
Lignes 14-15: nous faisions semblant
Ligne 48: s'enquéraient du motif
Ligne 60: à plusieurs reprises
Ligne 69: en pleine nuit
Lignes 113-114: fait de vieux os
Ligne 133: je me suis efforcé

Questions de discussion

1. Dans sa description du repas, le narrateur mentionne qu'ils mangeaient en silence car «la bouche qui parle ne mange pas» (ligne 9). Est-ce la coutume chez vous de manger en silence? Discutez.
2. Comment se passerait une soirée agréable chez vous? (En famille? chez des amis?)
3. Avez-vous l'impression que le narrateur loge chez des amis, ou simplement en touriste? Expliquez votre réponse. S'il n'est pas ami de ses hôtes, mais touriste, est-ce que l'hospitalité qu'ils lui offrent correspond à celle qu'un touriste trouverait probablement chez vous?
4. Discutez d'un autre aspect de la culture africaine que vous avez remarqué. Quel semble en être le sens dans la culture africaine? À quoi cela peut-il correspondre dans votre culture?

Une vie de boy (suite)

Anticipation

Dans la première partie du texte, quelles indications possédons-nous sur l'auteur du journal? Formulez des hypothèses: il a été «boy»; qu'est-ce que cela veut dire? Comment et pourquoi est-il devenu «boy»?

En lisant ce journal, cherchez à suivre l'histoire. (Qui est Toundi? Qu'est-ce qu'il fait? Pourquoi? etc.) Essayez de lire sans chercher dans un dictionnaire tous les mots que vous ne connaissez pas.

Le journal de Toundi
(premier cahier)

Août.

Maintenant que le révérend père Gilbert m'a dit que je sais lire et écrire couramment, je vais pouvoir tenir comme lui un journal.

Je ne sais quel plaisir cache cette manière de Blanc, mais essayons toujours.

J'ai jeté un coup d'œil dans le journal de mon bienfaiteur et maître pendant
5 qu'il confessait ses fidèles. C'est un véritable grenier aux souvenirs. Ces Blancs savent tout conserver... J'ai retrouvé ce coup de pied que me donna le père Gilbert parce qu'il m'avait aperçu en train de le singer dans la sacristie. J'en ai senti à nouveau une brûlure aux fesses. C'est curieux, moi qui croyais l'avoir oublié...

10 Je m'appelle Toundi Ondoua. Je suis le fils de Toundi et de Zama. Depuis que le Père m'a baptisé, il m'a donné le nom de Joseph. Je suis Maka par ma mère et Ndjem par mon père. Ma race fut celle des mangeurs d'hommes. Depuis

l'arrivée des Blancs nous avons compris que tous les autres hommes ne sont pas des animaux.

15 Au village, on dit de moi que j'ai été la cause de la mort de mon père parce que je m'étais réfugié chez un prêtre blanc à la veille de mon initiation où je devais faire connaissance avec le fameux serpent qui veille sur tous ceux de notre race. Le père Gilbert, lui, croit que c'est le Saint-Esprit qui m'a conduit jusqu'à lui. À vrai dire, je ne m'y étais rendu que pour approcher l'homme

20 blanc aux cheveux semblables à la barbe de maïs, habillé d'une robe de femme, qui donnait de bons petits cubes sucrés aux petits Noirs. Nous étions une bande de jeunes païens à suivre le missionnaire qui allait de case en case pour solliciter des adhésions à la religion nouvelle. Il connaissait quelques mots Ndjem, mais il les prononçait si mal qu'il leur donnait un sens obscène.

25 Cela amusait tout le monde, ce qui lui assurait un certain succès. Il nous lançait ses petits cubes sucrés comme on jette du grain aux poules. C'était une véritable bataille pour s'approprier l'un de ces délicieux morceaux blancs que nous gagnions au prix de genoux écorchés, d'yeux tuméfiés, de plaies douloureuses. Les scènes de distribution dégénéraient parfois en bagarres où

30 s'opposaient nos parents. C'est ainsi que ma mère vint un jour à se battre contre la mère de Tinati, mon compagnon de jeu, parce qu'il m'avait tordu le bras pour me faire lâcher les deux morceaux de sucre que j'avais pu avoir au prix d'une hémorragie nasale. Cette bataille avait failli tourner en massacre car des voisins luttaient contre mon père pour l'empêcher d'aller fendre la tête au

35 père de Tinati qui, lui-même, parlait de transpercer l'abdomen de papa d'un seul coup de sagaie. Quand on eut calmé nos parents, mon père, l'œil mauvais, armé d'un rotin, m'invita à le suivre derrière la case.

— C'est toi, Toundi, la cause de toute cette histoire! Ta gourmandise nous perdra. On dirait que tu ne manges pas assez ici! Tu éprouves encore le besoin,

40 à la veille de ton initiation, de traverser un ruisseau pour aller quémander des morceaux de sucre à cet homme-femme blanc que tu ne connais même pas!

Je le connaissais, lui, mon père! Il avait la magie du fouet. Quand il s'en prenait à ma mère ou à moi, nous en avions au moins pour une semaine à nous remettre. J'étais à une bonne distance de sa chicotte. Il la fit siffler dans

45 l'air et s'avança sur moi. Je marchais à reculons.

— Tu veux t'arrêter, oui? Je n'ai pas de bonnes jambes pour te poursuivre... Tu sais bien que je t'attendrai cent ans pour te donner ta correction. Viens ici pour qu'on en finisse vite!

— Je n'ai rien fait, Père, pour être battu... protestai-je.

50 — Aaaaaaaaaaaakiééééé! s'exclama-t-il. Tu oses dire que tu n'as rien fait? Si tu n'avais pas été le gourmand que tu es, si tu n'avais pas le sang des gourmands qui circule dans les veines de ta mère, tu n'aurais pas été à Fia pour disputer, comme un rat que tu es, ces choses sucrées que vous donne ce maudit Blanc! On ne t'aurait pas tordu les bras, ta mère ne se serait pas battue et moi je

55 n'aurais pas éprouvé l'envie d'aller fendre le crâne du vieux Tinati... Je te conseille de t'arrêter!... Si tu fais encore un pas, je considérerai cela comme une injure et que tu peux coucher avec ta mère...

Je m'arrêtai. Il se précipita sur moi et fit siffler le rotin sur mes épaules nues.

Je me tortillais comme un ver au soleil.

60 — Tourne-toi et lève les bras! Je n'ai pas envie de te crever un œil.

— Pardonne-moi, Père! suppliai-je, je ne le ferai plus...

— Tu dis toujours cela quand je commence à te battre. Mais aujourd'hui, je dois te battre jusqu'à ce que je ne sois plus en colère...

Je ne pouvais pas crier car cela aurait pu ameuter les voisins et mes

65 camarades m'auraient traité de fille, ce qui signifiait l'exclusion de notre groupe «Jeunes-qui-seront-bientôt-des-hommes». Mon père me donna un autre coup que j'esquivai de justesse.

— Si tu esquives encore, c'est que tu peux coucher avec ta grand-mère, ma mère!

70 Pour m'empêcher de me sauver, mon père usait toujours de ce chantage qui m'obligeait à me livrer gentiment à ses coups.

— Je ne t'ai pas insulté et je ne peux pas coucher avec ma mère, ni avec la tienne! Et je ne veux plus être battu et c'est tout!

— Tu oses me parler sur ce ton! Une goutte de mon liquide qui me parle ainsi!

75 Arrête-toi ou je te maudis!

Mon père suffoquait. Jamais je ne l'avais vu aussi exaspéré... Je continuai ma marche à reculons. Il me poursuivit ainsi derrière les cases pendant une bonne centaine de mètres.

— Bien! lança-t-il, je verrai où tu passeras la nuit! Je dirai à ta mère que tu nous

80 as insultés. Pour entrer dans la case, ton chemin passe par le trou de mon anus.

Sur ce, il me tourna le dos. Je ne savais où me réfugier. J'avais un oncle que je n'aimais pas à cause de ses croûtes de gale. Sa femme sentait, comme lui, le poisson avarié. Il me répugnait d'entrer dans leur masure. Il faisait nuit. La

85 lumière intermittente des lucioles devenait visible. Le bruit des pilons annonçait le repas du soir. Je revins doucement derrière notre case et regardai à travers les lézardes du mur de terre battue. Mon père me tournait le dos. L'oncle dégoûtant était en face de lui. Ils mangeaient... L'arôme du porc-épic que nous avions trouvé à moitié dévoré par les fourmis, pris depuis deux jours

90 à l'un des pièges de mon père, me donnait de l'appétit. Ma mère était réputée au village pour son assaisonnement du porc-épic...

— C'est bien le premier de la saison! dit mon oncle, la bouche pleine.

Sans mot dire, mon père pointa son index au-dessus de sa tête. C'était à cet endroit qu'il alignait tous les crânes des bêtes qu'il prenait au piège.

95 — Mangez tout, dit ma mère, j'ai gardé la part de Toundi dans la marmite.

Mon père se leva d'un bond et, à son bégaiement, je compris que ça allait barder.

— Apporte la part de Toundi ici! cria mon père. Il ne mangera pas de ce porc-épic. Cela lui apprendra à me désobéir.

100 — Tu sais, il n'a encore rien mangé depuis ce matin. Que mangera-t-il quand il rentrera?

— Rien du tout, coupa mon père.

— Si vous voulez qu'il vous obéisse, ajouta mon oncle, privez-le de nourriture... ce porc-épic est fameux...

105 Ma mère se leva et leur apporta la marmite. Je vis la main de mon père et celle de mon oncle y plonger. Puis j'entendis ma mère pleurer. Pour la première fois de ma vie, je pensai à tuer mon père.

Je retournai à Fia et... après avoir longtemps hésité, je frappai à la case du prêtre blanc. Je le trouvai en train de manger. Il s'étonna de ma visite. Je lui
110 expliquai par gestes que je voulais partir avec lui. Il riait de toutes ses dents, ce qui donnait à sa bouche une apparence de croissant de lune. Je me tenais coi près de la porte. Il me fit signe d'approcher. Il me donna les restes de son repas qui me parut étrange et délicieux. Par gestes nous poursuivîmes notre conversation. Je compris que j'étais agréé.
115 C'est ainsi que je devins le boy du révérend père Gilbert.

Le lendemain, la nouvelle parvint à mon père. Je redoutais sa colère... Je l'expliquai au prêtre toujours en gesticulant. Cela l'amusait beaucoup. Il me tapota amicalement l'épaule. Je me sentis protégé.

Mon père vint l'après-midi. Il se borna à me dire que j'étais et resterais son
120 fils, c'est-à-dire sa goutte de liquide... qu'il ne m'en voulait pas et que si je rentrais au bercail, tout serait oublié. Je savais ce que signifiait ce beau discours devant le Blanc. Je lui tirai la langue. Son œil devint mauvais comme d'habitude lorsqu'il se préparait à «m'apprendre à vivre». Mais, avec le père Gilbert, je ne craignais rien. Son regard semblait fasciner mon père qui baissa
125 la tête et s'éloigna tout penaud.

Ma mère vint me voir pendant la nuit. Elle pleurait. Nous pleurâmes ensemble. Elle me dit que j'avais bien fait de quitter la case paternelle, que mon père ne m'aimait pas comme un père devrait aimer son fils, qu'elle me bénissait et que si un jour je tombais malade je n'aurais qu'à me baigner dans
130 une rivière pour être guéri.

Le père Gilbert me donna une culotte kaki et un tricot rouge qui firent l'admiration de tous les gamins de Fia qui vinrent demander au prêtre de les emmener avec lui.

Deux jours plus tard, le père Gilbert me prit sur sa motocyclette dont le
135 bruit semait la panique dans tous les villages que nous traversions. Sa tournée avait duré deux semaines. Nous rentrions à la Mission catholique Saint-Pierre de Dangan. J'étais heureux, la vitesse me grisait. J'allais connaître la ville et les Blancs, et vivre comme eux. Je me surpris à me comparer à ces perroquets sauvages que nous attirions au village avec des grains de maïs et qui restaient
140 prisonniers de leur gourmandise. Ma mère me disait souvent en riant: «Toundi, ta gourmandise te conduira loin... »

Mes parents sont morts. Je ne suis jamais retourné au village.

Ferdinand Oyono

Premières impressions

Selon vous, est-ce par «gourmandise» que Toundi est devenu le «boy» du père Gilbert?

Approfondissement

1. Avez-vous l'impression que, dans le village natal de Toundi, les gens avaient l'habitude de tenir un journal? Pourquoi?
2. Que veulent dire probablement «Maka» et «Ndjem» (lignes 11-12)? Dans la première partie du texte (*Une vie de boy*, ligne 113), Toundi s'était identifié comme Maka. Pourquoi, à votre avis, n'a-t-il pas répété «Je suis Maka par ma mère et Ndjem par mon père»?
3. Pourquoi le prêtre distribuait-il des cubes sucrés aux enfants?
4. Quel âge peut bien avoir Toundi?
5. Quelle est la signification de la cérémonie d'initiation?
6. Que signifient, à votre avis, les menaces du père, c'est-à-dire que Toundi pourrait coucher avec sa mère ou avec sa grand-mère? (Notez que les membres des familles rurales africaines ne dorment pas tous dans la même case: la mère partage généralement la sienne avec ses jeunes enfants, et le père occupe une autre case.)
7. Pourquoi, à votre avis, le père est-il tellement enragé?
8. Pourquoi appelle-t-on le prêtre un «homme-femme»?
9. Comment expliquez-vous la réaction du père Gilbert lorsqu'il reçoit Toundi (lignes 109-111) et lorsque Toundi lui parle de son père (lignes 117-118)?
10. Quels semblent être les rapports entre le père et la mère de Toundi?

Questions de langue

Étudiez le contexte de la phrase, puis choisissez la paraphrase qui vous semble la plus proche de l'original du point de vue du sens.

Ligne 4: «J'ai jeté un coup d'œil dans le journal»
   a) J'ai regardé rapidement le journal.
   b) J'ai jeté le journal.

Ligne 16: «je m'étais réfugié chez un prêtre blanc *à la veille* de mon initiation»
   a) le jour avant
   b) le jour après

Lignes 17-18: «le fameux serpent qui *veille* sur tous ceux de notre race»
   a) ne dort jamais devant
   b) protège et surveille

Ligne 33: «Cette bataille avait failli tourner en massacre»
   a) Cette bataille a presque tourné en massacre.
   b) Cette bataille n'a pas réussi à tourner en massacre.

Ligne 39: «*On dirait* que tu ne manges pas assez ici!»
   a) les voisins diront
   b) on a l'impression

Ligne 43: «nous en avions au moins pour une semaine»
   a) le père nous accordait une semaine au moins
   b) il nous fallait au moins une semaine

Ligne 46: «Tu veux t'arrêter, oui?»
    a) Arrête-toi!
    b) Veux-tu bien t'arrêter, s'il te plaît?
Ligne 109: «Je le trouvai en train de manger.»
    a) Il allait commencer à manger quand je l'ai trouvé.
    b) Il n'avait pas fini de manger quand je l'ai trouvé.
Ligne 116: «Je redoutais sa colère.»
    a) J'avais peur de sa colère.
    b) Je n'étais pas sûr s'il serait en colère ou non.
Ligne 120: «qu'il ne m'en voulait pas»
    a) qu'il ne voulait pas de moi
    b) qu'il n'était pas en colère contre moi

Questions de discussion

1. Connaissez-vous d'autres cultures où l'on célèbre une cérémonie
    d'initiation? En quoi consiste-t-elle et que représente-t-elle?
2. Dans la culture de Toundi, on croit à un serpent qui veille sur la race, et au
    pouvoir de l'eau de rivière. Connaissez-vous des croyances semblables
    appartenant à d'autres religions? Discutez.
3. Choisissez un autre aspect de la culture camerounaise décrit dans cette
    partie du texte. Qu'est-ce que cela semble signifier dans cette culture?
    Y a-t-il un parallèle ou une différence dans votre culture?
4. Ce roman a été écrit en 1956. Selon vous, quels éléments seraient
    différents aujourd'hui?

Projets

1. Toundi nous dit que le père Gilbert tenait aussi un journal. Écrivez ce que
    vous imaginez être sa description de l'arrivée de Toundi.
2. Imaginez la suite de l'histoire de Toundi: nous en savons le début et la fin.
    Que lui est-il arrivé?
3. Faites des recherches sur un aspect de la vie au Cameroun qui vous
    intéresse.

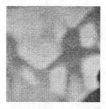

Trois femmes à Manhattan
Maryse Condé

Anticipation

Maryse Condé, auteure de ce récit (paru dans *Présence Africaine*), est une romancière et essayiste de la Guadeloupe. Née en 1937 à Pointe-à-Pitre, elle a fait ses études supérieures à la Sorbonne. Après avoir passé une vingtaine d'années à enseigner au Sénégal, au Ghana et à Paris, elle vit actuellement en Guadeloupe où elle se consacre à la littérature.

La Guadeloupe, comme la Martinique, est une ancienne colonie française qui fait partie aujourd'hui de la France (ce sont des départements français). Comme Haïti (qui est aujourd'hui un état indépendant), la Guadeloupe et la Martinique ont aujourd'hui une population noire à cause de la traite des esclaves pratiquée au début de la colonisation.

Dans ce récit, les «trois femmes à Manhattan» sont une Guadeloupéenne, une Noire américaine et une Haïtienne. Pendant votre première lecture, ne cherchez pas dans le dictionnaire tous les mots que vous ne connaissez pas. Essayez simplement d'avoir une idée générale de l'histoire. Si vous voyez que vous avez des problèmes, que vous perdez le fil de l'histoire, cherchez les quelques définitions qui vous remettront en route pour comprendre le sens global.

Trois femmes à Manhattan

À Wanda

—Est-ce que tu m'as entendue? Est-ce que tu m'écoutes?

Claude releva la tête. Non, elle n'écoutait pas Elinor, car ce n'était pas nécessaire. Chaque matin, celle-ci répétait les mêmes instructions, enfilant ses gants de peau fine, ou campant un bonnet aux couleurs vives sur ses cheveux
5 bouclés avant de disparaître laissant derrière elle un parfum délicat.

«Lave, frotte, repasse, arrose les plantes. En partant n'oublie pas le verrou de sûreté, c'est très, très important... »

Comme Elinor la fixait hésitant comme à l'accoutumée entre la tendresse et l'exaspération, elle lui adressa un sourire d'excuse et entra dans la cuisine.

10 L'appartement où Elinor avait emménagé six mois plus tôt était élégant. Il convenait à merveille à une jeune femme écrivain dont le premier roman *The Mouth That Eats Salt* faisait la une des magazines littéraires. Non pas des magazines noirs. Ceux-là, on sait ce qu'ils valent. Qu'un Noir, qu'une Noire écrivent quelques lignes et ils en font un génie! Elinor faisait l'objet d'articles
15 et paraissait en couverture de publications blanches sérieuses, objectives qui déchiffraient ses références au folklore du Vieux Sud et au patrimoine collectif noir tout en soulignant sa beauté, brûlante comme une nuit d'août en Géorgie. Elle avait bien offert son roman à Claude, mais sa connaissance limitée de l'anglais ne lui avait pas permis de le lire. Elle s'était bornée à
20 l'ouvrir, caressant des yeux l'entrelacs de signes qui pour elle ne signifiaient rien, avant de le ranger sur l'unique étagère de sa chambre entre son album de photos et un exemplaire de *Teach Yourself English*. Par la fenêtre de la cuisine, Claude apercevait un vrai décor de carte postale. Sous un ciel bleu vif, les gratte-ciel étincelants enserrant les rues perpendiculaires, parcourues de taxis
25 jaunes. Que New York est surprenant! Claude ne s'était pas encore habituée à cette beauté déconcertante comme celle d'un visage dont on n'a jamais rêvé. Parfois au sortir de son taudis de la 144e rue où Noirs et Portoricains, unis dans la même misère, s'affrontaient dans la même haine, elle se demandait ce qui l'avait conduite de son île nonchalante à cette ville où tout parlait succès,
30 fortune. À 19 ans, son passé lui semblait interminable, confus, semé de douloureux repères, déjà marqué par l'échec. Elle n'avait jamais connu son père, un Marie-Galantais[1], disparu après sa triste et féconde union avec Alicia, sa mère. Déjà accablée d'enfants, celle-ci l'avait confiée à sa marraine, Mme Bertille Dupré d'une excellente famille de Pointe-à-Pitre[2] qui lui avait donné la
35 meilleure éducation en échange de travaux ménagers. En fait, elle n'en sortait pas, des travaux ménagers: laver, frotter, repasser, arroser les plantes... D'un côté de l'Océan comme de l'autre.

Elle ramena son regard sur la vaisselle sale. La veille, Elinor avait donné une réception. Elle recevait beaucoup à présent. C'était nécessaire pour soigner sa

---

[1] homme qui vient de l'île Marie-Galante, île qui dépend de la Guadeloupe

[2] ville de la Guadeloupe (capitale économique)

40 publicité. Car il ne suffit pas d'écrire un livre, seuls les naïfs le croient. Encore
    faut-il le promouvoir et Elinor payait de sa personne. Quand elle s'était
    présentée chez Elinor, celle-ci l'avait accablée de questions dans son français à
    la fois hésitant et précis. D'abord elle l'avait crue Haïtienne, poussée dans cet
    humus qui fertilise toutes les grandes villes nord-américaines. Puis elle s'était
45 étonnée:
    — La Guadeloupe, mais où est-ce que c'est? Quel âge avez-vous? Qu'est-ce qui
    vous a amenée si jeune si loin de chez vous?
    Et Claude s'entendit bredouiller une histoire vraie aussi invraisemblable
    qu'un tissu de mensonges. Comment le croire qu'à sa majorité, elle avait
50 quitté *L'Hôtel du Grand Large* où elle avait été engagée après son Brevet de
    Tourisme, avait retiré de la Caisse d'Épargne[3] le maigre pécule que marraine
    Bertille lui avait constitué et s'était fait la malle? Pourquoi New York?
    Pourquoi pas Paris via le Bumidom[4] comme tous les autres? C'est que
    précisément Paris lui faisait horreur. Plusieurs fois l'an, dans la grande maison
55 entre cour et jardin de la rue du Commandant Mortenol, des amis de marraine
    Bertille, de retour de métropole, égrenaient leurs souvenirs extasiés:
    — Ma chère, nous sommes montés tout en haut de la Tour Eiffel avec les
    enfants. Paris à nos pieds! Quel spectacle!
    Et Claude attentive à ne pas renverser les coupes de sorbet au coco que l'on
60 offrait aux invités se prenait de haine pour cette ville, catin trop vantée, et se
    jurait de cingler vers une autre Amérique.
    À la fin de l'entretien, Elinor avait déclaré:
    — C'est d'accord. Vous viendrez trois heures chaque matin.
    Depuis s'était noué entre elles ce lien fait de compassion, de mépris, de
65 haine parfois, d'amour aussi, car elles partageaient un secret. Elles le savaient
    toutes deux, Claude était une Elinor que le destin, enchanteur distrait, avait
    oublié de combler après l'avoir arrachée du néant. Sous prétexte de
    perfectionner son français, Elinor avait conté à Claude son enfance dans la
    maison victorienne héritée de la famille maternelle. Dernière-née de sept
70 enfants, ce chiffre lui avait toujours signifié sa prédestination. Quand elle
    décrivait sa mère, ses tantes, sa tante Millicent surtout, Claude se les
    représentait sans effort. Avec quelques bouclettes, quelques coups de crayon
    en plus, des parures à la fois plus austères et plus riches, c'était marraine
    Bertille, ses sœurs, ses amies. Quant au père absent, mais sans cesse présent,
75 prompt à s'irriter d'un faux-pli au plastron d'une chemise, c'était Marcel
    Dupré, chef de Service aux Contributions directes et indirectes, qui chaque
    dimanche, se faisait polir les ongles par l'aînée de ses filles. C'était le même
    univers, grossi à l'échelle d'un continent, voilà tout. Là s'arrêtait toutefois la
    ressemblance. Elinor avait virevolté des uns aux autres sur ses escarpins à
80 barrettes tendant la joue aux baisers. C'était l'enfant prodige, la terrible
    septième, qui confondait ses maîtres, qui à la mort de Martin Luther King
    composait une ode en son honneur, lue à l'église dans le recueillement de

---

[3] service offert par les services postaux français et qui permet de placer son argent à certains
    taux d'intérêts
[4] bureau des migrations pour les Départements d'Outre-Mer

tous. Elle n'était pas l'humble filleule, recueillie par charité, élevée sans amour, enlaidie à force d'indifférence. Claude quitta la cuisine, traversa le living-
room, 60 m² de moquette blanche, de tableaux de Romare Bearden, de peintres naïfs, Salnave, Wilson Bigaud, Wesner la Forest, d'objets insolites et gracieux ramenés du Mexique qu'elle n'époussetait qu'en tremblant, puis entra dans le bureau. Cette pièce était le lieu d'une alchimie secrète et singulière. Sur une longue table à dessin, placée contre la fenêtre, la machine à écrire trônait.
Elinor rangeait méticuleusement dans des chemises aux couleurs différentes, le manuscrit de son roman en cours, les nouvelles, les articles auxquels elle travaillait. Claude ouvrit un dossier. Quelle magie! Ces séries d'arabesques qui signifiaient une pensée, qui communiquaient un imaginaire, par elles plus lancinant que le réel. Écrire! Mettre en mouvement ses reins, son sexe, son cœur pour accoucher du monde inscrit dans son obscurité. Dire qu'elle avait eu cette audace! À Pointe-à-Pitre, le soir au galetas, quand la maison dormait, elle griffonnait sur des cahiers à spirale. Une force incontrôlable en elle. À qui montrer le fruit de ses veilles?
Mlle Angélique-Marie Lourdes était la maîtresse de français, une jolie câpresse⁵ toute en fossettes, qui habitait encore chez ses parents. Chaque matin, à la récréation de dix heures, la servante de sa mère lui apportait une tasse de lait chaud et un croissant sur un plateau d'argent et elle mangeait à petits coups comme un oiseau. C'était la seule qui prêta quelque attention à Claude la faisant réciter ses fables, l'encourageant d'un sourire. Mais s'approcher d'elle? Lui mettre sous les yeux ce bredouillis maladroit? Claude ne l'avait jamais osé et en quittant la Guadeloupe, un à un, elle avait brûlé tous ses cahiers. Elle s'assit à la table de travail, posant les mains, lourdement, maladroitement sur le clavier.
Au sortir de chez Elinor, Claude se rendait par l'autobus chez Véra, quatre-vingts rues plus haut en plein cœur de Harlem. Là, plus de portier en uniforme bleu ciel à galons, plus de gardien de la sécurité en uniforme bleu sombre à walkie-talkie, plus de tapis d'Orient, de plantes vertes, d'ascenseur vous emportant d'un souffle jusqu'au 25ᵉ étage. Autrefois pourtant, avec ses lourds piliers de faux marbre, l'immeuble n'avait pas dû manquer d'allure. Hélas, Harlem n'était plus la capitale des arts et du plaisir où Zora Neale Hurston dansait le charleston en montrant ses chevilles. C'était un ghetto, sale, désespéré où la majorité des familles subsistaient grâce aux coupons alimentaires. Quinze ans plus tôt, quand Véra avait emménagé, il y avait sur divers paliers des médecins et des employés de Wall Street en costume trois pièces gris anthracite. Depuis, tout ce monde avait fui vers des banlieues où on n'égorgeait pas les enfants et Véra était demeurée le dernier vestige du passé. Claude pressa sur la sonnerie, trois coups appuyés, un autre plus léger, entendit l'interminable cliquetis de serrures et des verrous, puis la porte s'ouvrit. Quel âge avait Véra? 60, 70, 80 ans... ? Elle demeurait mince, voire menue. Pas un fil d'argent dans sa crinière, mais celle-ci s'amenuisait, se clairsemait comme une forêt dévastée par trop d'incendies. L'architecture de

---

⁵ terme antillais désignant une personne dont un parent est Noir et l'autre mulâtre

son visage était indestructible, mais sa bouche, ses yeux étaient meurtris, défaits, détruits d'avoir trop simulé l'espoir et le courage. Elle interrogea:
— Tu as mangé?

130   Claude secoua la tête. Elle insista:
— Elle ne t'a rien donne à manger?

«Elle», bien sûr, c'était Elinor. Claude était le lien entre ces deux femmes qui ne s'étaient jamais vues. Un jour, elle n'avait pu résister à la vanité de designer du doigt la couverture du magazine littéraire que lisait Véra en

135 murmurant:
— Je travaille chez elle aussi!

Véra était restée estomaquée et depuis Elinor était devenue l'un des sujets de leurs conversations quotidiennes. Véra découpait les moindres revues de presse, les moindres articles la concernant et les commentait rageusement:

140 — Beauté brûlante comme une nuit d'août en Georgie!

Images, métaphores, symboles empruntés au folklore du Vieux Sud, voix noire, rythme noir. Comment peut-elle accepter tout cela? N'a-t-elle pas mieux à faire? Pas de grande cause, pas de grande cause... ! L'autre sujet de leurs conversations quotidiennes, c'était bien sûr Haïti, saignant de toutes ses plaies.

145 Alliée par les femmes à l'ancien Président Omar Tancrède et par les hommes à l'ancien Président Zamor Valcin, la famille de Véra avait été menée à l'abattoir par ordre du nouveau dictateur, ses terres et ses biens confisqués, ses maisons rasées. Si Véra avait échappé à la boucherie, c'est qu'elle se trouvait en Europe où elle commençait une double carrière de pianiste de concert et de femme de

150 lettres, et se laissait courtiser par un jeune Italien. Du jour au lendemain, elle avait fermé son instrument et avait mis sa plume au service d'une grande cause. Depuis, elle tenait une rubrique dans un journal d'opposition, cent fois disparu, cent fois réapparu comme un phénix. Elle qui n'avait pas vu Haïti depuis vingt ans, savait tout ce qui s'y passait, analysait tout ce qui s'y disait.

155 L'île était en elle comme un *poto-mitan* soustendant sa vie. Elle volait d'une manifestation, d'une marche, d'un gala de soutien à un autre, infatigable, administrant à tous le réconfort, puis revenant dans son appartement glacial où tout allait vau-l'eau comme ses espoirs.

Quand elle avait rencontré Claude, celle-ci n'avait pas mangé depuis deux

160 jours et voyait le monde à travers un brouillard laiteux qui le rendait plus beau. Le lieu était largement ouvert, chose rare à New York, alors, elle y était entrée. Là, ô surprise, on parlait français. Des fillettes aux joues couleur cannelle faisaient circuler de grands plateaux d'orangeade et de pâtés. Était-ce enfin Dieu qui se manifestait? Si l'on veut, car à ce moment, Claude avait

165 rencontré le regard de Véra.

Véra n'avait que faire d'une femme de ménage, Claude ne l'avait pas compris tout de suite. Les premiers mois, elle avait frotté, astiqué, briqué des objets usés et sans couleur, tentant désespérément de leur redonner de l'éclat. Peu à peu, elle avait découvert que ce désordre, ce délabrement convenaient à

170 Véra. Parmi les compagnons familiers qui composaient son ameublement, plus besoin de feindre. Elle se retrouvait elle-même, déjà habitée par la mort. Ratatinée dans un coin du divan, elle feuilletait ses albums:

— Regarde maman, comme elle était belle! J'ai son teint. Là, c'est ma sœur Iris. Là c'est papa! Tous morts et je n'ai jamais vu leurs tombes...

175 Les larmes coulaient sur ses joues et Claude prenait la vieille main entre les siennes l'embrassant doucement. Que dire? Elle n'avait jamais su parler, puisque personne ne l'avait jamais écoutée. Véra poursuivait:

— Lui, c'est Fabio! Ah, les hommes! Dès qu'il a su que je n'étais plus une riche héritière, il a disparu. Après cela, je n'ai plus eu confiance en personne,

180 personne... Ensuite commençait la litanie de ceux qui l'avaient aimée et auxquels, à l'entendre, elle s'était refusée. Dans des boîtes en carton étaient rangées des lettres que parfois elle déclamait avec dérision et aussi exaltation. Qu'étaient devenus tous ces suppliants? Mariés, pères de famille, bourgeois prospères, artistes comblés... ou morts, eux aussi, comme les parents de Véra,

185 retournés dans le ventre chaud de la terre. Rien ne restait d'eux que ces séries d'arabesques qui avaient signifié leur passion. Claude, fascinée, dévorait du regard les pages si souvent feuilletées. Cependant, le moment le plus précieux survenait quand Véra ouvrait la petite mallette qui contenait les divers manuscrits de ses romans, tous impubliés, tous renvoyés par les éditeurs de

190 France, de Belgique, de Suisse, du Canada. Des heures durant, elle en lisait des chapitres tandis que Claude, suspendue à ses lèvres, tentait de découvrir les défauts cachés sous les mots et les phrases. Car enfin, pourquoi étaient-ils condamnés à cette fin sans gloire? Qui définit le Beau? Qui décide du succès? Pourquoi Elinor, marchant en plein soleil? Véra dans sa nuit? L'écriture n'est

195 qu'un piège, le plus cruel de tous, un leurre, une simulation de communication.

Comme chaque après-midi, après ces longues séances de lecture, dans la seule pièce que le radiateur consentait à chauffer, Véra s'endormit, la bouche ouverte, sur un ronflement pareil à un râle. Claude lui prit les manuscrits des

200 mains: *La bataille de Vertières, roman historique, Un cœur d'Haïtienne, Angélita Reyes*... puis elle retomba dans sa rêverie. Pourquoi ces deux femmes, chacune à sa manière, l'avaient-elles prise en affection? À cause de sa jeunesse? De sa naïveté? De sa bénignité? Elle comprenait qu'elle était leur création, qu'elle était le rouleau de papyrus sur lequel elles dessinaient librement les signes par

205 lesquels elles choisissaient de se représenter.

Mais en même temps, n'étaient-elles pas en son pouvoir? Un acte de refus et se briserait le miroir dans lequel Elinor se voyait si belle. Un geste de lassitude et Véra ne pourrait plus souffler, épuisée, en bout de course.

Vers trois heures, Véra dormait encore. Claude enfilant la veste en peau de

210 chèvre qu'elle lui avait donnée, s'en alla. Les garçonnets emmitouflés qui jouaient dans la rue, lui sourirent. Ils la connaissaient à présent. Elle commençait de peser son poids de vivante dans le quartier. C'était bon signe.

Du City College à l'appartement de Véra, il n'y avait que peu de distance. Elle s'y était inscrite suivant les conseils de cette dernière qui lui répétait que

215 l'instruction était la clé de l'ascension.

— Nous étions un peuple d'esclaves. Patiemment, nous avons gravi tous les échelons. À présent, regarde...

Claude regardait et que voyait-elle? Des hommes, des femmes entassés dans

des ghettos, humiliés dans leur esprit, blessés dans leur chair. Des hommes,
des femmes soumis à la dictature, écartelés aux points cardinaux du monde.
Restait l'Afrique dont parlait souvent Véra. Elle était si loin! Qui savait ce qui
s'y passait? Cependant les cours du soir du City College étaient pratiquement
gratuits. Elle y apprenait l'anglais. Peu à peu, la parole de New York qui l'avait
effrayée, assourdie, devenait intelligible. Les rébus des enseignes au néon, des
affiches... se laissaient déchiffrer.

Au coin de la 140e rue, un vieil homme blotti sous un porche leva vers elle
ses yeux bleutés de cécité. Elle lui tendit un de ses derniers quarts de dollar.

Claude s'arrêta dans l'entrée, interdite.

Drapée de sa robe de chambre, couleur soufre, Elinor se tenait ployée,
prostrée. Elle releva un visage défait, presque tuméfié entre les algues tristes de
ses cheveux et gémit:

— Tu vois ce qu'ils écrivent?

Devant elle, des revues *Black Culture, Black Essence, Black World*... Mais
Claude ne leur accorda pas un regard. Elle était confondue par ce chagrin.
C'était comme si le soleil, méprisant les cœurs saignants des victimes et les
chants des prêtres avait refusé de se lever, laissant le monde à sa nuit.

— Mais que veulent-ils? Que veulent-ils?

Elle pirouetta sur elle-même:

— Ils veulent que je parle une fois de plus esclavage et traite et racisme, que je
nous pare des vertus des victimes, que j'insuffle l'espoir...

Elle renifla, s'essuya les yeux des deux poings et Claude retrouva dans ces
gestes puérils, la fillette qu'elle avait été.

— À quarante ans, pour la première fois, ma mère a été admise dans un
restaurant blanc à Colony Square. Ça a été la grande affaire de sa vie. Chaque
matin, nous l'avons entendue cette histoire, après l'éloge à nos grands
hommes qui avaient versé leur sang pour un tel moment... Je n'en peux plus,
tu comprends?

Claude n'était pas sûre de comprendre. Néanmoins, elle l'assura d'un
sourire. Elinor se leva. Ses admirateurs n'auraient pas reconnu leur idole, ce
matin-là. Mais déjà elle se déployait, retrouvait sa grâce, son maintien, comme
honteuse de son désarroi et Claude comprit que rien ne pourrait arrêter sa
marche.

Demeurée seule, Claude feuilleta les revues, suivant du doigt quelques
lignes, à la recherche d'inscriptions familières. Pourquoi les mots font-ils tant
de mal? Quel pouvoir est caché dans leur dessin? Comment le capturer et
l'apprivoiser à sa guise? D'une certaine manière, Elinor pas plus que Véra, n'y
était parvenue. Avec un soupir, Claude se dirigea vers l'évier encombré. Au
bout d'un moment, Elinor s'arrêta près d'elle. Bien malin qui aurait découvert
sous le rouge des pommettes la zébrure des larmes. Elles se sourirent et Elinor
répéta:

— «Lave, frotte, repasse, arrose les plantes. En partant n'oublie pas le verrou de
sûreté, c'est très, très important... »

Pourtant, ces injonctions signifiaient tout autre chose. Elles symbolisaient
le lien qui les unissaient, le secret qu'elles partageaient, l'équilibre retrouvé...

265   Le fer à repasser mordit le col de la blouse de toile blanche. Depuis
l'enfance, Claude s'entendait dire qu'elle avait des doigts de fée. C'était la
seule grâce qu'on lui reconnaissait. Quand il avait fini d'inspecter la pile de
chemises encore tièdes, Marcel Dupré daignait sourire et glissait les doigts dans
son gousset:
270 — Tiens, achète-toi «un sucre»...
    Le jeudi après-midi quand elle visitait sa mère sur le Canal, elle la trouvait
dans la cuisine, son ventre perpétuellement distendu par une grossesse, coincé
entre le «potager» et la table et elle lui prenait des mains, les brûlants trapèzes
de fonte. Soulagée, Alicia s'asseyait lourdement, puis entamait un long récit de
275 maladies d'enfants, de disputes avec les voisines, de coups et d'injures
libéralement dispensés par son mari du moment, s'interrompant par instants
pour s'exclamer avec une fugitive tendresse:
— Comme tu es adroite!
    Ne serait-elle jamais bonne à rien d'autre? Elle regarda ses mains, petites, un
280 peu carrées, encore modelées par l'enfance. Depuis son arrivée à New York,
trop occupée à survivre, elle n'avait pas acheté de cahiers à spirale. Elle savait
pourtant que l'audace lui reviendrait, que ses reins, son sexe, son cœur, sa tête
se remettraient en branle et qu'elle accoucherait de son monde. Déjà, il se
mouvait en elle. À qui montrer le fruit de sa parturition? Cette fois, elle
285 n'hésiterait pas... À Véra qui l'avait inspirée...
    Véra ajusterait les lunettes à monture de métal qui ajoutaient à l'ensemble à
la fois pathétique et comique de son vieux visage et opinerait de la tête:
— C'est bien, c'est bien! Ah, c'est très bien... !
    Le fer à repasser crépita, la rêverie s'arrêta...
290   Vers midi, elle descendit. Dans ce quartier hautain, les regards fixaient un
point dans l'espace sans jamais rencontrer d'autres regards, effleurer des joues,
des lèvres, des chevelures et chacun semblait poursuivre son propre fantôme.
— Elle a pleuré ce matin!
    Véra dégusterait cette nouvelle comme un mets rare, puis l'accablerait de
295 questions auxquelles elle ne saurait répondre. Il valait mieux ainsi, car alors
l'imagination de Véra comblerait toutes les failles, composerait un récit à sa
guise. En agissant ainsi, Claude n'avait pas l'impression de trahir un secret
qu'elle aurait dû garder. Au contraire, elle resserrait le lien qui s'était rompu.
En effet, depuis le moment où le navire béni par Dieu et le Roy, s'était éloigné
300 de la baie pour l'effroyable traversée, plus rien ne les avait réunies. Des lieux
leur avaient été assignés à résidence. Des langues les avaient contraintes au
mutisme. À présent, l'unité se refaisait.
    À la 140e rue, le froid avait chassé le vieillard de sa porte cochère. Dans les
vitrines—fouillis des magasins portoricains, des mangues, des avocats, des
305 plantains parlaient de climat où la misère, au moins, se pare des haillons du
soleil. Leur vue n'éveillait en Claude qu'une rancune nauséeuse. Elle pressa le
pas, car le froid se faisait de plus en plus vif.
    Comme elle atteignait l'angle de l'avenue d'Amsterdam, le cœur lui
manqua. Devant l'immeuble de Véra, une ambulance était à l'arrêt et c'était la
310 matérialisation d'une angoisse qu'elle avait portée chaque jour en elle. Elle

savait que ce moment viendrait. Quand Véra s'endormait, elle se penchait sur elle guettant son souffle. Pas encore, pas encore. Car enfin si elle ne pouvait ressusciter tous les disparus et Iris, la sœur tant chérie, si elle ne pouvait rebâtir la villa du Bois Verna, altière entre ses cactus solitaires, abattre le dictateur,

315 repu de sang et disperser ses membres au carrefour de la Croix des Bossales, du moins elle pouvait lui offrir un récit, une œuvre qui la présenterait non pas telle qu'elle était, octogénaire, en pitoyable paletot de laine, enflant sa voix dérisoire dans le tumulte des détresses, mais telle qu'elle se rêvait: Erzulie Dantor, flambeau au poing. Elle se mit à courir, mais des racines surgies du

320 pavé, l'entravèrent, la firent trébucher, l'empêchèrent d'arriver à son but avant que l'ambulance d'un mouvement puissant ne se soit écartée du trottoir, remontant la rue interminable et rectiligne, en poussant son long hurlement de pleureuse. Un cercle de curieux s'était formé, qui lentement se défaisait. La voisine portoricaine, celle-là même dont Claude avait parfois gardé les enfants,

325 le temps qu'elle coure au supermarché échanger ses coupons alimentaires, la fixa tristement, murmurant:
— Es la vieja mujer del quinto piso[6]...

Maryse Condé

Premières impressions

Quel vous semble être le thème principal de ce récit? Expliquez votre choix.
a) être femme à Manhattan
b) être femme noire à Manhattan
c) être écrivaine noire à Manhattan
d) être écrivaine noire américaine, haïtienne ou guadeloupéenne
e) autre chose

Approfondissement

Indiquez si les phrases suivantes sont *vraies ou fausses*. Notez les lignes du texte où vous avez trouvé la vérification. Si la phrase est fausse, reformulez-la pour la rendre juste.
a) Claude est la femme de ménage d'Elinor.
b) Le premier roman d'Elinor connaît un grand succès.
c) On suggère que les magazines noirs manquent d'objectivité.
d) Claude a trouvé le livre d'Elinor très bon.
e) Claude trouve que New York ressemble assez à sa ville d'origine.
f) Claude habite dans un ghetto noir et portoricain.
g) Claude a des souvenirs agréables de son enfance.
h) Claude a été élevée par sa marraine.
i) Claude a été traitée comme une servante par la famille de sa marraine.

---

[6] c'est la vieille femme du cinquième étage

j) Il y a beaucoup d'immigrants haïtiens à New York.

k) Claude est venue à New York parce qu'elle n'avait pas assez d'argent pour aller à Paris.

l) Claude et Elinor trouvent des points communs lorsqu'elles comparent leur enfance.

m) Claude trouve qu'il y a quelque chose de magique dans l'écriture.

n) Claude avait fait de l'écriture lorsqu'elle était en Guadeloupe, mais elle n'a pas gardé ses écrits.

o) Le quartier de Véra ressemble assez à celui d'Elinor.

p) Le visage de Véra montre qu'elle a souffert dans la vie.

q) Véra admire beaucoup Elinor.

r) Depuis la mort de sa famille, Véra est devenue une écrivaine «engagée»: elle proteste contre le régime actuel à Haïti.

s) Véra a engagé Claude comme femme de ménage parce qu'elle avait besoin d'aide a la maison.

t) Véra a écrit plusieurs romans qui ont été publiés.

u) Elinor a été critiquée par les magazines noirs.

v) Elinor a une «grande cause» qui motive ses écrits.

w) Claude aimerait se remettre à écrire.

Étude des personnages

1. Faites le portrait de chacun des personnages. (Le travail peut être divisé entre les étudiants.)
   a) nom
   b) âge (exact ou approximatif)
   c) pays d'origine
   d) situation familiale
      • niveau socio-économique de sa jeunesse
      • niveau socio-économique actuel
      • éducation qu'elle a reçue
      • rapports entre les membres de sa famille
      • sa famille actuelle
   e) objectif professionnel ou humain
   f) occupation actuelle
   g) obstacles à franchir
   h) motivation pour écrire
   i) autre chose que vous trouvez important

2. Qu'est-ce que ces trois femmes ont de commun? de différent?

3. Relisez les lignes 10-18. À votre avis, le ton emprunté est-il sérieux ou ironique? Qui parle? Expliquez vos réponses.

4. Véra croit que l'éducation est ce qui permet aux gens de monter dans la société. Est-ce la raison pour laquelle Claude suit des cours d'anglais au City College?

5. Quelles pouvaient être les critiques d'Elinor dans les revues noires (lignes 233-247)?

6. Qui représente le pronom «elle» à la fin de la ligne 312, et quel est le projet de cette personne?

Question de langue

Étudiez le contexte des expressions suivantes et proposez une paraphrase. Comparez ensuite vos paraphrases —il y a sûrement plusieurs possibilités correctes.
Ligne 8: fixait
Ligne 11: convenait
Ligne 12: faisait la une
Ligne 19: bornée
Ligne 27: taudis
Ligne 49: à sa majorité
Ligne 78: toutefois
Ligne 105: bredouillis
Ligne 148: rasées
Ligne 166: n'avait que faire

Questions de discussion

1. Il y a beaucoup de «flashbacks» dans ce récit. Choisissez un exemple et discutez-en. (Pourquoi est-il placé à un tel moment de l'histoire? À quoi sert-il? etc.)
2. Pourquoi, à votre avis, Véra n'a-t-elle pas réussi à faire publier ses romans (lignes 187-196)? Étaient-ils mal écrits? Sa littérature était-elle «trop politisée»?
3. Si c'était possible, préféreriez-vous lire un roman d'Elinor ou de Véra (ou ni de l'une ni de l'autre)? Pourquoi?
4. Quel avenir imaginez-vous pour Elinor? pour Claude?
5. Avez-vous l'impression que la voix narratrice porte un jugement favorable ou défavorable sur Claude, Véra et Elinor? Expliquez.
6. Quelle est l'importance, à votre avis, de l'origine ethnique des trois femmes? (Le récit serait-il très différent si les trois femmes étaient toutes des Américaines blanches, ou d'une autre origine?)
7. Pensez-vous que les écrivains ont une responsabilité sociale, ou qu'ils doivent simplement poursuivre un objectif «artistique»? (Réfléchissez à vos auteurs préférés: ont-ils quelque chose en commun à cet égard?)

Projets

1. Nous savons qu'Elinor n'écrivait pas des romans «engagés» (ayant pour thème un problème politique ou social), mais à part cela nous savons très peu de choses sur son approche de l'écriture. Imaginez le contenu de son premier roman, *The Mouth that Eats Salt*, et écrivez-en un résumé.
2. Décrivez l'avenir que vous imaginez pour Claude ou Elinor.
3. Faites le portrait de l'une des trois femmes et décrivez votre réaction au personnage.
4. Décrivez un auteur ou une auteure que vous aimez particulièrement et expliquez pourquoi vous trouvez ses écrits tellement bons.

Les Grands-Parents de Marie-Sophie Laborieux

Patrick Chamoiseau

Anticipation

Patrick Chamoiseau est né à Fort-de-France (Martinique) en 1952. Il a obtenu en 1992 le prix Goncourt pour son roman *Texaco* dont est tiré le texte présenté. Dans ses différents ouvrages, Patrick Chamoiseau fait un tableau de la culture et de l'histoire antillaises.

Une courte histoire de la Martinique comprend les dates suivantes:

1502: Christophe Colomb arrive en Martinique.
1635: La France prend possession de la Martinique.
1667: Fondation de Fort-de-France.
1680: Importation massive d'esclaves noirs africains pour travailler dans les plantations de canne à sucre. Un commerce «triangulaire» (Europe-Afrique noire-Antilles) se poursuit jusqu'à la seconde moitié du XIXe siècle.

1848: L'esclavage est aboli, en principe, dans les colonies françaises.
1939: Aime Cesaire publie *Le cahier d'un retour au pays natal*, première prise de conscience de la culture noire antillaise, de la créolité[1].
1945: La Martinique devient un département d'outre-mer.

---

[1] la créolité peut se définir comme l'affirmation au droit à la différence par rapport à la civilisation blanche occidentale. Les Noirs et les Métis revendiquent et affirment l'originalité et la richesse de leur histoire, de leur langue et de leur expression culturelle et artistique.

Les Grands-Parents de
Marie-Sophie Laborieux

[...] *«Une vieille femme, très grande, très maigre, avec un visage grave et solennel et des yeux immobiles..., elle mélangeait le créole et le français, le mot précieux, le mot oublié, le mot nouveau [...]*

5 *C'est ainsi que Marie-Sophie Laborieux raconte à l'auteur cent-cinquante ans d'histoire de la Martinique, à commencer par celle de sa famille.*

... Quand je suis née mon papa et ma manman s'en revenaient des chaînes. Un temps que nul ne les a entendus regretter. Ils en parlaient oui, mais pas à moi ni à personne. Ils se le chuchotaient kussu kussu, et je les surprenais

10 quelquefois à en rire, mais au bout du compte cela ravageait leur silence d'une peau frissonnante. J'aurais donc pu ignorer cette époque. [...]

D'abord, prenons le bout de ma mémoire, à travers l'arrivée de mon papa sur terre...

Grand-papa du cachot. Le papa de mon papa était empoisonneur. Ce n'était pas

15 un métier mais un combat contre l'esclavage sur les habitations. Parmi ceux qui rouclaient pour planter au Béké[1] ses cannes ou son café, régnaient des hommes de force. Ceux-là savaient des choses que l'on ne doit pas savoir. Et ils faisaient vraiment ce que l'on ne peut pas faire. Les hommes de force disaient: *«Pas d'enfants d'esclavage»*, et les femmes n'offraient que des matrices

20 crépusculaires aux soleils de la vie. Ils disaient: *«Pas de récoltes»*, et les rates se mettaient à ronger les racines, les vents à dévaster, la sécheresse à flamber dans les cannes, la pluie à embourber jusqu'à hauteur des mornes. Ils disaient: *«Plus de forces-l'esclavage»* et les bœufs perdaient leur foie en une pourriture verte, les mulets tout au même et les chevaux pareils. Le bétail décimé bloquait

25 l'aléliron des moulins et privait de bagasse la flamme des sept chaudières dans chaque sucrerie.

À la mort de la moindre bête, le Béké surgissait, plus blanc que le lin de ses linges. Il ordonnait d'autopsier l'animal. On le voyait anxieux tandis que le fer tranchait dans la rondeur ventrale. On le voyait épouvanté quand le foie

30 apparaissait pourri par l'Invincible. Il gueulait alors: «Poison!»... Puis venait la harangue: Il y a parmi vous de mauvais nègres malgré le bien que je vous fais. La menace: Le coupable va sucer le piment d'un enfer!... Enfin, manière de représailles sur plus de trois semaines, il supprimait le cocomerlo, réduisait la morue, bouclait les hommes dans l'écurie pour les priver des femmes dans les

35 cases à bagasse.

Plus tard, pour terrifier les empoisonneurs, les Békés inventèrent le cachot. J'en vois encore de-ci de-là dans les paysages qui gardent mémoire, et chaque fois je frissonne. Leurs pierres ont conservé grises des tristesses sans fond. Les

---

[1] Le Béké est le propriétaire blanc de la plantation

présumés coupables n'en sortaient plus jamais, sauf peut-être avec le fer aux pieds, le fer au cou, le fer à l'âme pour fournir un travail au-delà des fatigues.

40   Cette horreur n'a bien entendu servi à rien. Que peut-on contre la force des hommes de force? Les bêtes continuaient à mourir, les enfants à ne pas naître, les habitations à trembloter. Comme bien d'autres, le papa de mon papa mourut dans un de ces cachots.

Grand-manman blanchisseuse. Mon papa sut que l'homme du cachot était son
45   père le jour où l'on extirpa du trou malodorant une dépouille infectée de champignons blanchâtres. Le Béké la fit installer sur un lot de campêches qu'il enflamma lui-même. Par-dessus, un abbé provenant de l'En-ville psalmodia treize tables d'un latin solennel. Nous avions été rassemblés autour de ce bûcher, raconte mon papa. Agenouillés, mains jointes à l'évangile, nous
50   gardions le front bas. À mes côtés, ma chère manman pleurait. Son cœur gros étranglait les vents dans sa poitrine. Moi, ne comprenant rien, j'allongeais sur sa peine des yeux inquiets de crabe. Alors, elle m'abaissa la tête et me dit: Prédié ba papa'w ich mwen, Prie pour ton papa, mon fils... Mon papa s'exécuta avec une belle émotion et même, m'avouait-il sans orgueil, les vraies
55   larmes de sa vie. Ensemble, ils regagnèrent leur case —elle, terbolisée, et lui la regardant comme s'il la découvrait.

C'était une négresse rouge. Elle avait échappé aux horreurs de la canne en travaillant à la Grande-case. Draps, nappes, caleçons, toiles de Hollande lui revenaient en vue des blanchisseries à la rivière. Le reste des jours, elle devait
60   coudre les casaques pour esclaves, désherber le jardin avec un impotent, aider au poulailler et assumer l'et-caetera d'une charge de tracas. Cette existence était tout de même bien préférable à celle des champs. Elle en était sortie à cause d'une mauvaise chute. Le vétérinaire (un peu novice), étant demeuré coi devant sa hanche défaite, la manman de mon papa était restée bancale. Un
65   pas lui exigeait de mouliner le buste à ainsi dire une yole affrontant quelque vague. De crainte que cette déveine ne soit transmise à ses récoltes, le Béké l'enleva des champs et la fit domestique, puis la nomma laveuse quand la vieille de ce poste se perdit en rivière. Sur le tard, la Dame de la Grande-case, prise d'intérêt pour elle, lui confia l'entretien de sa lingerie secrète.

Patrick Chamoiseau

Premières impressions

1. Le grand-père de Marie-Sophie n'a ni prénom ni nom de famille: on le connaît sous le nom «Grand-papa du cachot». Pourquoi?
2. «Le papa de mon papa était empoisonneur. Ce n'était pas un métier mais un combat contre l'esclavage.» Quels sentiments Marie-Sophie éprouve-t-elle à l'égard de son grand-père?
3. Expliquez la raison du surnom «Grand-manman blanchisseuse». Quelle image, Marie-Sophie a-t-elle de sa grand-mère? Pourquoi est-elle devenue blanchisseuse au lieu de continuer à travailler sur la plantation?

Approfondissement

1. Relevez des exemples précis montrant l'inhumanité des traitements dont les esclaves noirs sont victimes sur les plantations.
2. Quel est le comportement du Béké? Pourquoi agit-il de la sorte? Si vous avez lu ou vu «Racines» de l'écrivain noir américain Alex Haley, quelle comparaison pouvez-vous faire entre la condition des esclaves en Martinique et celle des esclaves dans les plantations de coton du Sud des États-Unis?
3. Comment Patrick Chamoiseau arrive-t-il à nous faire comprendre le caractère injuste et inhumain de l'esclavage? Ce procédé vous semble-t-il plus efficace qu'une condamnation en quelques phrases?

Questions de langue

1. La langue «créole» est une langue mixte, le résultat du contact de diverses langues du français, de l'espagnol, du portugais, de l'anglais, du néerlandais et des langues indigènes.
   Marie-Sophie utilise un certain nombre de mots et d'expressions créoles. Quelle est la signification en français standard de:

   • manman • kussu kussu

   Les mots «rouclaient» (ligne 10), «terbolisée» (ligne 55) sont des mots créoles. D'après le contexte, pouvez-vous en deviner le sens? (Vérifiez votre réponse en vous reportant au Lexique.)
2. Cherchez dans un dictionnaire unilingue français (*Petit Robert I* de préférence) le sens des mots suivants qui expriment la réalité antillaise:

   • une igname • la bagasse • le campêche
3. Le terme *nègre* a souvent été utilisé par les Blancs avec une connotation péjorative. Par exemple, «parler petit nègre» signifie mal s'exprimer en français. On peut rapprocher cet emploi de *nègre* de celui de "negro" en anglais.

   Par contre, les auteurs africains revendiquent avec fierté l'utilisation de ce terme. Pouvez-vous expliquer pourquoi?

4. La ligne 46 comprend un exemple d'un suffixe péjoratif: «blanchâtres». Le suffixe *-âtre* s'emploie avec les adjectifs de couleur pour exprimer soit l'approximation (teinte tirant sur le blanc) soit la dépréciation (blanc sale, etc.). Donnez la forme péjorative des adjectifs suivants:

   • noir • rouge • vert • bleu • jaune • gris

   Construisez une phrase avec ces adjectifs modifiés pour en préciser le sens.

5. La ligne 42 comprend un exemple d'un suffixe verbale: «trembloter» (*trembler + -oter = trembler légèrement*).

   Ajoutez aux verbes suivants le suffixe *-oter* ou *-onner* et précisez le sens des verbes ainsi obtenus:

   • chanter • mâcher • taper • travailler • tousser • vivre

6. Expliquez les images suivantes:
   Ligne 6: «Mon papa et ma manman s'en revenaient des chaînes.»
   Lignes 18-19: «Les femmes n'offraient que des matrices crépusculaires aux soleils de la vie.»
   Lignes 26-27: «Le Béké surgissait, plus blanc que le lin de ses linges.»
   Ligne 31: «Le coupable va sucer le piment d'un enfer!»
   Ligne 37: «Leurs pierres ont conservé grises des tristesses sans fond.»
   Lignes 50-51: «Son cœur gros étranglait les vents dans sa poitrine.»
   Lignes 64-66: «Un pas lui exigeait de mouliner le buste à ainsi dire une yole affrontant quelque vague.»

Question de discussion

Les autochtones du Canada (Amérindiens-Inuites) revendiquent de plus en plus le droit à la différence culturelle. Comment se manifeste cette différence culturelle? Donnez des exemples précis.

Projet

Racontez l'histoire des grands-parents de Marie-Sophie selon une perspective différente:
   • du point de vue du Béké
   • du point de vue d'un journaliste

Un peu d'humour

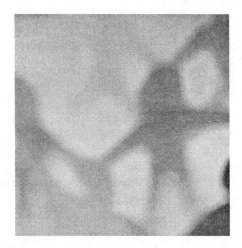

L'humour est fermement ancrée dans la culture; ce qui semble drôle dans une région ou culture ne l'est pas du tout dans une autre. En lisant ces textes, il vous serait intéressant de prendre note de votre réaction et d'essayer d'identifier les éléments humoristiques des textes.

Ma contribution au baseball

Serge Langevin

Anticipation

Les Européens ont nommé «fétiche» les objets de culte des civilisations «primitives». Nous avons, nous aussi, des fétiches dans notre société «civilisée», et c'est dans le domaine des sports que ce phénomène est particulièrement frappant: le joueur qui endosse un T-shirt spécial, l'athlète des Jeux olympiques qui met toujours un bracelet spécial, etc. Ce sont des objets qui portent bonheur à la personne qui les possède, pourvu qu'elle les porte au moment crucial.

Connaissez-vous des exemples de cela? Possédez-vous des fétiches?

Il y a aussi, c'est vrai, le revers de la médaille —ce qui porte malheur...

Ma contribution au baseball

M. John McHale
Gérant général
Expos de Montréal

Cher M. McHale,

Au moment où j'écris ces lignes, vos Expos recommencent à jouer avec nos nerfs et aussi avec les vôtres, du moins je le présume, en perdant immanquablement une partie sur deux.

5   Je vous écris parce que je viens de comprendre que la source du problème ne se trouve pas dans votre équipe.

Elle se trouve (s'il vous plaît, ne jetez pas cette lettre avant de l'avoir lue au complet!) chez mon épouse, qui depuis quelques années, est devenue une fervente et inconditionnelle admiratrice des Expos.

10   C'est au cours d'une partie disputée en mai 83 que mes soupçons se sont éveillés. À la fin de la deuxième manche nos Amours tiraient de l'arrière par deux points.

Nos Expos, comme ils le font souvent dans ces cas-là, mettent deux hommes sur les buts, histoire de jouer avec le système nerveux de l'assistance.

15   Il y a deux retraits et Dawson s'amène au bâton. Tous s'attendent à ce qu'il subisse son habituelle attaque de «pourquoi c'est toujours à moi que ça arrive, ces choses-là», avant de se faire retirer comme il le fait d'habitude dans les situations critiques.

Or, à ce moment précis, Paulette (ma femme se nomme Paulette) sent tout

20   à coup une petite faim et décide d'aller se ravitailler à l'extérieur du stade. Dawson frappe un double et fait compter deux points.

Deux manches plus tard, tout va mal à nouveau pour les Expos quand Paulette décide de quitter son siège. Nos Amours comptent trois points coup sur coup. Paulette reprend son siège.

25   Vers le milieu de la huitième manche, nous perdons encore par deux points quand un spectateur me crie:

«Vous ne voyez pas que ça va mal? S'il vous plaît, dites à votre femme de sortir!»

La remarque m'avait laissé songeur et son à-propos me revint à la fin de la

30   neuvième manche, moment crucial pour nos Expos qui perdaient alors par quatre points.

Vous savez aussi bien que moi ce que font nos Amours dans ces moments-là: ils s'écrasent.

C'est ce qu'ils auraient probablement fait si mon épouse n'avait eu à ce

35   moment l'heureuse idée de quitter à nouveau son siège pour se dégourdir les jambes. Au moment précis où elle quittait l'enceinte du stade, nos Expos amorcèrent une extraordinaire remontée qui les amena à égaliser le pointage, ce qui provoqua la nécessité d'une manche supplémentaire.

Je crois même qu'ils auraient gagné la partie si la bougeotte de Paulette

40   n'avait, à ce moment-là, connu une malencontreuse accalmie.

Eh oui, la chose est triste à dire: ma femme porte malheur aux Expos. J'ai vérifié les statistiques et il ne peut s'agir de coïncidences.

Vous rappelez-vous le seul moment où les Expos ont occupé la première position de leur division en 83? C'était en juin, moment où Paulette et moi

45   étions en voyage en France. De là à conclure que le talent de nos Amours se manifeste de façon directement proportionnelle à la distance qui les sépare de mon épouse, il n'y a qu'un pas que je franchis allègrement, car la situation est grave: Paulette vient de se procurer des billets de saison et Dieu seul sait ce qu'il adviendra de nos Expos si quelqu'un ne fait pas quelque chose!

50   C'est donc en espérant que vous comprendrez la gravité de la situation que je vous fais la proposition suivante: tous les ans, vers la mi-avril, vous me faites parvenir un chèque qui couvre les frais d'un voyage pour deux vers un autre coin de la planète (Singapour ou Londres, par exemple, je ne suis pas difficile...). En retour, je m'engage à tenir Paulette aussi éloignée que possible

55   des endroits où pourraient se trouver nos Expos.

Veuillez agréer, cher Monsieur, l'expression de mes sentiments les plus distingués.

Serge Langevin

P.S. Paulette aime aussi le hockey. Si Serge Savard est intéressé, nous sommes aussi disponibles d'octobre à mai.

Premières impressions

Quelle est la «contribution au baseball» de l'auteur?

Approfondissement

1. La terminologie française du baseball ne vous est peut-être pas familière, mais le contexte devrait vous permettre de comprendre. Pour vérifier, illustrez la position des joueurs des Expos sur le terrain et indiquez le score au tableau aux moments décrits
   a) aux lignes 11-15
   b) à la ligne 21
2. Les Expos ont-ils gagné la partie décrite dans les lignes 11-40?
3. Qu'est-ce que l'auteur pense des Expos, à votre avis? (Citez quelques exemples du texte pour appuyer votre réponse.)

Questions de langue

1. L'auteur commence sa lettre par les mots «Cher M. McHale,». Notez qu'en France on n'emploierait l'expression «Cher» que pour une personne que l'on connaît relativement bien. (La virgule n'est pas signe de familiarité, ni au Québec, ni en France.)
   a) Par quelle expression un Français aurait-il commencé cette lettre?
   b) La phrase précédant la signature est une formule bien «classique». En quoi serait-elle changée pour correspondre à la salutation plus formelle que vous avez préparée pour la question 1?
   c) Compte tenu des intérêts de votre classe, proposez différentes formules de politesse pour le début et la fin de lettres de types différents.
2. Certaines expressions de cette lettre appartiennent à la langue parlée familière. Proposez une paraphrase dans le style du français écrit.
   Ligne 14: histoire de jouer
   Lignes 19-20: sent tout à coup une petite faim
   Ligne 39: la bougeotte
   Ligne 58: est intéressé
3. Proposez une paraphrase de ces autres expressions:
   Ligne 4: immanquablement

Ligne 11: tiraient de l'arrière
Lignes 23-24: coup sur coup
Ligne 29: laissé songeur
Ligne 54: je m'engage à

Questions de discussion

1. Quels sont les sports les plus populaires aux États-Unis? au Canada? en France?
2. D'après votre expérience, les divers sports pratiqués attirent-ils chacun un public bien distinct? Pourquoi, à votre avis?
3. En France, les équipes sportives portent le plus souvent le nom de la ville à laquelle elles sont associées. En Amérique du Nord, les équipes portent souvent des noms plus folkloriques. Discutez de quelques noms d'équipes. (D'où vient le nom? Quelles sont les associations à ce nom?)
4. D'après certaines personnes, les hommes adorent regarder les matchs sportifs, alors que les femmes trouvent cela ennuyant. Votre expérience personnelle confirme-t-elle ce cliché? Comment expliquez-vous ce phénomène?

Projets

1. Que répondriez-vous à cette lettre?
2. Donnez un autre exemple d'une personne ou d'un objet qui porte bonheur ou malheur dans une situation sportive (ou autre).

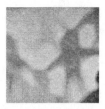

Mon chien, c'est quelqu'un

Raymond Devos

Anticipation

Voici un autre sketch de l'humoriste belge Raymond Devos.

Mon chien, c'est quelqu'un

Depuis quelque temps, mon chien m'inquiète...
Il se prend pour un être humain, et
je n'arrive pas à l'en dissuader.
Ce n'est pas tellement que je prenne mon chien
5   pour plus bête qu'il n'est...
Mais que lui se prenne pour quelqu'un,
c'est un peu abusif!
Est-ce que je me prends pour un chien, moi?
Quoique... Quoique...
10   Dernièrement,
il s'est passé une chose troublante
qui m'a mis la puce à l'oreille![1]
Je me promenais avec mon chien
que je tenais en laisse...
15   Je rencontre une dame avec sa petite fille
et j'entends la dame qui dit à sa petite fille:
«Va! Va caresser le chien!»
Et la petite fille est venue...
me caresser la main!
20   J'avais beau lui faire signe qu'il y avait
erreur sur la personne,
que le chien, c'était l'autre...
la petite fille a continué de me

---

[1] mettre la puce à l'oreille: éveiller l'attention de quelqu'un

caresser gentiment la main...
25 Et la dame a dit:
—Tu vois qu'il n'est pas méchant!
Et mon chien, lui, qui ne rate jamais
une occasion de se taire...
a cru bon d'ajouter:
30 —Il ne lui manque que la parole, madame!
Ça vous étonne, hein?
Eh bien, moi, ce qui m'a le plus étonné,
ce n'est pas que ces dames m'aient
pris pour un chien...
35 Tout le monde peut se tromper!
... Mais qu'elles n'aient pas été autrement
surprises d'entendre mon chien parler...!
Alors là...
Les gens ne s'étonnent plus de rien.
40 Moi, la première fois que j'ai entendu
mon chien parler,
j'aime mieux vous dire que j'ai été surpris!
C'était un soir... après dîner.
J'étais allongé sur le tapis,
45 je somnolais...
Je n'étais pas de très bon poil![2]
Mon chien était assis dans mon fauteuil,
il regardait la télévision...
Il n'était pas dans son assiette non plus![3]
50 Je le sentais!
J'ai un flair terrible...
À force de vivre avec mon chien,
le chien... je le sens!
Et, subitement, mon chien me dit:
55 —On pourrait peut-être de temps en temps
changer de chaîne?
Moi, je n'ai pas réalisé tout de suite!
Je lui ai dit:
—C'est la première fois que tu me
60 parles sur ce ton!
Il me dit:
—Oui! Jusqu'à présent, je n'ai rien dit,
mais je n'en pense pas moins!
Je lui dis:
65 —Quoi? qu'est-ce qu'il y a?
Il me dit:
—Ta soupe n'est pas bonne!

---

[2] être de bon poil: être de bonne humeur
[3] être dans son assiette: être dans sa meilleure forme

Je lui dis:
—Ta pâtée non plus!
70 Et, subitement, j'ai réalisé
que je parlais à un chien...
J'ai dit:
—Tiens! Tu n'es qu'une bête,
je ne veux pas discuter avec toi!
75 Enfin quoi...
Un chien qui parle!
Est-ce que j'aboie, moi?
Quoique... Quoique...
Dernièrement, mon chien était sorti
80 sans me prévenir...
Il était allé aux Puces[4]
et moi j'étais resté
pour garder la maison.
Soudain... j'entendis sonner.
85 Je ne sais pas ce qui m'a pris,
au lieu d'aller ouvrir,
je me suis mis à aboyer!
Mais à aboyer!
Le drame, c'est que mon chien,
90 qui avait sonné et qui attendait derrière la porte,
a tout entendu!
Alors, depuis,
je n'en suis plus le maître!
Avant, quand je lui lançais une pierre,
95 il la rapportait!
Maintenant, non seulement il ne la rapporte plus,
mais c'est lui qui la lance!
Et si je ne la rapporte pas dans les délais...
qu'est-ce que j'entends!
100 Je suis devenu sa bête noire, quoi!
Ah! mon chien, c'est quelqu'un!
C'est dommage qu'il ne soit pas là,
il vous aurait raconté tout ça mieux que moi!
Parce que cette histoire,
105 lorsque c'est moi qui la raconte,
personne n'y croit!
Alors que...
lorsque c'est mon chien...
les gens sont tout ouïe...[5]
110 Les gens croient
n'importe qui!

Raymond Devos

---

[4] grand marché où on peut acheter toutes sortes de choses, neuves et d'occasion

[5] être tout ouïe: écouter très attentivement

Premières impressions

À votre avis, quel adjectif décrirait le mieux ce sketch (amusant, stupide, absurde, bizarre, etc.)? Comparez vos réactions entre vous.

Approfondissement

1. Le narrateur dit au début que son chien se prend pour un être humain. Quels exemples donne-t-il de cela?
2. On constate aussi que le narrateur se comporte comme un chien. Relevez quelques exemples dans le texte.

Questions de langue

1. Certains jeux de mots contribuent à l'humour du texte. Pouvez-vous expliquer ceux qui suivent?
   Ligne 5: «bête»
   Ligne 12: «m'a mis la puce à l'oreille!»
   Ligne 46: «Je n'étais pas de très bon poil!»
   Ligne 49: «Il n'était pas dans son assiette non plus!»
   Ligne 53: «le chien... je le sens»
   Ligne 81: «Il était allé aux Puces»
   Ligne 100: «Je suis devenu sa bête noire, quoi!»
2. Proposez une paraphrase des expressions suivantes en remplaçant les mots en italique. Comparez ensuite vos versions.
   Ligne 9: «*Quoique... Quoique...*»
   Lignes 20-21: «*J'avais beau* lui *faire signe* qu'il y avait erreur sur la personne»
   Lignes 27-28: «qui *ne rate jamais* une occasion»
   Ligne 54: «Et, *subitement*, mon chien me dit»
   Ligne 57: «Moi, je n'ai pas *réalisé tout de suite*!»
   Ligne 87: «*je me suis mis à aboyer*!»
3. Avez-vous remarqué des expressions qui semblent appartenir au français *parlé*? Donnez leur équivalent en français écrit?

Questions de discussion

1. Avez-vous trouvé plus amusants les exemples du chien qui se comporte comme un être humain ou les exemples de l'homme qui se comporte comme un chien?
2. On dit que les gens choisissent souvent des animaux qui leur ressemblent. En connaissez-vous des exemples? des contre-exemples?
3. À regarder ce texte, on pourrait penser qu'il s'agit d'un poème. Qu'est-ce qui vous indique que ce n'est pas le cas?

Projets

1. Jouez la scène décrite dans les lignes 13 à 39.
2. Jouez la scène décrite dans les lignes 40 à 74.
3. Préparez une présentation orale du sketch.
4. Supposez que le narrateur devienne si troublé par cette situation qu'il consulte un psychiatre. Imaginez le dialogue entre les deux.
5. Avez-vous un chien ou un chat qui se comporte de façon comique? Racontez une anecdote amusante.

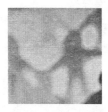

Conversation

Jacques Languirand

Anticipation

Jacques Languirand (né en 1931) est un professionnel du théâtre québécois. Il a été comédien, metteur en scène, scénariste et directeur de troupes théâtrales (entre autres, le Théâtre du Nouveau Monde). Depuis 1972, il est professeur de communication à l'Université McGill à Montréal.

Le texte suivant, *Conversation*, est tiré de son *Dictionnaire insolite*,[1] publié en 1962.

1. Formulez une définition «usuelle» du mot *conversation*. Comparez votre définition à celle des autres.
2. Proposez une définition «insolite» du mot *conversation*. Encore une fois, comparez votre définition aux autres.

Conversation

—Pardon...
—Je vous en prie.
—Tiens! Je ne t'avais pas reconnu... Bonjour!
5   —Bonjour...
—Tu ne me reconnais pas? Alphonse... Ça te revient?
—Lentement...
—Sacré toi!
—Hé oui!
10 —Et la santé?

---

[1] le terme «insolite» veut dire «contraire à l'usage»

—Ça va.

—Pas de petits ennuis?

—Non.

—Et la famille?

15   —Je ne suis pas marié.

—Je sais... je pensais à tes parents...

—Ils sont morts.

—Les pauvres! Depuis quand?

—Une vingtaine d'années.

20   —Le temps passe vite. Et... les affaires?

—Ça va.

—Tant mieux...

—Dites-moi...

—On se tutoyait...

25   —C'est vrai.

—Sacré toi!

—Hé oui!

—Toujours le même...

—Il le faut bien!

30   —Je n'en reviens pas!

—D'où?

—Pardon?

—Tu n'en reviens pas... d'où?

—Sacre toi!

35   —Hé oui!

—Et puis?

—Et puis quoi?

—À part ça?

—À part quoi?

40   —Le reste?

—Ah! ça va!

—Hé bien, bravo.

—Hé oui, bravo.

—Tu te souviens...

45   —Pas très bien.

—... le jour où elle a...

—Avec le grand?

—Non. Avec l'autre!

—Ah! oui...

50   —Et toi, tu...

—Oui, bien sûr, mais depuis le temps...

—La vie étant ce qu'elle est!

—Très juste!

—Comment faire autrement?

55   —C'est difficile.

—Et puis, il y a la guerre!

—Laquelle?
—Toutes. Et les entre-guerres...
—Dis-moi...
60 —Oui.
—Tu es bien sûr d'être Ernest?
—Ah! je ne suis plus sûr de rien.
—Comment t'appelles-tu?
—Albert. Mais je ne le jurerais pas.
65 —Alors, ce n'est pas toi!
—C'est affreux!
—Excusez-moi. Je vous ai pris pour un autre.
—Hep!...
—Quoi?
70 —Si ce n'est pas moi...
—Oui?
—Qui suis-je?

Jacques Languirand

Premières impressions

Y a-t-il quelque chose de commun entre votre définition insolite du mot *conversation* et celle de Jacques Languirand?

Approfondissement

Pensez-vous que les déclarations suivantes sont *vraies* ou *fausses*? Dans chaque cas, justifiez votre réponse, et indiquez une ou plusieurs lignes du texte en référence.
a) Les deux personnages se rencontrent par hasard.
b) Un des personnages reconnaît l'autre.
c) L'autre personnage se souvient tout de suite du premier.
d) Les deux personnages sont un homme et une femme.
e) Les deux sont, à la fin, très heureux de s'être retrouvés.
f) C'est un texte humoristique.

Questions de langue

1. L'échange «—*Pardon...* —*Je vous en prie*» (lignes 1 et 2)
    a) Quelles fonctions est-ce que l'expression «Pardon» peut remplir?
        i)   essayer d'initier une conversation avec quelqu'un
        ii) s'excuser auprès de quelqu'un
        iii) excuser quelqu'un
        iv) autre chose

b) Dans quelles sortes de situations dirait-on «Pardon» pour chaque fonction indiquée dans la question a)? Quelle réplique attend-on?

c) D'après vos réponses aux questions a) et b), quelle vous semble être la fonction de l'échange «—Pardon... —Je vous en prie»? Où imaginez-vous la scène?

d) Est-ce que la fonction de «Pardon» à la ligne 31 est la même que celles discutées plus haut? Sinon, quelle en est la fonction? Dans quelles situations le dirait-on?

2. L'échange «—*Je n'en reviens pas!* —*D'où?*» (lignes 29 et 30)
Cet échange est un jeu de mots. Pouvez-vous l'expliquer?

3. L'expression «*Une vingtaine d'années*» (ligne 18)
a) L'expression «une vingtaine» signifie *approximativement vingt, environ vingt, à peu près vingt.*
Notez que si le nombre était exact, ou précédé des expressions synonymes ci-dessus, on utiliserait le mot *ans* et non *années*. Toutefois, on emploie généralement *années* après les expressions du type quelques, plusieurs, pas mal de, beaucoup de, etc.
Pouvez-vous expliquer ce phénomène?

b) Exprimez les idées suivantes de façon différente:
   i) C'est un homme d'environ 40 ans.
   ii) J'y suis allé environ 10 fois.
   iii) Le repas coûtera approximativement 15 dollars.
   iv) Il y a à peu près 100 chanteurs dans ce chœur.

4. L'expression «*...le jour où elle a...*» (ligne 45)
a) Expliquez l'utilisation du mot «où» dans les expressions suivantes:
   i) l'année où elle a reçu sa promotion
   ii) au moment où il a ouvert la lettre
   iii) le mois où il a neigé tous les jours

b) Employez votre imagination pour terminer ce fragment de phrase:
«Le jour où elle a... » Comparez ensuite votre phrase à celles des autres étudiants.

Questions de discussion

1. Vous est-il déjà arrivé que quelqu'un se souvienne de vous, mais que vous ne vous souveniez pas de lui?
   a) Comment vous êtes-vous senti?
   b) Qu'est-ce que vous avez fait ou dit?
   c) Qu'est-ce que vous auriez aimé avoir fait ou dit?

2. Vous est-il déjà arrivé de prendre une personne pour quelqu'un d'autre?
   a) Comment vous êtes-vous senti?
   b) Qu'est-ce que vous avez fait ou dit?
   c) Qu'est-ce que vous auriez aimé avoir fait ou dit?

3. Quel était, à votre avis, l'objectif de l'auteur de *Conversation*? (amuser? instruire? autre chose?)

Projets

1. Inventez un dialogue pour un ou plusieurs des scénarios suivants (ou inventez un autre scénario):
   a) Deux amis d'enfance, qui ne se sont pas vus depuis 10 ans, se retrouvent dans une classe à l'université.
   b) Deux personnes se rencontrent. L'une croit reconnaître l'autre, et essaie de lui rappeler leurs souvenirs communs. L'autre maintient qu'elles ne se connaissent pas.
   c) Deux personnes se rencontrent. L'une croit reconnaître l'autre, et essaie de lui rappeler leurs souvenirs communs. L'autre ne se souvient de rien, mais fait semblant de reconnaître la première.
   d) Un homme aborde une femme dans un bar en disant: «Il me semble qu'on s'est déjà rencontrés quelque part, non?». La femme lui indique qu'elle ne s'intéresse pas du tout à cette conversation.
2. Inventez une définition insolite d'un autre terme courant (par exemple, «professeur», «voiture», «amour», etc.). Votre définition peut prendre la forme d'une description, ou bien d'un texte contenant des exemples (comme celui de *Conversation*). Présentez vos définitions aux autres étudiants pour en discuter.

Remerciements et sources

Les éditeurs ont tenté de retracer les propriétaires des droits d'auteur de tout le matériel dont ils se sont servis. Ils accepteront avec plaisir toute information qui leur permettra de corriger les erreurs de références ou d'attribution.

«Où mène la porno?», de Pierre Racine, dans *L'Actualité* (mars 1985).

«La médecine va-t-elle trop loin?», dans *L'Actualité* (15 novembre 1994).

«Mme le Secrétaire, Mme le Ministre, ça suffit», de Benoîte Groult, dans *Marie-Claire* no. 379 (mars 1984).

«La famille dans tous ses états», de Marie-Josée Lacroix, dans *Châtelaine* vol. 35, no. 1 (janvier 1994).

«Quand les puces réveilleront les livres», de Dominique Noral, dans *Le Nouvel Observateur*, no. 1523.

Extrait de *L'Acadie pour quasiment rien*, d'Antonine Maillet et Rita Scalabrini. Reproduit avec l'autorisation d'Éditions Leméac.

Extraits de *Le Journal de Cécile Murat*, © 1963 Jean Alphonse Deveau, Centre de Psychologie et de Pédagogie.

«Mon Arcadie», de Luc Plamondon et Édith Butler, tiré du disque *Asteur qu'on est là* (SPPS Disques, Montréal). Reproduit avec l'autorisation de Les Éditions Tric Trac inc. et Les Éditions Mondon inc.

«Le gombo de Cadiens», d'Isabelle Têche, tiré d'*Acadie tropicale*. Reproduit avec l'autorisation de Center for Louisiana Studies, University of Southwestern Louisiana, Lafayette.

«Le Cajun renouveau», d'Antoine Bourque, tiré d'*Acadie tropicale*. Reproduit avec l'autorisation de Center for Louisiana Studies, University of Southwestern Louisiana, Lafayette.

«L'Alouette», tiré de *Ces enfants de ma vie*, de Gabrielle Roy. Reproduit avec l'autorisation du Fonds Gabrielle Roy.

«Les escaliers d'Erika», tiré de *Contes pour buveurs attardés*, de Michel Tremblay. Reproduit avec l'autorisation de Le Jour, Éditeur (Montréal).

Extraits de *Oui à l'indépendance du Québec*, de Pierre Bourgault. Reproduits avec l'autorisation de Les Quinze, Éditeur.

«Mon Pays», tiré de *Tenir paroles*, de Gilles Vigneault, Nouvelles Éditions de l'Arc (Montréal), 1983.

«Le Message», tiré de *Paroles,* de Jacques Prévert. Reproduit avec l'autorisation d'Éditions Gallimard (Paris).

«Le plat pays», de Jacques Brel. Publié avec l'autorisation de la Société d'Éditions Musicales Internationales et des Éditions Patricia.

«La Mère Noël», tiré de *Le coq de bruyère*, de Michel Tournier. Reproduit avec l'autorisation d'Éditions Gallimard (Paris).

«Chanson des escargots qui vont à l'enterrement», tiré de *Paroles*, de Jacques Prévert. Reproduit avec l'autorisation d'Éditions Gallimard (Paris).

Extrait de *Le château de ma mère*, de Marcel Pagnol, Éditions Bernard de Fallois. Reproduit avec l'autorisation de Madame Jacqueline Pagnol.

«La Montagne», de Jean Ferrat, © 1980 Productions Alleluia, 10 rue Saint-Florentin, 75001 Paris.